有情花月
无端雨

明清史上的
江南才女

江民繁　著

中国文史出版社

图书在版编目（CIP）数据

有情花月无端雨：明清史上的江南才女 / 江民繁著
. — 北京：中国文史出版社，2023.6
ISBN 978-7-5205-4086-5

Ⅰ.①有… Ⅱ.①江… Ⅲ.①女性—名人—生平事迹
—中国—明清时代 Ⅳ.① K828.5

中国国家版本馆 CIP 数据核字（2023）第 081901 号

责任编辑：戴小璇

出版发行：中国文史出版社
社　　址：北京市海淀区西八里庄路 69 号院　　邮编：100142
电　　话：010-81136606　81136602　81136603（发行部）
传　　真：010-81136655
印　　装：廊坊市海涛印刷有限公司
经　　销：全国新华书店
开　　本：1/32
印　　张：10.5
彩　　插：14P
字　　数：253 千字
版　　次：2023 年 8 月北京第 1 版
印　　次：2023 年 8 月第 1 次印刷
定　　价：52.00 元

清·施瑞年 吴藻小影 浙江博物馆藏

清·顾韶　饮酒读骚图
（原载《乔影》道光六年本）

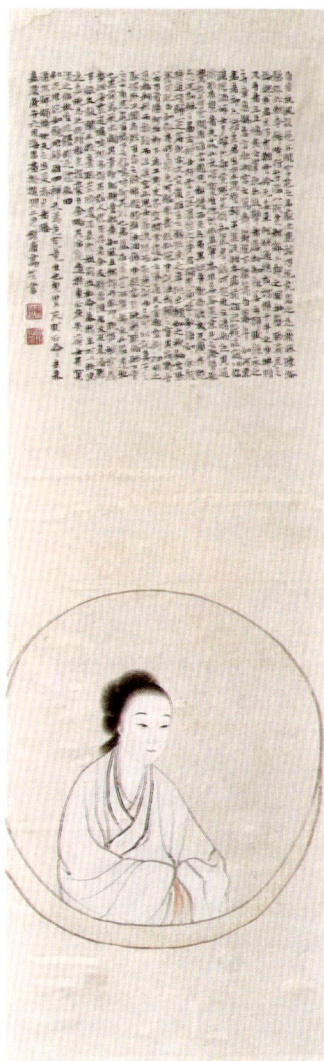

清·管筠　柳如是画像

河東君初訪 半野堂小影

清·余集　河东君初访半野堂小影

上元瞿（题柳如是画像·清·袁枚）

生绡一幅红楼影，玉貌珠冠方纬硕，膝
两目照人间。欲扶幽篁绝顶，绝利黄
门柯谦授，遗珠草。尚书牍。素人牌上无
渡士。夫嬖辈中争二派，绛云楼阁起三层，
红豆花枝缀弟子，斑管诗弟子。佛番
同侍古先生。句阑庭大桐起小。红粉情系青史
軽。迩舟同遇黄天荡，梁家有樵捉掠金
鼓魏起。羊雍刀纥初公死，一剑九庙
烟尘起。羊雍刀纥初公死，可惜南齐弄玉卮，丹青让与
离海侯今已定矣，
柳枝眼。

清·程庭鹭　柳如是画像（并袁枚题诗）

清·胡芑香　冯小青画像

清·余集　冯小青画像

顾太清画像

清·尤诏　汪恭　随园十三女弟子湖楼请业图（局部）

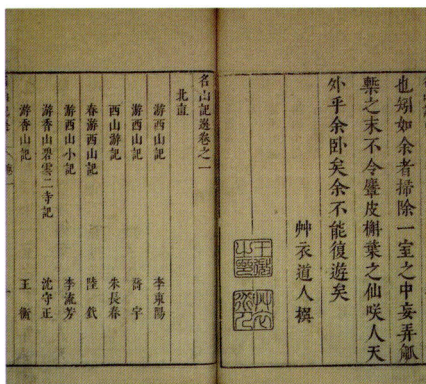

王微撰《名山记选》（前有汤显祖序）

清·张溥东　顾横波画像（局部）

董小宛画像

李因　荷鹭图

李因　梅雀图

李因　菜蔬图

李因　落雁图

黄媛介　山水图

黄氏写经砚盖　刻"黄皆令小影"

黄氏写经砚　铭文拓片

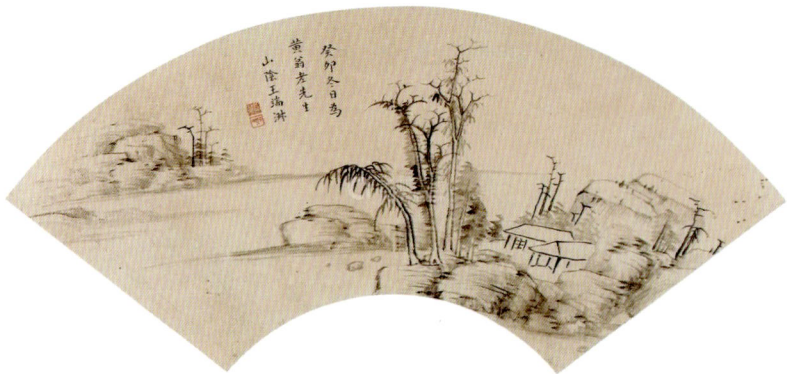

王端淑　扇面画

黄媛介　仕女图

王端淑　山水图

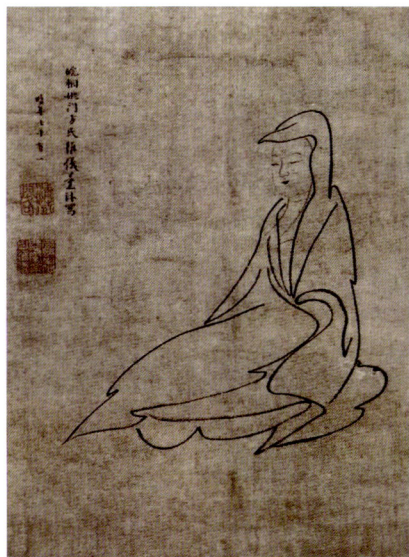

方维仪　观音图

方维仪　罗汉图

山盡雲生波廻風颭小立斜陽亭臺幻宛此地舞霓
裳妝拾丹青粉本霜豪吮歷三彩相況吟慮爐煙靜
褭紅袖徽鍚　妯妹閜新妝閨閣裏萬花族擁難
忘巧生蕙質閣畫襄芳莫逭披瓤別樣銷尤之國
豔無雙園林暇年三寫照同醉流鶬
倚東風齊著力
佩珊女士儀填詞

归懋仪所题《东风齐著力》词手书

题 记

历代才女、魏晋风度，自 20 世纪 80 年代初以来，此两者一直都是他人文视野中最关注的景致。他笔下宋元明清才女、汉魏六朝名士的肖像，足以构建一座藏品丰富的画廊。

——江　南

目 录

附录

吴藻是谁？人们对她太陌生。但在中国女性文学史上，在中国词曲史上，在清代文坛上，吴藻可真算得上一个大名人。

在吴藻那个年代，很难得有女子在文学艺术方面崭露头角，有也多半是书香门第、名门望族、大家闺秀，不过也有少数例外。吴藻就是一个另类。

吴藻，字蘋香，杭州人。她是活跃在道光年间的一位最有影响的女词曲家。胡云翼《中国词史略》推重她为"清代女词家中第一人"。民国时期，谢秋萍介绍吴藻词，说"清代男词人中有纳兰性德，女词人中有吴藻，真是两朵稀罕的奇花"，将吴藻词与纳兰词相提并论，那个时候她就有如此"酷评"，说吴藻是一朵奇葩。

吴藻祖籍安徽黟县，父亲是个徽商，夫家也是商人，据传统说法，她的父夫两家没有一个读书人。这个说法现在看来并不准确。当时，迁到杭州做生意的徽商大都重视文化教育。吴藻的父家氛围还是富有文化气息的。她二姐吴茝香、三兄吴梦蕉也都多才多艺，他们既是姊妹、兄妹，也是同人，常在一起参加雅集或出游。

她本人蕙质兰心，才志非凡，能绘画，善鼓琴，精音律，工词曲，性格也特别的洒脱、豪放，别有一番男子气概。她从小手不释卷，被人目为"夙世书仙"。她爱读词曲，并无意成为词曲家。大约在她十九岁的时候，有人劝道："何不自作？"于是她援笔赋《浪淘沙》词一首：

> 莲漏正迢迢，凉馆灯挑。画屏秋冷一枝箫。真个曲终人不见，月转花梢。
>
> 何处暮钟敲？黯黯魂销。断肠诗句可怜宵。欲向枕根寻旧梦，梦也无聊。

她的这首处女作轻圆柔脆，出语不凡。一时湖上名流广为传诵。

道光六年（1826）的春天里，吴藻参加苏州碧城女弟子的盛大笔会，初识将门之女张襄。她俩在一起剪烛夜话，读曲吹箫，举杯痛饮，挥剑起舞，策马过市。回杭之后，她写下了一组寄怀张襄的《忆江南》词，回忆她们这次豪情快意的相聚。其中有一首是这样写的：

> 江南忆，最忆绿阴浓。东阁引杯看宝剑，西园联袂控花骢。儿女亦英雄。

"儿女亦英雄"的铮铮豪言，似乎传递出近代妇女觉醒的一丝信息。

大约是吴门之行那次，她还写了一首惊世骇俗的《洞仙歌》词，送给苏州一个叫青林的歌妓：

> 珊珊琐骨，似碧城仙侣。一笑相逢淡忘语。镇拈花倚竹，翠袖生寒，空谷里、相见个侬幽绪。

兰釭低照影，赌酒评诗，便唱江南断肠句。一样扫眉才，偏我清狂，要消受、玉人心许。正漠漠、烟波五湖春，待买个红船，载卿同去。

据说，在美国哈佛的"核心课程"中，专门设有中国文化课，有清一代闺阁文坛中"偏我清狂"的异类吴藻就入选其中。论"一样扫眉才"，确实只有极少数才女可与之争锋；但美国哈佛看重的，恐怕更在于吴藻是比较早的"女权主义者"吧。甚至，有哈佛学者宣称她为"中国女性历史上最伟大的同性恋者之一"。而在我们看来，不过是她与生俱来的名士情结的大胆表露，于调侃与虚拟、幻想与渴望中实现"性别转换"，试图走进男人的社会，与男性文人雅士平起平坐、赌酒评诗，这么一种独立的女性人格及文学意识的幡然觉醒罢了。

封建礼教的束缚，"心比天高"与"命如纸薄"的矛盾，特别是个人境况的大不如意，婚姻生活的难言之隐，使得她的情怀颇为压抑，内心隐忍而痛苦不堪。

她的作品《浣溪沙》词披露了自己的"十年心事"，不啻是一篇沉痛的自白书：

一卷离骚一卷经，十年心事十年灯。芭蕉叶上几秋声。
欲哭不成还强笑，讳愁无奈学忘情。误人犹是说聪明。

她在《金缕曲》词中向天呼喊：

闷欲呼天说。问苍苍、生人在世，忍偏磨灭？从古难消豪士气，也只书空咄咄。正自检、断肠诗阅。看到伤心翻失笑，笑公然、愁是吾家物。都并入，笔端结。

英雄儿女原无别。叹千秋、收场一例，泪皆成血。待把柔情轻放下，不唱柳边风月。且整顿、铜琶铁拨。读罢离骚还酹酒，向大江、东去歌残阕。声早遏，碧云裂。

"英雄儿女原无别"，这种与生俱来的英雄气与名士气，正是被压制的渴望男女平等、渴望个性解放的反叛意识的写照，同她早期创作的杂剧《乔影》一脉相承。作者总是幻想能够摆脱"束缚形骸"的女儿身，一变而为男子，以期在饮酒读《离骚》中寻求自我，实现自我价值，在现实中与男性一样建功立业。

这种反叛意识，自我呈现在她早年创作的杂剧《乔影》(又名《饮酒读骚图曲》)里。

杂剧《乔影》写的是：才女谢絮才"生长闺门，性耽书史，自惭巾帼，不爱铅华"，她的襟怀像凌云展翅的飞鹏那样豪放，可处境却好似紧锁樊笼的病鹤般不自由，想到自己是个女儿身，只得自悲自叹罢了。有一天，她改作男儿衣履，描成小影一幅，名为《饮酒读骚图》。又一日，易换闺装，偶到书斋玩阅一番，对着自己的男装画像，捧读《离骚》，狂饮痛哭，自我凭吊。作者借剧中人之口一吐胸中不平之气：

咳！一派荒唐，真是痴人说梦。知我者尚怜标格清狂，不知我者反谓生涯怪诞。怎知我一种牢骚愤懑之情，是从性天中带来的哟！

显而易见，作者是在一种异常怨恨愤懑的心情下写成的。此剧一出，便红遍大江南北，就像当年南宋杭城，凡有井水处，必歌柳永词一样。

此剧似乎也道出了怀才不遇的失意文人们的心声。一批文坛名家纷纷题词，先后多达三十余人。许乃谷在题词中赞叹说："须眉未免儿女肠，巾帼翻多丈夫气。"葛庆曾观演《乔影》后大发感慨："美人幽恨才人泪，莫作寻常咏絮看。"郭麐题词中也说："试问六朝名士，可能似此风神？"

《乔影》风靡一时，其轰动效应让我们隐约感到，一股呼喊妇女思想解放的潮水在悄然涌动。即从这一社会意义来看，在浙江乃至中国戏曲史上，这篇短剧也自应占有一席之地。

那个时代，正值社会变动前夜，文学思潮激荡，女性文学开始从"足不出户"的闺阁走向社会。女诗人、女词人之多，超过任何一个朝代。

道光十年（1830），吴藻第一本词集《花帘词》横空出世，声震词坛。在当时的女性文学圈中，吴藻的词名最高，影响最大，成为一代名媛闺秀的标杆式人物。《续修四库全书总目提要》评价说，吴藻词自成一家，"有清一代女词人中，罕见其俦"，也就是说，几乎没有人可以跟她相比。

正是凭着卓异的天才和满身的豪宕之气，吴藻得以结交许多诗人词客，并跻身于文士的诗文酒会中。一些前辈的文化名人、平辈的重量级作家也都与她有文字交往，与一大批文人雅士都有唱和题赠之作。她与当时的名士隐士、奇才怪才广泛交游唱酬，应邀为人题画题集之作更是所在多有。据拙著《吴藻词传》约略统计，相关人竟有近百名之多，足见其交游之广。作为那个时代的一名女性作家，实属少见，也足见她是怎样一个卓立独行的人！

人过中年，吴藻移居"古城南湖"，几年后刊刻了第二本词集《香南雪北词》。南湖，成为她人生旅程的重要驿站。

有人把这个"南湖"说成是嘉兴南湖，还有人说是余杭南湖。那都是想当然。据考，历史上的南湖就是杭城艮山门里的白洋池，为宋代张镃（字功甫）昔日繁华一时的宅园故址。古城野水，梅花相伴。吴藻取佛家经典里"香山南、雪山北"的语意，将自己的住所题名为"香南雪北庐"。移家前她个人生活遇到重大变故，似有难言之隐。她在《香南雪北词》的自记中声称，从此扫除文字，潜心奉道，以"皈依净土"走过自己的"忧患余生"。

原先业界认为，吴藻的词曲生涯就此终结了。其实，她的最后一本诗词合集《香南雪北庐集》还留存"馆内孤本"。一直到咸丰六年（1856），风雨飘摇，时局动荡，太平军的战火烽烟已经逼近，晚年的吴藻依然参加湖上同人集会。

西湖朱氏湖庄前后两次雅集唱和，中间一次西湖泛舟，留下了吴藻生命中最后的篇章。

行文至此，还是想说拙著《吴藻词传》前言里说过的话："这么一个集美人心、名士风和英雄气于一身的奇女子，这么一个近代妇女解放的先驱式人物，这么一个词曲史上自名一家的旷世奇才，时至今天继往开来的时代，怎么能忍心让她埋没、冷落、沉寂下去呢！"

一般很少有人了解吴藻的身世，大多只知道她是杭州人，父亲和夫家都是商人。

来自安徽方面的文献资料表明，吴藻的祖籍是在黟县。《民国黟县四志》记载说：

> 女，吴氏，名藻，字蘋香，叶里人。父葆真，字辅吾，向在浙江杭州典业生理，遂侨于浙，故字女于钱塘县望平村许振清为妻。年十九而寡，矢志守节。才名藻于京师。

黟县县志的记载相对比较详细，让我们进一步了解到吴藻父亲的名和字，知道他是黟县叶里（今协里）人，是个一直侨居杭州的徽商；父亲把她许配给钱塘县望平村许振清，十九岁就守寡了。在县志里，她是一个才女兼"节妇"的形象。

除黟县县志外，关于吴藻的文献一般都说她嫁给了同邑一个姓黄的商人。同吴藻及其文友有过直接或间接交往的梁绍壬在《两般秋雨庵随笔》中说，吴藻"父夫俱业贾"。同吴藻曾在一起研讨词学的黄燮清在《国朝词综续编》中最早称之为"同邑黄某室"。"黄某室"的说法从张景祁《香雪庐词叙》中也可得到印证:"从孙黄君质文,搜兰畹之剩枝。"《香雪庐词》这部词集是在吴藻逝世后,由她夫家的侄孙黄质文搜集整理的,据此也可以推知她的丈夫姓黄。

考察黄质文的生平,他曾担任过湘军幕僚,同治年间任职于浙江官书局。据嘉德2014春季拍卖会公布"钱塘黄氏四代存珍"信息,黄家是个钱塘望族。赵之谦曾为黄质文作《山茶湖石图》,称"质文二兄大人";另有佚名《质文先生遗像》,题诗中有"名士过江多似鲫,青藜照读校书郎"之句。

张景祁为吴藻身后的《香雪庐词》所写的序言中,又说到吴藻"中更离忧,幽簧独居"。如此看来,她中途遭遇忧患,移家南湖之后当少有家人陪伴其左右。

道光三十年(1850)除夕,52岁的吴藻作有《除夕贫甚戏成》五律一首。此诗写道:

> 风雪残年尽,神仙小劫过。(原注:岁暮穷愁,余目为神仙小劫。)
> 无灵笑如愿,有客自高歌。
> 瓷斗花舒玉,金尊酒泛波。
> 阮囊钱罄矣,奈此岁除何!

可以想见,吴藻晚年阮囊羞涩,生活颇为拮据。但从她的自嘲来看,"岁暮穷愁,余目为神仙小劫",穷愁困顿之中,心态还算豁达。

吴藻《香南雪北词·自记》说:"十年忧患余生,人事有不可言者。"《浣溪沙》词中也写道:"一卷离骚一卷经,十年心事十年灯。"想来她中年或遇大的变故,似有难言之隐。但她到底经历了什么样的坎坷遭遇，婚姻生活究竟如何，几乎没有留下一点可供研究的实证，人们只能从她以愁为城、满纸伤心言的词作中，去猜度、感受她的悲苦心境与不幸。

只有她的老师陈文述在《西泠闺咏》所撰她的小传中，隐约透露出她的婚姻生活"不无天壤王郎之感"：

> 蘋香名藻，钱塘人。高致逸清，雅工词翰。善鼓琴、绘事。尝写饮酒读骚小影，作男子装，自填南北调乐府，极感慨淋漓之致，托名谢絮才，殆不无天壤王郎之感耶？著有《花帘影词》，自称玉岑子。余弟子也。

而在她自己的所有诗词作品及自序中，从来都没有提到过她的丈夫。有人说她的一首《南乡子》出现了丈夫的身影，认为词中最后一句"不上兰舟只待君"，这个"君"就是她夫君。这纯粹是闹了一个误会，因为这首词明明是写给她的密友许云林的。有此词的题目为证，题为《迟云林不至，书来述病状，赋此代柬》。她与许云林约会，久等不至，黄昏才收到书信，诉说她因小病一场不能前来赴约。于是吴藻以词代柬，尽显温存。词中说："旧雨不来同听雨，黄昏。剪烛西窗少个人。""若问湖山消领未？琴樽。不上兰舟只待君。"说的都是"旧雨"许云林，哪里有什么"夫君"的影子！

至于《民国黟县四志》那个"独家爆料"，说她"年十九而寡，矢志守节"，这就不免扑朔迷离。嫁到黄家之前，她是否年轻而守寡？后来是否"中年丧夫"或中途离异？可惜都无从查考，只留下一些未解之谜。

吴藻家无一读书人吗

女文献学家冼玉清在《广东女子艺文考》的后序中谈到才女成名的三个条件：其一名父之女；其二才士之妻；其三令子之母。这三个条件，吴藻一个不沾。

同时代人梁绍壬《两般秋雨庵随笔》说，吴藻"父夫俱业贾，两家无一读书者"。此言一出，众口一词，遂成定论，历来都流传吴藻的娘家及丈夫家没有一个读书人。

事实上，所谓"父夫两家无一读书者"的说法，倒也并不那么可靠。

吴藻虽然不是出身名门望族、书香世家，而是商人家庭，但她和她的姐妹兄弟都是接受过良好的文化教育，富于艺术素养的。碧城先生陈文述《与吴蘋香第二书》中说："采鸾家世，绣襦邀写韵之仙。"这个"采鸾家世"的说法，值得引起研究者的注意。凭着陈文述与吴藻的深厚的师生关系，他的话即便有虚誉的成分，恐怕也并非空穴来风。

吴藻父家有蘅香大姊、茝香二姊和梦蕉三兄。

二姐吴茝香多才多艺，善弹琴、制曲、作画，吴藻与这位二姐的感情至为深厚，从她的《苏幕遮·听茝香姐弹瑟》《齐天乐·有怀茝香姐》《转应词·月夜忆茝香姊》等词中可以想见。一些雅集唱和的场合，吴藻常与茝香一起参加，比如她俩曾一起参与梁德绳组织的"鉴止水斋吟社"。同人张应昌《烟波渔唱》有一首曲中原注说到茝香与吴藻姊妹：

> 并工度曲制谱，以宋人词谱歌之绝妙。

三兄吴梦蕉也是一位雅士，时有"小谢""江南柳七"之称，与吴藻的男性文友们交游甚密。吴藻所作杂剧《乔影》，就是通过梦蕉与文人名士的交游得以刊印，并交由苏州艺人在上海广场演剧，从而盛传于外。而且，梦蕉也不乏音乐素养。吴藻《春日同人湖上看牡丹……》诗有句原注描述说：

> 舟行桥下，余击木琴，梦蕉三兄于桥上聆之，音益清美。

他们既是姊妹、兄妹，也是同人，常在一起结伴出游，出游的方式显得相当"书香气"。比如，有一次吴藻偕兄姊同游西湖，特意安排在里湖赵氏山庄镜水楼租屋，面朝孤山而居，作十日游。她的郊游词题记中，也常常提及这三位兄姊的名字。超山探梅、皋亭观桃，都有吴家兄姊们的身影，透出浓浓的文人式雅兴。

沈善宝《名媛诗话》还详细记载了吴藻姊妹及诗友一行"泛舟皋亭"的联吟对话，即此一端，也可用以质疑"两家无一读书者"的传统说法了。

杂剧《乔影》是怎样火爆起来的

吴藻最先火起来，并不是因为她的词，而是因为她的杂剧《乔影》一举成名。

实话说，这个杂剧只是一篇短短的剧曲，剧情也毫无曲折穿插，写的是：才女谢絮才"生长闺门，性耽书史，自惭巾帼，不爱铅华"，她的襟怀像凌云展翅的飞鹏那样豪放，可处境却好似紧锁樊笼的病鹤般不自由，想到自己是个女儿身，只得自悲自叹罢了。有一天，她改扮书生装束，画成小影一幅，名为《饮酒读骚图》。又一日，易换闺装，偶到书斋玩阅一番，对着自己的男装画像，捧读《离骚》，狂饮痛哭，自我凭吊：

> 能几度夕阳芳草，禁多少月残风晓。题不尽断肠词稿，又添上伤心图照。俺呵，收拾起金翘翠翘，整备著诗瓢酒瓢，呀，向花前把影儿频（凭）吊。

剧中唯一的角色谢絮才，正是作者的化身。作者借剧中人之口一吐胸中不平之气：

我待趁烟波泛画桡，我待御天风游蓬岛，我待拨铜琶向江上歌，我待看青萍在灯前啸，呀，我待拂长虹入海钓金鳌，我待吸长鲸贯酒解金貂，我待理朱弦作幽兰操，我待著宫袍把水月捞，我待吹箫比子晋还年少，我待题糕笑刘郎空自豪，笑刘郎空自豪。

咳！一派荒唐，真是痴人说梦。知我者尚怜标格清狂，不知我者反谓生涯怪诞。怎知我一种牢骚愤懑之情，是从性天中带来的哟！

显而易见，这出杂剧是在一种异常怨恨愤懑的心情下写成的，向往与寄托的不外乎性别的跨越、个性的解放。

东晋名士王恭有句名言，说是"但使常得无事，痛饮酒，熟读《离骚》，便可称名士"。《饮酒读骚图曲》剧中人于这三个条件外，还幻想着有几个佳人围在身旁红袖添香。在剧中，名士风流情韵倾泻而出：

似这等开樽把卷，颇可消愁。怎生再得几个舞袖歌喉、风裙月扇，岂不更是文人韵事！

呀，只少个伴添香红袖呵，相对坐春宵。少不得忍寒半臂一齐抛，定忘却黛螺十斛旧曾调，把乌阑细抄，更红牙漫敲，才显得美人名士最魂销。

这虽是一篇短短的剧曲，剧情也毫无曲折穿插，但却自抒怀抱，满腔悲愤，融合成一首优美的抒情歌曲。

道光五年（1825），《乔影》通过吴藻的三兄吴梦蕉与文人名士的交游，首付刊印，并交由苏州艺人在上海广场演剧，继而江浙梨园竞相传唱，一时红遍大江南北。据称，其流行的程度，就像当年南宋京城里凡有井水处必歌柳永词一样。

一般认为，《乔影》于此时开始流传。其实早在此前，《乔影》就已盛传于外，在江浙梨园演出。吴藻《香南雪北庐集》中有七律二首，其诗题记述：

> 余所制乔影剧即饮酒读离骚意，颇传于外，江浙梨园有演之者。时值饯春，金丈梅溪开筵演此，承招往观，感赋二首。

这就有证据可考，《乔影》盛传于外，吴藻亲往观看《乔影》演出，约在道光四年（1824）之前。

此剧似乎也道出了怀才不遇的失意文人们的心声。《乔影》接连两次刊印，文坛名流题词者多达三十余人。许乃谷在题词中赞叹说："须眉未免儿女肠，巾帼翻多丈夫气。"齐彦槐也说："词客深愁托美人，美人翻恨女儿身。"葛庆曾观演《乔影》后大发感慨："美人幽恨才人泪，莫作寻常咏絮看。"郭麐题词中说："试问六朝名士，可能似此风神？"众多诗坛名家的题词，对《乔影》的流行也起到了有力的助推作用。

《乔影》的风靡一时，让我们隐约感到一股呼喊女性解放的思潮在悄然涌动。即从这一社会意义来看，在中国戏曲史上，这篇短剧也自应占有一席之地。

[附记] 陆萼庭考略中说，《乔影》一剧，有道光六年原刊大字本（长乐郑氏《清人杂剧二集》本据以影印），前印饮酒读骚图，题螺峰女士顾韶写，非作者笔也。事实上，郑振铎《清人杂剧二集》中《乔影》是"据道光乙酉（即道光五年）菜山

吴载功刊本影印"，这才是原刊本，而原刊本中并没有饮酒读骚图。署名"螺峰女士顾韶写"的饮酒读骚图见于再版本，即道光六年（1826）刻本。《乔影》道光五年（1825）原刊本，前有许乃谷等九人的题词。道光六年（1826）再版本除增加了碧城女弟子顾韶画的饮酒读骚图外，又新增二十人题词。

古杭城西湖外还有南湖

人过中年，吴藻从杭州城东迁居南湖。南湖，成为她人生旅程的重要驿站。

据《香南雪北词》自记，道光十七年（1837）她移家南湖。古城野水，地多梅花。取佛家经典里"香山南、雪山北"的语意，将自己的住所题名为"香南雪北庐"。到道光二十四年初刻《香南雪北词》，算来吴藻已在南湖幽居了七年。看来在搬家前，吴藻的个人生活遇到大的变故，似有难言之隐。她的丈夫是个黄姓商人，一般猜测，她移家南湖前已经离异了。

她在《香南雪北词·自序》中说："十年来忧患余生，人事有不可言者。""自今以往，扫除文字，潜心奉道，香山南、雪山北，皈依净土，几生修得到梅花乎？"

她的一首《浣溪沙》也披露了自己的"十年心事"，不啻是一篇沉痛的自白书：

> 一卷离骚一卷经，十年心事十年灯。芭蕉叶上几秋声。
> 欲哭不成还强笑，讳愁无奈学忘情。误人犹是说聪明。

那么，她移居的南湖，究竟所在何处呢？研究者大多对此不加深究。有人说成是嘉兴南湖或余杭南湖，那都是想当然。他们不了解，吴藻所说的"古城"，指的自是古杭城。古城除了西湖，还有南湖。据考，历史上的南湖又名白洋池，位于杭城艮山门里，为宋代张镃（字功甫，有《南湖集》行世）昔日繁华一时的宅园玉照堂故址。玉照堂的梅花，当时是南湖绝妙一景。张镃著《梅品》，首篇就是谈玉照堂梅花。南宋周密在《浩然斋雅谈》中说，陆游在朝时，曾与馆阁诸人会饮于张镃南湖园。那时的南湖，秀丽可比西湖，也有六桥，有"赛西湖"之誉。

到了清代，南湖的徐氏水楼（即华隐楼）又成了浙派大家厉鹗（樊榭）的旧居，名流对酒唱和之地。

只不过古杭城的南湖后来由湖变池，久已湮没在都市之中，很少有人知晓罢了。

[附记] 古杭城的南湖，宋有慧云寺，明建水星阁。

吴藻的"香南雪北庐"，原是南湖玉照堂旧址，在水星阁一带。据地方志，水星阁北起环城北路中段，南起新坝，北至环城北路。

《咸淳临安志》：广寿慧云寺，在艮山门里白洋池。《嘉靖仁和志》：广寿慧云寺，即张家寺，在白洋池北。南宋张镃的张家园，南临白洋池，风景优美，内有玉照堂、千步廊、留云亭、白莲池等。张镃舍宅遗存慧云寺碑，1963 年公布为杭州市第一批重点文物保护单位。

《嘉靖仁和志》："白洋池，在梅家桥东，周回三里。"当时的区域还不算小。

门外南湖不姓西

我那篇《古杭城西湖外还有南湖》的小文在公众号发表，受到方家关注。有位搞地方志的朋友转发时感叹说：

> 晚清才女吴藻的文采性情，通过江帆老师阐幽探赜得以重生。可惜南湖玉照堂的梅花是再也无从觅了。

她还告诉说，单位同事有一本书专门写南湖，书名《门外南湖不姓西》。立马买来，一睹为快，无异于上了一堂杭州的历史地理文化课。

原来在宋代时，杭城艮山门外是泛洋湖；艮山门里是白洋湖。白洋湖面积最大的时候，绕湖一圈有数十里，殿前水军曾在此操练。范围大约北到今天的田家湾、水星阁，南到杭州高级中学、十五家园一带。

《门外南湖不姓西》书中写道，在南宋初期，今天的（杭州）池塘巷以北、中河以东、艮山门以南、仓河下以西一带区域，应该是一片白茫茫的水面，那就是白洋湖。

白洋湖由湖变池，大概只有三四十年的光景。《咸淳临安志》记载："白洋池，在梅家桥东，周回三里。"这时只剩下"周回三里"，称它为"池"了。

为什么称为"南湖"呢？这是南宋高产诗人、《南湖集》作者张镃（字功甫）改的名字，因为白洋湖位于他的园林别墅南面。

南湖周边，经过张镃十多年的打造，俨然形成与西湖抗衡的新景区。南湖也模仿西湖修建了六座桥。整个景区由东寺、西宅、南湖、北园四大板块组成，各种亭、台、楼、阁达近百处之多。张镃撰《赏心乐事》节目单，一年四季十二个月，每月都以南湖为中心举行休闲宴游活动。玉照堂的梅花，是当时杭城绝妙一景。杨万里、陆游、范成大、周必大、辛弃疾等名流都在此雅集聚会，诗酒酬唱。南湖风头，直压西湖。张镃一时兴起，吟道：

> 天然风景异人为，门外南湖不姓西。

从此，南湖暴得"赛西湖"的称号。

书的结尾写到吴藻，说她37岁时移居水星阁一带原南湖玉照堂遗址；并引用了她一首赠好友魏谦升（滋伯）、写南湖古寺的《减兰》词，感叹"真可说是道尽了南湖的沧桑与世事不常"：

> 南湖古寺，旧是张家歌舞地。春水粼粼，凭吊烟波有几人？
> 江城梅引，秀句珠圆兼玉韫。壁黯笼纱，红袖成灰怨落花。

说到这首写南湖的词，那大约是在咸丰二年（1852）吴藻54岁的时候，有一次魏谦升独游南湖慧云寺，便道到吴藻的香南雪北庐过访，填《减兰》词寄示。吴藻走笔奉答，回赠了上面这首词给好友魏谦升。

吴藻移居南湖接待过谁

道光十七年（1837），39岁的吴藻移家南湖，将居室命名为"香南雪北庐"，自言"从今以往，扫除文字，潜心奉道"。

但是，她并没有就此绝迹文字，也没有"闭关"与老友断绝来往。据拙著《吴藻词传》考证，当年她在南湖香南雪北庐先后数次与密友欢聚。

移家这一年，她的闺友兼道友汪端到南湖探访吴藻，两人论道甚契。汪端赋诗记事，首句写道："玉照堂前玉家女，读骚饮酒旧生涯。"

汪端《自然好学斋诗钞》卷十有两首七律表明，汪端从苏州返回故乡杭州之后，曾到南湖探访移家后的吴藻。这一天，正值道教纯阳祖师（吕洞宾）的诞辰，两人一起在虚白楼诵读经文。诗题记述：

> 蘋香姊移居南湖，宋张功甫玉照堂遗址也，修竹古梅，清旷殊绝。近乃潜心玄学，礼诵精勤。余旋里过之，论道甚契。值吕祖诞辰，相与礼忏于虚白楼，赋诗记事。

陈文述《孝慧汪宜人传》有关记载正与此相吻合："蘋香所居在南湖，为南宋张功甫玉照堂故址，宜人至杭，恒过从，相约登虚白楼礼忏。"

"宜人"指汪端，她是陈文述的儿媳。陈、汪两人都指明：吴藻移居所在的南湖，是南宋张功甫玉照堂的遗址。

同一年仲秋，时秋莲正盛。吴藻另一位密友沈善宝将离杭赴京。吴藻约鲍靓（玉士）在香南雪北庐为她饯行。周琴（暖姝）携花而至。四人纵谈古今，相得甚欢。

沈善宝《名媛诗话》卷六记载了这次聚会：

> 丁酉秋仲，（吴藻）知余欲北行，约玉士饯于香南雪北庐（原注：蘋香室名）。时晚桂盛开，周暖姝携花适至，蘋香即留其饮。四人纵谈今古，相得甚欢。余即席走笔留别三章云："桂花庭院绝纤尘，主是嫦娥客一真。知己喜联文酒会，相逢况有散花人。"……蘋香、玉士、暖姝皆为黯然，各有赆赠，却之不得。

沈善宝即席作诗三首留别。次日，吴藻和诗三首。其中一首写道：

> 寒梅高格出风尘，一笑相逢爱性真。
> 多少西泠名媛笔，环花阁外更何人？

"环花阁外更何人"，环花阁是汪端的书斋名，这里把沈善宝与汪端相提并论。这两位女诗人是吴藻一生最好的朋友，在杭州当时的女性文学圈中，名声和地位也同吴藻旗鼓相当。

道光三十年庚戌（1850）冬季，沈善宝从丈夫的老家滁州来安返杭扫墓，多次在吴藻香雪庐宅中停宿，两人一同赏月听雨，一同外出游玩，一同吟诗读画。

《香南雪北庐集》中，《湘佩家滁州来安，其俗耕种皆妇女，寄示田家词二十首，率成二绝答之》诗后有《香雪联吟稿》。诗前小序记述：

> 庚戌冬，湘佩自滁州来杭，屡过敝斋止宿，弦诗读画，邀月坐花，颇有倡酬之乐。余愧不能诗，勉作数章，以纪一时之胜，名《香雪联吟稿》。

这一年，吴藻已经年过半百了。

直至吴藻晚年，同人们还在她的香南雪北庐雅集。《香南雪北庐集》保存了一首《南歌子·春杪会曲和张仲甫》词。张应昌（仲甫）《烟波渔唱》中也附录了吴藻的这首《南歌子》和词。此词写道：

> 瑟瑟香霜雪，泠泠曲咏霓。梅丸风掠堕平池。恰好绿阴如幄、送春归。
>
> 秀句传三影，红妆说两宜。水楼记唱少年词。今日花间啜茗、更弦诗。

吴藻这首《南歌子》和词中"水楼记唱少年词"句有个原注："谓壬辰水北楼度曲。"壬辰为道光十二年（1832）。水北楼会曲与大约咸丰二年（1852）的这次香南雪北庐雅集，已经相隔整整二十年了。可见其同人雅集由来之久。

吴藻逝世后，张应昌翻检到吴藻的"旧赠词笺"，也就是这首《南歌子》和词，于是作《南歌子·偶存吴蘋香女史旧赠词笺，追忆昔年香雪庐馆雅集……》，并附录吴词，以追悼亡友。这是后话。

鉴止水斋吟社的闺秀们

清代女诗人之盛，超过以往任何一个朝代，女性唱和群体也于此为盛。

杭州的闺阁女子联吟结社，清末首推鉴止水斋吟社，与清初西溪的蕉园诗社交相辉映。现如今，蕉园诗社沾"土默热红学"的光，名气又更大了起来，而对鉴止水斋闺阁吟社，知道的人恐怕不多。

鉴止水斋，是钱塘著名女作家梁德绳（楚生）的丈夫、兵部主事许宗彦的书斋名。在梁德绳的倡导下，这里成为包括吴藻在内的一批名媛闺秀联吟唱和的乐园。许宅鉴止水斋位于当时杭州中部的如松坊，现在的上城区小营街道一带。

道光十五年（1835）春分前一日，梁德绳和她的长女许延礽（云林）邀请吴藻（蘋香）、沈善宝（湘佩）等一批名媛闺秀，云集于许宅鉴止水斋，观残雪、看盆梅，兼听吴藻、黄履两人鼓琴。诗友们联吟结社，即席唱和。

同一年夏日，同社诸友再度参加"鉴止水斋唱和"。主人用夜来香制成鹦鹉形状，茉莉花为架，悬于庭中。梁德绳发出征诗启事，以此命题并首唱。社友们和者如云，即席挥洒，积稿成寸。吴藻的二姐吴茝香也在鉴止水斋闺阁联吟之列。

这是"鉴止水斋唱和"最盛大的一次雅集。这次集会，宣告鉴止水斋闺阁吟社正式形成。

沈善宝在《名媛诗话》中介绍说：

> 吾乡多闺秀，往者指不胜屈。近如楚生太夫人（德绳）及长女许云林（延礽）、次女云姜（延锦）、项屏山（纲）、项祖香（纫）、汪小韫（端）、吴蘋香（藻）、黄蕉卿（巽）、黄颖卿（履）、鲍玉士（靓）、龚瑟君（自璋）诸君，诗文字画，各臻神妙。

鉴止水斋闺阁结社的首倡者梁德绳，人称"古春老人"，著有《古春轩诗钞》《古春轩词钞》，并续写陈端生的长篇弹词《再生缘》。大学者阮元为之撰传。

被推为"祭酒"即主持人的汪端（小韫），生于书香门第，她的祖父汪宪是杭州有名的藏书家，著名藏书楼振绮堂主人。汪端的母亲早年辞世，从小由姨母梁德绳抚养长大，传授诗学。著《自然好学斋诗集》；编《明三十家诗选》。她在闺友中德望甚高，不过人在苏州，但凡返杭期间，闺阁唱和活动便由她来主持。

鉴止水斋闺阁吟社的成员，除名重一时的吴藻和沈善宝之外，一个个也都是当时杭州才女中出类拔萃的人物。比如：

许云林，即许延礽，云林为其字。许宗彦、梁德绳的长女。工诗、善画。著有《福连室集》。

席慧文，字怡珊。工书善画，能琴、通音律，尤善隶书。著有《瑶草珠华阁集》。

鲍靓，字玉士。工诗词，精音律，善鼓琴、吹箫。

黄履，字颖卿，工诗词，通天文算学。曾制作"寒暑表"和

"千里镜"（望远镜）。著有琴谱及诗词稿。

项缋章，原名紃，字屏山。工辞赋，善画。著有《翰墨和鸣馆集》。

后来，鉴止水斋闺阁吟社的骨干沈善宝随夫到了北京，她与著名女词人顾太清等人结成"秋红吟社"。这个诗社的主要成员是各地在京城做官者的夫人、女儿。据沈善宝《名媛诗话》记载，"己亥（1839）秋日，余与太清、屏山、云林、伯芳结秋红吟社"。这里说的屏山，即项屏山（缋章），她是当时任兵部侍郎许乃普的继室。她与梁德绳的女儿许云林、许云姜姐妹，原来在杭州的时候，都是鉴止水斋闺阁吟社成员。

从诗社成员的组成来看，鉴止水斋闺阁吟社是本土诗社，秋红吟社则带有跨地区、全国性的诗社性质。

吴藻写过一首同古杭城南湖有关的题咏词。这首《台城路》词
写道：

> 南湖绿净无今古，年年夕阳红湿。卖酒人家，试香池馆，
> 一样帘波三尺。荒凉故迹。想曲曲阑干，玉纤曾拍。旧日妆台，
> 杏梁除是燕相识。
>
> 袈裟初地又改，剩横枝瘦影，吹透邻笛。老去秋娘，后来
> 词史，画里依然裙屐。垂杨自碧。便啼煞春禽，不成春色。花
> 月沧桑，水楼传赋笔。

道光九年（1829），有名的藏书世家振绮堂汪氏得到前辈画家
宋芝山画的《南湖华隐楼图》。收藏者"振绮堂汪氏"，指的是汪适
孙，他是振绮堂第四代传人汪远孙（小米）的弟弟，号又村，著有
《汪又村藏书簿记》。汪远孙去世后，振绮堂由汪适孙继承。这次东
轩吟社同人们的题咏活动，就是由汪适孙发起的。吟社的词坛耆宿
都填词题咏。吴藻也厕身其间，题了这首《台城路》（又名《齐天
乐》）词。

说起汪宪创建的振绮堂，可不简单，它与宁波的天一阁藏书楼齐名。龚自珍《己亥杂诗》有一首诗写道：

振绮堂中万轴书，乾嘉九野有谁如？

东轩吟社，则是振绮堂组织的一个以男性文人为中心的诗社，成员有吴衡照、吴振棫、汤贻汾、项鸿祚、魏谦升、张应昌……大都是士林响当当的人物，诗坛地位显赫得很。自道光四年（1824）创建开始，历时十年之久，东轩吟社集会题咏超过一百次。

查考振绮堂记录东轩吟社作品的《清尊集》，发现吴藻多次参与东轩吟社唱和题咏活动，如这次集会的"题南湖华隐楼图"。此外，同题吟咏的题目还有"题（汪远孙）寒闺病趣图""题孙娴卿（云鹍）停琴伫月图""题李堂（西斋）亡女问字图""题徐星溪春波洗砚图""题汤母吟钗图"等。

吴藻一生引人注目的文学交游，主要就是介入当时三大诗词唱和群体的活动。

道光六年（1826）春，她参加苏州碧城女弟子笔会。陈文述编选《碧城女弟子诗》合集，里面选有吴藻的《花帘书屋诗》。

道光十五年（1835）春，她参与梁德绳"鉴止水斋吟社"的闺阁雅集结社。

以上两次参加的都是女子诗社活动，只有东轩吟社是男性文人唱和群体。以"闺秀"身份参加东轩吟社活动的还有汪端、汪菊孙，但她们都是振绮堂汪氏的自家人，只有吴藻是"外来户"。

　　吴藻的诗流传不多，主要保存在晚年的《香南雪北庐集》里。也许由于诗名被词名掩盖，一些闺阁诗选集少见选她的诗。其实正像沈善宝说的，她"诗不多作，偶一吟咏，超妙绝尘"。比如她的咏花诗就迥异于一般女性诗人。

　　吴藻写花，主要是写世道人心。

　　她的"香南雪北庐"阶前有一树玉兰，高出屋檐，每当花开时节，就遭风吹雨打，没有哪年不是如此。于是她写了一首感赋诗。诗中写道：

　　　　绰约非所本，秀拔乃足奇。

　　　　童童白云盖，习习春风吹。

　　　　寓目仰弥高，反资邻里窥。

　　读到这里，总觉得隐含一种弦外之音。木秀于林，风必摧之。仰之弥高，反遭周围小人窥视。作者既是有感而发，应该不是无的放矢吧。

　　果然，她诗中最后的感慨是：

高华与卑靡，自古判两歧。

君子道已消，小人长嬉嬉。

《白莲四首》更显然可以看成一种人格化的自我写照、自我明志。第一首是这样写的：

玉井峰头第一花，雪为肌骨水为家。

偶来香界原无迹，纵出泥涂不染瑕。

君子古怀甘淡泊，美人绝代屏铅华。

灵根本是西方种，肯作寻常色相夸！

"君子古怀甘淡泊，美人绝代屏铅华。"绝代美人，洗尽铅华，不肯以色相示人，可贵的在于惜花爱花而又不同流俗的美人心。人说爱花是女人的天性。吴藻爱花，更爱白莲花雪肤冰骨、一尘不染、自甘淡泊的美好品格。

有一年立秋日，闺友沈善宝寄给吴藻一组诗，其中有一句"名花比名媛，十子冠泉唐"，加注做了说明：

君尝以名花十种比西泠闺友十人。

吴藻曾以名花十种分别比作十位名冠泉唐（杭州）的闺友，可惜不见有作品流传。这就给《吴藻全集》留下一个遗憾，也留下一个悬念："西泠闺友十人"究竟是哪十位名媛？推测起来，大概是梁德绳发起的"鉴止水斋唱和"那一群闺友吧，比如梁德绳及长女许云林、次女许云姜、汪端、沈善宝、席慧文、黄履、鲍靓、龚自璋等人，还有吴藻本人。

那么，对应"西泠闺友十人"的又是哪十种名花呢？吴藻把自己比作什么花呢？梅花？白莲花？玉兰花？颇有些好奇。

不禁联想起沈善宝在《名媛诗话》中以花论诗的一段话：

> 余常论诗犹花也，牡丹、芍药具国色天香，一望知其富贵。他如梅品孤高，水仙清洁，杏桃秾艳，兰菊幽贞。此外则或以香胜，或以色著。但具一致，皆足赏心，何必泥定一格也。

吴藻的西湖

清代女词家中第一人——吴藻，她是西湖的女儿。

吴藻初居杭州城东；中年生活出现变故，从西湖搬家到古城艮山门里的南湖（又名白洋池）。

但，西湖始终是她的最爱。

清代的西湖，里湖有赵氏山庄，面朝孤山有一座镜水楼。

道光八年（1828）初夏，吴藻同家中兄姊们一起，在镜水楼租屋而居，作十日游。

吴藻《花帘词》集中有一首《虞美人》，写道：

> 里湖湖水清如镜。倒浸楼台影。楼前杨柳两三株。恰与咸平处士对门居。
>
> 藕花多在西泠路。细把荷钱数。孤山应不笑侬痴。日日红船催去采莼丝。

在《香南雪北庐集》里，又可看到她当时写的《初夏寓居里湖赵氏山庄》诗四首：

说与湖山花鸟知，春风无日不相思。
迟来误却探梅约，已是成阴绿叶时。

湖光如镜照诗怀，四面云山合抱来。
绝似微之浙东句，一家终日住楼台。

玉壶酒市去沽春，归路斜阳画本新。
夜半月高弦索奏，临湖多少倚楼人。

暂拟平原十日居，四山新绿护琴书。
别翻古调杭州曲，桂子荷花总不如。

白虹补白——

"一家终日住楼台"，好个潇洒的女词人！一如当下时尚的
潮流一族，率家人住在湖边宾馆享受美景。想起有人说过："日
子过着过着，总会有那么一些瞬间，迎头撞进一句诗词里，才
发现千百年前，就已有人用寥寥数语道尽今朝事、此时心。"撞
进百年前西湖的女儿吴藻的诗词里，体味到相似的情愫与心境，
岂不开心！

在《花帘词》中，如果依次读她的游西湖词，《浣溪沙·湖心
亭》《清平乐·薄暮自南山归西泠》《柳梢青·登宝石山，天然图画
阁小憩，遂至保俶塔下》，可以从中追寻到她这一次西湖一日游的路
线图：白天坐船游西湖，在湖心亭停留；时近傍晚，从南山回到西
泠桥，再登宝石山，在天然图画阁小憩，而后经保俶塔下山。

这年的四月十六日夜，圆月当空。吴藻就在西湖里湖的北山一

带泛舟赏月。当时美丽的情境，留在了她所作《喝火令》词前小序的美丽文字中：

> 四月十六夜，泛棹北山，月色正中，湖面若镕银。戏拈小石投水，波光相激，月累累如贯珠。时薄酒微醺，繁弦乍歇，浩歌一阕，四山皆应，不自知其身在尘世也。

这首词写得非常灵动：

> 放眼壶天隘，当头璧月圆。玻璃十顷不嫌宽。金管玉箫檀板，齐奏木兰船。
> 片石投如矢，层波漾作圈。明珠散走水晶盘。那得山灵、借我仙掌小于拳。那得虹霓成线，万颗一齐穿。

清明节，泛舟湖上，暮雨而归。步玉田（张炎）韵作《高阳台》。词末写道：

> 第一楼头，还胜第二桥边。繁弦脆管西陵路，夕阳中、惊起鸥眠。卷珠帘。暮雨归来，满耳啼鹃。

初冬，泛舟西湖，她又填词一首。词中说：

> 湖光好，何必深春浅夏。四时风景都雅。

她还同她的诗友们坐过瓜皮小船游西湖。她在《念奴娇》词中形容说："艇子摇烟，浪花溅碧，似洒疏疏雨。"这首《念奴娇·湖上坐瓜皮船，用石帚韵》词，是这样描写的：

瓜皮船小，泛明湖千顷，闲盟鸥侣。采采莲塘歌尚早，荷
叶青钱无数。艇子摇烟，浪花溅碧，似洒疏疏雨。鲛宫能到，
冷吟高唱仙句。

依约水佩风裳，玉箫金管，罗袜凌波去。偶现全身图画里，
不是女儿秋浦。三尺篷抛，一枝桨活，只有天围住。兰舟何限，
笑他都隔尘路。

早些时候，吴藻还曾奉陪她的老师陈文述泛舟西湖。《碧城仙
馆女弟子诗·花帘书屋诗》中有诗，题目是：《奉陪颐道夫子放舟孤
山，憩巢居阁》。还有《西湖送春》七律一首，此诗写道：

得泛西湖又一回，叩舷高咏过蓬莱。
春光燕语莺啼去，山势龙飞凤舞来。
是处画楼垂柳暗，几家香冢野花开。
旧游陈迹重相访，红损雕栏绿上苔。

一年四季，花开花落，她都与西湖为伴。

花朝节的西湖最是让她神往。

且看她病后写下的《沁园春·花朝》，"记年年此日，曾买轻艘"：

雨雨风风，酿就微阴，春魂暗销。镇支离病骨，茶铛药裹，
禁持瘦影，翠袖冰绡。帘卷双钩，窗开六扇，燕子偏来话寂寥。
妆成也，记年年此日，曾买轻艘。

关心碧柳细桃，总负却明湖十二桥。自湔裙人散，闲居有

赋，踏青期阻，枯坐无聊。知趣东皇，似嫌著色，翻把繁华用白描。阑干外，但红痴绿醉，不作花朝。

顺便说一句：花朝节也就是"百花生日"，浙江风俗农历二月十五举行。

春日，吴藻兄妹与文友们湖上看牡丹，前往苏祠拜谒东坡先生，再观镜水楼。上次她同家人一起作西湖十日游，就是在这个镜水楼租屋而居。

当游船从桥下穿过，吴藻敲击木琴，三兄吴梦蕉在桥上聆听，觉得音乐声更加清美。

文友以七律二首见示；吴藻次韵唱和。诗中写道：

暖风十里荡轻舟，翠管红牙坐两头。
绿涨波光平柳岸，青围山色抱湖楼。
琴材妙得无弦响，筋政宁烦曲水流。
佳句唐人先咏到，夕阳箫鼓记春游。

约伴湖堤暂舣舟，桨音渐近画桥头。
放翁船到能无酒，清献门高自有楼。
灵宇瓣香怀景慕，名风国色擅风流。
掷来珠玉时吟玩，长记追陪杖履游。

白虹补白——

西子湖是吴藻的最爱，"暖风十里荡轻舟"，青山环拥、岸柳轻拂、碧波荡漾……

好时、好景、好友，岂能无酒，"放翁船到能无酒"；有好酒岂能无诗，"夕阳箫鼓记春游"；吟唱好诗岂能无乐，"翠管红牙坐两头"。红檀板击起来了，翠管吹起来了，更惊喜人的是吴藻击响了木琴。

吴藻的这木琴在当时可是稀罕物，乃"海外物也"！"音泠泠然，在丝竹之上"。湖面开阔，风吹音散，好个伶俐的乐手，将小船儿摇到了桥洞下，木琴轻击，桥洞共鸣，那泠泠乐声犹如珠玉溅入湖中，"梦蕉三兄于桥上聆之，音益清美"。

小巧玲珑的一首诗词，写尽了携友泛舟湖上，赏景饮酒奏乐吟诗的快乐，也折射出女词人的文学、音乐素养。爱玩、会玩、玩得如此优雅，令我等灵魂跟不上匆匆步履、无限向往慢生活的人，生生羡煞！

只是"丝竹中年，已觉输年少"，尤其旧友不能如约而至同游西湖，便又是另一番心境，连春游也懒得写诗填词了。《香南雪北庐集》中有《寄慰张云裳妹》七律两首，她诉说：

却愁迟我西湖约，

每到春游懒放歌。

到了晚年，物是人非，局势动荡。在苦雨凄风的情境下，吴藻仍与同人们一起游西湖，并在西湖朱氏湖庄有过两次集会。

咸丰六年丙辰（1856），吴藻已临暮年。

初夏的一天，文坛耆宿魏谦升邀吴藻、张应昌等同人在西湖朱氏湖庄雅集，听唱香雪庐（吴藻）、春山堂（魏谦升）两主人谱的新曲。

魏谦升以诗见示；吴藻赋诗作答。诗中说：

倦鼓残箫日又西，

湖边雅集漫留题。

同人们春游唱和时，吴藻又作《探芳信》和词，写道：

趁闲昼。约北郭弦诗，西泠载酒。甚饧箫吹过，春寒尚依旧。泥人湖上探芳信，见说红将瘦。牡丹开，客已凭阑，雁应喧骜。

窗外晓风骤。怕薄雾侵帘，冷云横岫。试卜金钱，明朝问晴否？梅溪石帚新吟好，欲和还低首。笑词坛，我愧豪苏腻柳。

在这次朱氏湖庄唱和中，同人们商定了下一次湖上重集的时间。

次后一日，风雨峭寒中，吴藻偕同人泛舟西湖，前往探看三兄吴梦蕉墓。坐着轿子到了西泠桥畔，等待同人，而租船未至。口占《探芳信》一阕：

恼春昼。借苦雨凄风，催诗滞酒。有座中佳士，连珠赋新旧。难将彩笔书花叶，空任朝云瘦。只参差、笠影穿林，屐声喧骜。

摇碧那能骤。尽盼切轻桡，望深重岫。上冢人遥，携尊快来否？枯肠搜索何时润，觅句频搔首。坐湖堤、闷对濛濛翠柳。

又作《翠楼吟·西湖春泛忆先兄梦蕉》，词中感叹"当年俊游难再"：

笛倚楼高，觞流水曲，当年俊游难再。桥寻旧迹，怨芳草斜阳天外。晴湖花海。记惨绿接袍，轻红飞盖。人何在？野棠开尽，杜鹃啼坏。

一带。垂柳依依，忍画船摇碧，酒铛重载。梅边亭又圮，算惟有青山不改。清愁无赖。感倦鼓春城，残钟香界。归桡快。晚云初起，月明风大。

农历五月二十一日，词坛诸君相邀，同人们重集朱氏湖庄。

当时，太平军的战火烽烟已经逼近。席间似乎弥漫一种不祥的气氛。

吴藻词咏道：

屋角延青，廊腰倚翠，山庄订游还再。南屏花事了，看一抹微云天外。词仙淮海。喜碧水方塘，绿阴圆盖。余花在。瓣疏红坠，石榴裙坏。

锦带桥畔垂杨，认旧时兰舸，那回曾载。好春何处觅？怅扑蝶听莺都改。烽烟无赖。且扇拂歌尘，杯倾诗界。流光快。几声长笛，落梅风大。

西湖朱氏湖庄前后两次雅集唱和，中间一次西湖泛舟，留下了吴藻生命中的"绝响"。

谁是吴藻的异性知音？答案应该是赵庆熺。

赵庆熺，字秋舲。也是杭州人。梁绍壬《两般秋雨庵随笔》称其"性倜傥，工诗词，家贫读书，傲骨风棱，逸情云上"。道光二年（1822）他中了进士，此后一直没有做过官，赋闲在家。

赵庆熺同吴藻三兄吴梦蕉交谊甚密，同人们常在一起雅集清游。吴藻很可能是因为梦蕉的关系，与赵庆熺相识，意趣相投，志同而道合。吴藻晚年在给赵庆熺的外甥女汪蘩遗集作序时，第一句话就说：

> 余昔与赵君秋舲讨论词学，辄有针芥之投。

所谓"针芥之投"，意思就是磁石引针，相互投契。两人交往中，好像很少有什么"男女授受不亲"的味道。

同人唱酬谁最多？当然是吴藻与赵庆熺最多。两个人的词集中，常见同题纪游之作。

在清代，皋亭之桃与西溪之梅、河渚之芦为杭城湖墅三胜地。吴藻《高阳台·皋亭山看桃花》词中有言："好溪山，除却西湖，一半勾留。"可见，她的最爱一半在西湖，一半在皋亭。赏桃胜地皋亭山位于杭州北郊，俗名半山。这里也是同人们的最爱，沿途泛舟游赏，乐此不疲。

阳春三月，皋亭山桃花盛开了。这天，吴藻偕荔香大姊、茝香二姊租船，与同人们一起前往皋亭看桃花。他们坐着小船，穿过曲港芦丛，一路饮酒吹笛，低吟浅唱，不亦乐乎！吴藻作《台城路》，词中描述：

> 清游放舟最小，苇梢千万树，都在曲港。饮渌开樽，吹香试笛，不尽浅斟低唱。

《台城路》词前有一小引，她用美丽的文字记述了这次胜游：

> 积雨初收，嫩晴未稳，皋亭桃花盛开，游舫群集。午后偕荔香、茝香买舟，由小港抵甘墩村。一路桥低岸曲，水复峰回，秾李千株，花繁似雪，此中幽境，别有天地，非人间矣。

赵庆熺《香销酒醒词》集中也有《台城路》词，记述了这次同人们皋亭山看桃花。词中说："欢喜桥边，甘墩村外，都是曾经游地。"这已不是第一次皋亭观桃了。同人们相约，果熟时再来重游。

到了四月底（小满后十日），花海绿天，晴和天气，赵庆熺遵约邀同人重游皋亭。他的集子中又有一首《台城路》，词前小引说：

> 小满后十日，同人复游皋亭，舟行小港中，绿阴夹岸，意境幽绝。

同人们游皋亭时，吴藻的大姐蘅香和二姐茝（芷）香，也一起出游。赵庆熺词中似语意双关，嵌入吴藻姐妹的名字："有曲港通船，草香蘅芷。"

此外，吴、赵两人同题题画之作也不少见。如：

吴藻有《高阳台·林秋园表兄二十四桥醉月图》；赵庆熺集中则有《金缕曲·林秋园二十四桥醉月图》。

吴藻集中有《鬓云松令·题自锄明月种梅花图》；赵庆熺集中也有《忆萝月·自锄明月种梅花图》。

吴藻有《水调歌头·题柳暗花明又一村图》；赵庆熺也有《摸鱼儿·汪又村柳暗花明又一村图》。等等。

在清代词坛上，吴、赵齐名，是一对耀目的双子星座。两人词曲风格也颇接近，皆以轻圆清新胜，尤善用口语。

吴藻曾为赵庆熺的《香消酒醒词稿》题词。这首《洞仙歌》是这样写的：

> 花窗细读，十年前名句。一瓣香曾为君炷。甚空空妙手，绣出鸳鸯，谁信道、肯把金针度与。
>
> 才华清似水，脱口轻圆，北宋南唐最佳处。酒醒又今宵，拍遍红牙，尽高唱、大江东去。笑一颗、骊珠几人探，但白石梅溪，纷纷侬汝。

吴藻对赵庆熺词极表赞赏，"一瓣香曾为君炷"，自认为深受其词风影响。但词学家顾宪融（佛影）认为，吴词甚至在赵词之上。他说："同时如赵秋舲之《香销酒醒词》，名与吴并，面目亦近，实则流于剽滑，不如蘋香之犹不失规矩也。"

吴藻的第一本词集《花帘词》编定刊行时，陈文述、魏谦升、赵庆熺为之作序。赵庆熺的序言通篇一个"愁"字以蔽之："花帘主人工愁者也,花帘主人之词善写愁者。"这真是知者之言。正如词学家江顺诒评说的那样："此专言愁,固作词者之妙境,而即读词者之佳话也。"

约道光二十年(1840)前后,赵庆熺入都谒选。吴藻作《金缕曲》为他送行。词中倾吐："算往事、不堪回首。阅尽沧桑多少恨,古今人、有我伤心否?"

惜别之余,自伤命运不济,并表示参透世事,有心向佛："浮沤幻泡都参透。万缘空、坚持半偈,悬崖撒手。"

邓红梅《吴藻词注评》中说："本词情绪复杂,有对于行人远去的祝福,也有依依惜别的深情;有自伤命运不谐的怨艾,也有坚心学佛的表白。这些复杂感情的诉说,表明词人真的是把赵庆熺当成异性知己。"

道光二十七年(1847),赵庆熺离世。吴藻与魏谦升一起,亲手为挚友编订遗稿。

　　吴藻一生，有两个可以交心的异性朋友，赵庆熺去世之后，就只剩下魏谦升了。

　　魏谦升，字滋伯。家住杭州北郊西马塍，面山枕湖，号春山堂。以诗、文、词、书法雄居文坛，为清代"十词家"之一。早年通过赵庆熺"亲串往来"的关系，他与吴藻之间得以相识，成为终其一生的知心朋友。他的继妻周琴也是吴藻的闺密。

　　伤心落泪时，魏谦升成为吴藻的倾诉对象。有一次，魏谦升赠给吴藻一首五言古体诗，触动吴藻的满腹心事，作《金缕曲》一词奉酬：

　　　　一掬伤心泪。印啼痕、旧红衫子，洗多红退。唱断夕阳芳草句，转眼行云流水。静夜向、金仙忏悔。却怪火中莲不死，上乘禅、悟到虚空碎。戒生定，定生慧。

　　　　望秋蒲柳根同脆。再休题、女媭有恨，灵均非醉。冠盖京华看衮衮，知否才人憔悴。只满纸、歌吟山鬼。五字长城诗格老，子言愁、我怕愁城垒。正明月，屋梁坠。

此词中，从"一掬伤心泪"，到"悟到虚空碎"，从"知否才人憔悴"，到"子言愁、我怕愁城垒"，满纸的歌吟，满腹的愁绪，向好友倾泻而出。这同她向赵庆熹倾诉的《金缕曲》词句非常相似："算往事、不堪回首。阅尽沧桑多少恨，古今人、有我伤心否？歌未发，泪沾袖。"

伤心时，他们在一起倾吐心曲；兴浓时，他们在一起优游雅集。

春天里，女主人周琴邀请鲍玉士、吴藻和葭香姐妹在魏谦升的春草庐小集，彼此诗词唱和。

重阳节，吴藻和闺友们雅集于魏谦升的大涤山房，登临赋诗。

超山探梅，皋亭山看桃花，好几次吴藻兄妹都是与魏谦升夫妇一起结伴同行。

据吴藻晚年的《香南雪北庐集》记录，咸丰元年（1851）元宵节后，魏谦升、周琴夫妇约吴藻及沈善宝等，一同坐竹轿前往皋亭山崇光寺探梅。探梅途中，吴藻在肩舆（轿子）上口占一首《清平乐》，题为《滋伯暖妹招同湘佩皋亭探梅，舆中口占》。他们一起在花下联词赏吟。吴藻接下来又一首《清平乐》记下了他们的花下联句：

> 万梅花下（湘），曲曲疏篱亚（滋）。流水一湾青玉泻（蘋）。小坐林间清话（滋）。
>
> 微云复漏斜阳，东风吹送寒香（湘）。花事二分未到，几时再集壶觞（蘋）？

沈善宝《名媛诗话》也记述了这次美好的皋亭探梅之游和花下联句：

辛亥（即1851年）试灯后十日，暖姝（即周琴）约蘋香及余挈友愉女，同往皋亭山下崇光寺探梅。时宿雨初晴，春阴乍敛，万树寒香，含苞始放。一溪流水，照影生姿。暖姝具佳肴旨酒，小杭吟筇，酌于梅花道场。饭后同步疏林密蕊中。

余起《清平乐》首句云："万梅花下。"蘋香续云："曲曲疏篱亚。流水一湾青玉泻。"暖姝续云："小坐林间茶话。"余又云："微云复漏斜阳，东风吹送寒香。"蘋香接云："花事二分未到，几时重集壶觞？"词成，相与欢笑。纵谈今古，人影花光，相看忘暮。

不过，将《名媛诗话》这段记述与吴藻诗题中的记录两相对照，发现有一个微妙的差别：沈善宝在《名媛诗话》中没有写到魏谦升同游，书中记录的"花下联句"则将他（滋伯）的诗句记在周琴（暖姝）的名下。揣摩起来，不知道是不是出于"男女有别"的原因。

咸丰四年（1854）的秋天，时局动荡，烽火连天。忽有一天，久不作诗的魏谦升，向吴藻出示他的《攘臂吟》诗集，这些苍凉悲歌都是太平军攻占南京后所作。吴藻作七绝二首，以志感慨。诗中写道：

年来我亦耽禅悦，同抱霑泥落絮心。

这是化用北宋诗僧道潜的诗句："禅心已作霑泥絮，不逐春风上下狂。"

不论世事如何沉浮、风云如何变幻，吴藻与魏谦升同抱一颗"霑泥落絮"的禅心，心心相印，命运与共，决不为外界的变化所动。

鼙鼓声中，魏谦升的《攘臂吟》成为一种不祥的预兆。

两年后的咸丰六年（1856），吴藻参加魏谦升发起的两次湖上同人集会，留下了生命中最后的篇章。

到了咸丰十年（1860），太平军李秀成部第一次攻入杭州。据《清史稿》本传记载，魏谦升的住宅被烧，避走灵隐山中。太平军退出后，魏谦升暂居城中同人张应昌的旧宅，啸歌不辍，自号"无无居士"。第二年的严冬，太平军再度攻占杭州，"谦升方老病，驱至万安桥下死，妻周氏同时殉节"。

此时，吴藻的命运又将如何呢？

吴藻之死

吴藻之死原是一个谜。

张景祁为吴藻身后的《香雪庐词》写的序中说到，吴藻"遭时不靖，去乡离家"。

20世纪40年代陆萼庭先生推测，张景祁序所谓"遭时不靖"，当是指咸丰十一年（1861）太平军攻克杭州的事件。张序中又说，"玉玦捐而莫佩，黄钟毁而不鸣"，好像她不久就去世了。陆先生据此推断，吴藻的卒年大约是在同治元年（1862）前后。

《香雪庐词》序作者张景祁，是太平军两次攻入杭州历史事件的亲历者，他当时就困在城中。丁丙《庚辛泣杭录》载有张景祁《武林新乐府·记庚申辛酉两次失陷事》。他在《香雪庐词叙》中说的话应该是可靠的，只可惜他写的这篇序是骈俪文，语焉不详。

拙著《吴藻词传》倒是发现一条书证，可以证明陆萼庭先生的推断是符合事实的。

吴藻逝世后，同人张应昌翻检到她一首《南歌子》词，于是作《南歌子·偶存吴蘋香女史旧赠词笺，追忆昔年香雪庐馆雅集……》，以追悼亡友。张应昌《烟波渔唱》集中这首《南歌子》的词题中，明确记载说：

未几，皆罹劫难，女史兄弟（按：指吴藻和她二姐莒香）并亡。

对照张序中"去乡离家"的话，这就足以证明，吴藻确实死难于咸丰十一年（1861）冬十二月太平军攻占杭城之后，兵乱中流离失所，姐妹俩同时遇难。

据《杭州府志》记载，十一月二十八日，太平军李秀成部再度攻占杭州。十二月，大雪兼旬，城中粮绝。居民逃难饿死、冻死者不可胜数。

> 杭城既陷……居民六十余万，半已饿死。时严寒，被逐出城者、冻死江干及杀而死者，不可胜计。

> （咸丰）十一年冬十二月，大雪兼旬。平地高五六尺，山中几数丈。居民避寇山中，无处觅食，饿毙无算。

丁申、丁丙《国朝杭郡诗三辑》附录了一个"闺秀咸丰庚辛殉难者"50余人的名单，说明这年冬天，杭州死难的闺秀不在少数。

当时，吴藻的老友魏谦升、周琴夫妇，在城中万安桥下遇难；曾与吴藻一起参加东轩吟社唱和的陈瑛，殉难于铁线巷；对吴藻极为推崇的陈嘉，出城渡江后饿死。

此外，还有阮元的孙女阮恩滦、赵庆熺的外甥女汪蘅，"闺秀咸丰庚辛殉难者"名单也出现了她们两人的名字。其实，这两位闺秀离世的时间要早些，并不属于"咸丰庚辛殉难者"。吴藻生前曾为阮恩滦的作品遗集《慈晖馆诗词草》题过词，为汪蘅的遗集《红豆轩诗词》写过序，她们两人的谢世，是在咸丰庚辛战乱前几年。

而吴藻姊妹却没有统计在这个"闺秀咸丰庚辛殉难者"名单上，可见还有遗漏者。

吴藻与陆蒨的交往

咸丰十年（1860），与吴藻有过交往的陆蒨在太平军攻占常州时遇难。

施淑仪《清代闺阁诗人征略》卷九引《栗香四笔》，描述了陆蒨被害的惨况：

> 贼至常郡，艳女士之色，欲犯之。女士大骂，贼怒，丛刀刺之，至死骂不绝口。时咸丰岁庚申也。

陆蒨，字芝仙，江苏阳湖（常州）人。出身名门，工诗词。她本是浙江巡检谢士俊（啸林）的妻子。后来，因为丈夫沉湎于酒，伉俪失和，再加上她因所作文字而为谗言所中，最终离婚了。于是她回到常州母家，不得已自焚其稿，从此栖心礼佛，摒弃文辞，俨然世外人。

陆蒨在随宦浙江期间，与魏谦升时相过从，从而与吴藻友善，成为吴藻文学交游圈子里的人。魏谦升为陆蒨诗稿所作原序中介绍说：

陆芝仙女士，为谢啸林大使之配，著籍阳湖，从宦两浙，生有清才，自然好学，工为古今体诗，旁及填词，皆有法度。啸林官于杭，其署去余家只里许，时相过从……未几，遂还毗陵，焚稿哭兄，事多拂意，有难以言传者，深可慨也！

陆蒨著有《倩影楼遗稿》一卷，存诗132首、词41首。这些残存作品，据说都是其兄之故友拾掇而成。《闺秀词话》中说："金氏绳武为辑其稿刊行之。"《历代妇女著作考》著录：陆蒨《倩影楼遗稿》一卷，据金韵仙（即金绳武）活字本重刻。原有魏谦升写的序，金绳武及吴藻等题词。

吴藻题词是一首和词，题为《倦寻芳·即次集中见赠原韵》：

> 记曾识面，联步芳园，初夏长昼。彩笔拈来，丽句都从天授。气吹兰，人疑玉，娟娟楚楚双罗袖。望明湖，说青山半角，十年如旧。
>
> 后约指、西溪泛绿，未果清游，秋雪凉透。懊恼云帆，一霎匆匆催走。青女素娥俱耐冷，何须定作刘纲妇？好瑶宫，待他时，共君消受。

吴藻这首词收录在她生前最后一本诗词集《香南雪北庐集》中，原题为《倦寻芳·和芝仙作》。用作陆蒨《倩影楼诗稿》的题词时，其中"待他时，好瑶宫"句改为"好瑶宫，待他时"。

陆蒨集中《倦寻芳》原词题为《周暖姝夫人招吴蘋香暨余集大涤山房，登致爽台，眺望湖上诸山，即席赋谢》：

> 画堂开处，杯泛红霞，却好晴昼。握手论心，座上春风亲

授。更闲行，抄幽径，绿阴如水凉衣袖。太匆匆，叹十年尘梦，青山依旧。

忽地觉、烦襟尽洗，诗思添浓，人意销透。只怪斜阳，红上眉棱催走。重把西溪期后约，瓜皮艇子招渔妇。问人生，这清狂，几番消受？

咸丰五年（1855）初夏，魏谦升、周琴（暖姝）夫妇邀约吴藻和陆蒨（芝仙）雅集于魏氏大涤山房，登致爽台，眺望西湖夕阳山色。吴藻、陆蒨与周琴三位闺友在一起登临赋诗。魏谦升为陆蒨诗稿所作原序中，描绘了这次不可多得的雅集之乐：

今年首夏丙子，周暖姝招芝仙及里中闺秀吴蘋香同过小园，清尊丝竹，长日如年，携扇登致爽台，坐绿阴中，望湖上夕阳山色，清风徐来，衣袂飘举。芝仙顾而乐之，谓久别西湖，今日之乐，不可多得。

以往，同人们在魏谦升、周琴家雅集登致爽台，一般是在重阳节。《国朝杭郡诗三集》所载周琴两首《和沈湘佩夫人留别》诗，其一"休掷重阳语最真"句注："重九日小园致爽台登高。东坡曰，寒食、重阳不可虚掷。"这次约吴藻和陆蒨致爽台登高是在首夏，也就是初夏。

吴藻《倦寻芳》和词一开头就回忆说："记曾识面，联步芳园，初夏长昼。"正是在这一年魏氏大涤山房园中的初夏兴会，吴藻与陆蒨初次相识，就结成好友。

陆蒨《倦寻芳》原词中说："重把西溪期后约，瓜皮艇子招渔妇。"这里说的"渔妇"，是指周琴（暖姝）。词中此处有个原注：

"夫人自号西溪渔妇。"陆蒨还另作有《疏影·修梅图为周暖姝夫人题》，结句也写道："更几时、买棹重来，旧约西溪试茗。"吴藻《倦寻芳》和词中也说："后约指、西溪泛绿，未果清游，秋雪凉透。"闺友们早就有重游西溪之约，只可惜"懊恼云帆，一霎匆匆催走"，她们再也没有践约的机会了。

陆蒨集中有一首"看深情如诉"的《月华清》词，是用吴藻《花帘词》韵，题为《院中木香盛开，用花帘词韵谱之》：

　　微雨初收，浓烟未散，憔悴几枝低亚。携伴灯前，倩影珊珊淡写。待分香、薜荔墙头，支瘦骨、蔷薇花架。宜野。把铅华洗尽，亭亭疏雅。

　　燕子商量闲话。道万绿成阴，小红刚嫁。拦住残春，有幅蛛丝如画。可伤心、梦冷荼蘼，曾记否、月明亭榭。馀暇。看深情如诉，靓妆如研。

陆蒨诗工近体，语言清丽，风格柔婉，而多有感伤之情；词多怀人之作，意境清新，语言凝练，小令尤佳。《续修四库全书总目提要》曾通过对其诗词的对比做出评说："（陆蒨）诗笔清新，意韵并茂。惟其遭遇之厄，故吟咏皆凄苦之音。""至于其词，尤胜于诗。格近《漱玉》，以婉丽为宗。"评价不可谓不高。

善本书库里的惊喜发现

2018 年 7 月初的一天，应该记录在我的"阅读史"上。因为这一天最让我喜出望外，居然发现吴藻《花帘词》一个被沉埋的清人手抄本。

我常跑浙江图书馆孤山古籍部，却不知道馆内善本特藏书库是设在本部。那天在善本藏库检索书目，陡然"华帘词钞"四个字跃入眼帘。"华"是"花"的古字，莫非这是《花帘词》的手抄本吗？果然是！

清高龚甫手抄本《华帘词钞》一册，署名：仁和吴藻蘋香著

一连几天，坐在善本阅览室里一一比对，发现《华帘词钞》中竟有 32 首词是《花帘词》集中所没有的。也就是说，《华帘词钞》中的未刊词不是两三首，而是 32 首啊！当时激动得手都有些发抖了。

《华帘词钞》的作品排列次序与《花帘词》也不尽相同；而且《花帘词》卷尾词作 17 首，都没有抄录。由此看来，这个抄本极有可能是据《花帘词》刊印之前流传的稿本传抄而来。

高龚甫名保康，字龚甫。仁和（杭州）人。清光绪十一年

（1885）副贡生，候选训导。工书法。陈从周《梓室余墨》论杭州书家，就有他的名字。

后来，高龚甫将《华帘词钞》赠送给他的学生杨志濂。《华帘词钞》卷尾附有杨志濂的跋文，写道：

> 余十四龄时从仁和高龚甫先生读，案头见吴蘋香女士所著《华帘词》一册，爱不释手。先生故工词，乃示以填词法，并此册授之。

杨志濂还提到，他曾整理刊刻其族曾祖母顾翎《绿梅影楼诗词》遗稿及绿梅影楼填词图题词，亲眼见过吴藻所题《洞仙歌》词"楷法工秀"的手迹。

杨志濂，字评莲，号小荔。江苏无锡人。清光绪举人。历任湖州、严州、宁波知府。著有《寒翠居诗文集》。

《华帘词钞》中32首未刊词的水落石出，让"吴藻全集"之称更加名实相符。

值得一提的是，未刊词最后有两首叠题《锦槎轩集》原韵赠张襄（云裳）的《金缕曲》，也不免带来意外的惊喜。一首题为《云裳妹偕倩汤眉卿自西江赴苏，便道枉过，喜而赋赠，再叠题锦槎轩集元韵》；一首题为《春杪偕云裳泛湖，再叠前韵以志别》。

原先业内一直以为，吴藻与张襄于道光六年吴门别后，只有深情寄怀之作，就再也无缘重逢了。台湾学者钟慧玲在考察她俩的交游时也认为"吴门一别，竟成永诀"。殊不知，次后某一年春末，张襄偕同她的夫君从江西返回苏州的途中，特意在杭州停留，与吴藻见面，并一起泛舟西湖。吴藻"喜而赋赠"，让我们也感受到人世沧桑生死契阔之间的友情芬芳和悲喜交集。

这次发现，也是一个偶然。

吴藻谢世后，作品多有散落。她的夫家侄孙黄质文搜集她的遗著《花帘词》与《香南雪北词》，合刻了一部同治版的词集，总名为《香雪庐词》。黄质文请词人张景祁撰写了一篇《香雪庐词叙》，置于《花帘词》陈文述、魏谦升、赵庆熺三篇原序之前。

可是，浙江图书馆里就是找不到这个《香雪庐词》。

几次三番跑浙江图书馆孤山古籍部，查阅《花帘词》的所有版本。有位管理员大姐显得有点不耐烦了，说："都一样，都一样……"一次，竟发现《香雪庐词》夹在其中。原来，《香雪庐词》两册刻本被当作《花帘词》的"副本"，没有独立列入图书目录，险些被掩埋。

同时，还发现《香雪庐词》刻本是个错页本，其中《香南雪北词》词作部分三至六页与曲作部分三至六页相互错位。

黄质文同治年间就职于浙江官书局。曾有人为他的遗像题诗，有"名士过江多似鲫，青藜照读校书郎"之句。这么一位"业内人士"，想不到他刊刻的《香雪庐词》竟也出现这么大的编校差错！

又在浙江图书馆本部看到由台北市经学文化事业有限公司《稀

见清代四部辑刊》第七辑《香雪庐词》，也是同样的错页本，陈文述、魏谦升、赵庆熺三序之前也有张景祁的《香雪庐词叙》，却堂而皇之标明"据道光十年刻本影印"。张景祁生于道光七年（1827），《花帘词》道光十年（1830）初刻时，他还是个三岁幼童，怎么可能为之作序呢？所谓"道光十年刻本"，真不知从何说起！

孤山古籍部藏有道光十年镌《花帘词》，题签为"徐楙篆"，书前有陈文述、魏谦升、赵庆熺三篇原序。可以认定，这才是《花帘词》的初刻原本。

《花帘词》初刻本的题签者徐楙，号问蘧，钱塘人，精研金石篆刻，为浙中名家。吴藻《香南雪北词》集中有一首题徐问蘧《六桥草堂图》的《金缕曲》。振绮堂主人汪远孙的《借闲生词》和赵庆熺的《香销酒醒词》集中，均有同题题咏作品。他同龚自珍等文坛名流也有交往。

吴藻创作终结于何时

吴藻的创作生涯大约在什么时候结束的呢？

前辈陆萼庭先生推测，《香南雪北词》中的篇什止于道光二十年庚子（1840），认为她的填词生涯约在这一年终结。现在看来，这个说法显然是站不住脚的。

陆先生有所失察，主要是由于他一直没能看到吴藻的《香南雪北庐集》，这个《杭州府志》著录的集子，陆先生误认为可能已经失传了。

随着拙著《吴藻词传》《吴藻全集》的编纂出版，这个"馆内孤本"终于重见天日。

在浙江图书馆古籍部发现的《香南雪北庐集》，内含《香南雪北庐诗》和《香南雪北庐词》各一卷。这本诗词合集提供的证据充分表明：一直到咸丰六年丙辰即公元 1856 年，吴藻尚健在，尚与同人们不止一次雅集唱和，有诗词作品问世。

证据之一是，《香南雪北庐集》中有一首《探芳信》词题，注明了写作时间（吴藻词很少有注明时间的），词题中说："……因和此以订异日湖上之游，时丙辰三月三日也"。在这次雅集唱和中，同人们商定了下一次湖上雅集的时间。

证据之二是，同人张应昌《烟波渔唱》有一乐府（曲），题作：《丙辰初夏，集朱氏湖庄，听歌香雪庐、春山堂两主人词》。"香雪庐主人"就是吴藻；"春山堂主人"即魏谦升（滋伯）。吴藻《香南雪北庐集》中则有一首诗，题作："初夏同人集集朱氏湖庄……"此诗与张诗显然作于同一年，同一次朱氏湖庄雅集。

　　证据之三是，咸丰六年丙辰（1856）十一月，在金绳武（韵仙）的帮助下，吴藻《香南雪北庐集》评花馆本印行。金绳武跋识中说："复得其近体诗七十五首，为女史手抄存本……因排字印百册并附其未刻词十七阕于后。"吴藻作《鹊桥仙·题金韵仙评花仙馆词》一首殿后，以示答谢之意。词后自注："时韵仙方为余校印诗词稿。"

　　《香南雪北庐集》提供的铁证，把吴藻创作生涯的终止时间，起码推迟了 16 年。

吴藻晚年题词知多少

因为名气大、交游广的缘故，吴藻早期的《花帘词》和中年时期的《香南雪北词》集中，她为人家的画和作品集题词非常之多。直至晚年，她也没闲下来，还为不少的女诗人、女词人或题词或作序，并散落留存下来。这些散篇大都收录到《吴藻全集》中。搜寻不易，殊觉珍贵。不妨转载在此，以供研读欣赏。

——咸丰元年（1851）为汪蘅《红豆轩诗词》作序

汪蘅，字采湘，仁和（杭州）人。著名词人赵庆熺（秋舲）的外甥女，与赵庆熺之女赵我佩（君兰）为中表姊妹。汪蘅早逝后，吴藻特向沈善宝《名媛诗话》推荐其《红豆轩诗词》遗稿。咸丰元年（1851）汪蘅《红豆轩诗词》刊行，吴藻为之作序。

《红豆轩诗词》序

余昔与赵君秋舲讨论词学，辄有针芥之投。采湘女士犹未生也。秋舲有妹归于汪，即采湘母，常挈采湘居秋舲家。采湘与秋舲之女君兰为中表姊妹，女红之暇，并喜吟咏相唱和，皆秋舲教也。采湘清标玉映，有林下风，贤孝性成，自然好学。名篇秀句，清丽为邻，一种温柔敦厚之思溢于言表，想见天寒袖薄，佳人倚竹时也。与余亲串往来，互相爱重，许为闺房中后来之秀。方翼后死定余文者，其在采湘矣，而乃优昙易萎，紫玉成烟。冷翠零膏与遗笺剩墨同封芨篋，令人不思启视。其母失此掌珠，涕泗横集，将刊遗稿以传于世，命其婿许君砺卿介秋舲之子子循，以所著《红豆轩诗词》一册示余，请为删定，并乞弁言。余诺之，以溽暑困人，尚未报也。适魏君滋伯过余，长昼炎蒸，留其茶话。滋伯老于吟事，因出此卷，与之商订，一日而毕。沙汰十之一二，间有润色以期完善者。其存诗词百篇，镂板以永詹传。采湘于是乎可以不死。惜秋舲已归道山，不克同为商订，九泉有知，良足慰藉。独念采湘抱此清才，盛年凋谢，尘寰小谪，遽归瑶宫，留此一编，赚余老泪。泚笔为文，以报其母，其亦可稍纾悲感矣夫。

咸丰纪年岁在辛亥七月既望，同里吴藻于香南雪北庐。

——咸丰三年（1853）为阮恩滦《慈晖馆诗词草》题词

阮恩滦，江苏仪征人。著名学者阮元的孙女。她能诗善画，尤癖嗜琴。阮元偶至，必令一弹再鼓，呼为"琴女"。婚后三年即遭战乱，思念家母，忧郁惊惧而逝。

齐天乐·题阮恩滦《慈晖馆诗词草》

谢家门第天人贵，风姿绰然林下。碧幌弦琴，瑶编印粉，跨鹤扬州曾迓。高吟和寡。叹香茗词工，玉台谁亚？石倚玲珑，庾公楼畔好亭榭。

无端烽火照眼，白云岩半杳，凝望亲舍。寸草慈晖，空花幻影，愁满秋灯凉夜。郎腰瘦也。可重检眉查，旧题罗帕，锦瑟华年，杜鹃馀泪泻。

——咸丰五年（1855）为凌祉媛《翠螺阁诗词稿》作序

凌祉媛，杭州著名藏书家丁丙的继妻。她 20 岁与丁丙结婚，夫妇唱酬。死时年仅 22 岁，嫁给丁丙还不到三年。吴藻写这篇序的时候，凌氏已经去世。

《翠螺阁诗词稿》序

自来韵语之作，所以发抒性情，不仅才人有集，抑亦吾辈所不废。或专事女红，不暇旁及耳。吾杭为人才之薮，闺秀代兴，日下工诗词者，皆各梓一篇。若芷沅凌夫人，则其尤者也。所著《翠螺阁诗》数卷，清词丽语，读之意销其间。《怀古》诸作，沉郁顿挫，虽须眉何多让焉。所存词不甚多，滨（深）得南宋遗响，惜乎天靳其寿，早年物化，为可悲矣！其婿丁松生茂才，裒遗集既成，来索题词。予且衰迈，何能更为韵语？爰书数言归之。芷沅有知，当勿笑予之疏懒也。

时咸丰乙卯春仲，蘋香吴藻书于香南雪北庐。

——咸丰十年（1860）为陆蒨《倩影楼遗稿》题词

陆蒨，江苏阳湖（常州）人，随宦于浙江时成为吴藻交游圈子里的人。咸丰十年（1860）四月，她于太平军攻占常州时殉难。金绳武辑其遗稿刊行。陆蒨《倩影楼遗稿》有吴藻等题词，吴藻题词为《倦寻芳·即次集中见赠原韵》，是一首和词。只有这首晚年题词保存在她生前最后一个集子《香南雪北庐集》里面。

倦寻芳·即次集中见赠原韵

记曾识面，联步芳园，初夏长昼。彩笔拈来，丽句都从天授。气吹兰，人疑玉，娟娟楚楚双罗袖。望明湖，说青山半角，十年如旧。

后约指、西溪泛绿，未果清游，秋雪凉透。懊恼云帆，一霎匆匆催走。青女素娥俱耐冷，何须定作刘纲妇？好瑶宫，待他时，共君消受。

“清代第一才妇”汪端

清朝女诗人之盛，超轶前代，而西子湖畔的女诗人占有相当的比重。在杭州诗人陈文述的家庭内，女诗人更是济济一堂。他的妻子、女儿、媳妇莫不能诗。尤其是他的儿媳汪端，不仅是有才华的诗人，而且是有独立见解的选家和文学理论家，同时还是文学史上一位罕见的通俗小说女作家。

梁乙真《清代妇女文学史》推崇她是“清代第一才妇”。

汪端字允庄，生于书香门第，她的祖父汪宪是杭州有名的藏书家，“藏书之富，甲于武林”。父亲博学工诗，隐居不仕。汪端的姨母梁德绳就是著名弹词《再生缘》的续作者，是当时一位声名卓著的女诗人。汪端的母亲早年辞世，抚养的责任，便落在梁德绳的肩上。梁自幼随父宦游，足迹半天下，因而她的诗词雄宕轩敞，有男子气概。汪端从小由姨母传授诗学，深得其精粹。汪端的丈夫陈裴之也是一位“天才英爽”的文人。夫妇二人常在一起拈韵赋诗，互相商榷。

汪端博览前人诸家诗集，平生对明代诗人、“吴中四杰”之一的高启尤为推崇。读唐、宋、元、明及清朝人的诗，她读一遍即丢到一边去，只看得上高启（青丘）和吴伟业（梅村）两家。后来连吴伟业的诗也摒弃了，独奉高启为圭臬，认为"梅村浓而无骨，不若青丘而有品"。

高启被明太祖借故腰斩，汪端披阅《明史》至此，为之愤愤不平。历史固然无法重写，但她觉得，高启厄于遭际，死于非命，这已经是历史的不幸了，而因此影响他身后的声名，埋没他文学的成就，那岂不是比窦娥还冤！那时，文坛选家钱谦益、沈德潜诸人，也都贬抑高启。这令汪端更加愤愤不已。于是，她誓翻诗坛冤案，晨书暝写，几经寒暑，终于编成一部《明三十家诗选》。据说在编撰《明三十家诗选》时，她起用了各地女子做助编和校对，这些助编有50人左右。

这个选本的长处，梁德绳在序文中说得极为明确。她说：

> 今允庄所选，以清苍雅正为宗，一扫前后七子门径，于文成青丘、清江孟载诸人，表彰尤力。至于是非得失之故，兴衰治乱之源，尤三致意焉。读是书者，不特三百年之诗学渊源，朗若列眉；即三百年之得失是非，亦了如指掌。选诗若此，可以传矣！

汪端选诗，一扫前后七子"文必西汉、诗必盛唐"的习气，对高启等有成就的诗人表彰甚力。这说明汪端确有知人论世之识。陈文述赞其"开辟班曹新艺苑，扫除何李旧诗坛"。王蕴章《然脂馀韵》评价说："允庄《明三十家诗选》，远在牧斋（钱谦益）、竹垞（朱彝尊）、归愚（沈德潜）诸选本上。"梁德绳称这部诗歌选本其实是"史论"，是不无道理的。

《明三十家诗选》例言中，有论诗一段，可以代表汪端的文学见解。她说：

> 尝谓诗不可不清，而尤不可不真。清者，诗之神也……真者，诗之骨也。诗以词为肤，以意为骨。

所谓"清"，就是指意境；所谓"真"，就是真情实感。在乌烟瘴气的 18 世纪，她能有如此透彻的文学见解，确是十分宝贵的。

在当代诗人中，她非常看重"二王"，也就是王昙（仲瞿）和王嘉禄（井叔）。"二王"的诗集，成了她的案头书，被称为"老王先生""小王先生"。"二王"都是当时有名的怪人，才气横溢，不可一世。汪端独独为之推崇，也可以想见她本人卓尔不群的胸襟。

汪端的诗，有《自然好学斋诗集》十卷，便是为实践自己那种精辟的文学主张所作。同时代的女作家曹贞秀称道汪端的诗"沉雄古厚，绵缈悱恻，扫尽脂粉习气；每一篇出，惊倒耆宿"。比如，汪端有一首《读晋史》诗：

> 景犹儒雅江东重，儿女英雄世亦稀。
> 七岁奇儿思杀贼，十三娇女解重围。
> 击楫中流誓壮心，威加石勒息南征。
> 祖生死后无奇士，天遣神州竟陆沉。

此诗慷慨轩敞，颇有男子气概。"儿女英雄世亦稀"的英雄情结，同她的挚友吴藻"儿女亦英雄"的呐喊一脉相通。

编著《西泠闺咏》专为杭州自古以来的才女们树碑立传的陈文述，对他的儿媳妇自然很是满意，免不了赞扬备至。他在为汪端的诗集题诗中写道："我是会稽王逸少，膝前道韫奉晨昏。"自比王羲之，自我感觉过于良好了一些；而称汪端为谢道韫，倒是再确切不过的了。汪端自幼即聪慧异常，七岁时赋《春雪》诗，居然成章，人以为不减于

"未若柳絮因风起"之句，因而称为小韫。

只是造物忌才，对女才人更有甚者。汪端的命运不济，生活道路颇为坎坷。她的大儿子孝如，刚满月就夭折了。一年后她生下次子孝先，因产后失调，而种下病根；加之选明诗时，过于疲劳，积劳成疾。新疾旧病加在一起，一直未得根治。后来，她丈夫陈裴之客死汉皋，噩耗传来，年仅14岁的孝先惊悸成病。至此，夫死子病，其悲痛哀愁的心境可想而知。道光十八年（1838）她46岁时，就辞别了人世。

特别值得一提的是，汪端最不满"成王败寇"的历史观念，不以成败论英雄。因为愤恨于明太祖残酷和暴虐的一面，同时有感于吴王张士诚礼贤下士以及一系列节烈殉国的事迹，她曾"节录《明史》，搜采逸事"，写成"稗官体"小说《元明逸史》，共八十卷。一部中国文学史，写通俗小说的女性作家，那可是绝无仅有的。

可惜得很，汪端的这部《元明逸史》从未面世。有关资料表明，她完稿之后，"悔之，尽焚其稿"，将这部小说焚毁了。陈文述写的汪端传中也说到她"取稿焚之"。这大概和她的"悟道"有关。

沈善宝的英雄气

与吴藻相交甚密的沈善宝，也是个同吴藻一脉相通的奇女子。

吴藻何许人也？可以用九个字来概括：美人心、名士风、英雄气。特别是她的英雄气概、英雄情结，是骨子里的，与生俱来的。

沈善宝的人格魅力，也正在于她的英雄气概、英雄情结。正如顾春（太清）在《哭湘佩三妹》中所说："平生心性多豪杰，辜负雄才是女身。"

沈善宝，字湘佩，被吴藻称赏为"女相如"，是晚清时期一位女性文坛领袖人物。她编写了一部《名媛诗话》；她招收女弟子一百余人；她在北京时与顾太清等人一起结成女子文学社团"秋红吟社"。这三大盛事，在中国女性文学史上都是值得一书的。

《名媛诗话》十二卷，是文学史上较早出现的闺秀论诗和论闺秀诗的专著。书中收录从清初至道光时期的女诗人千余名。这部诗话特别珍贵的是，它记录了作者与她同时代诗人的交往，为中国女性文学史保留了许多珍贵的女性生活和文学活动史料。

她写《名媛诗话》的目的，就在于促进女性文学的传播。沈善宝在此书的自序中有这样一段话：

窃思闺秀之学，与文士不同；而闺秀之传，又较文士不易。盖文士自幼即肄习经史，旁及诗赋，有父兄教诲，师友讨论。闺秀则既无文士之师承，又不能专习诗文，故非聪慧绝伦者，万不能诗。生于名门巨族，遇父兄师友知诗者，传扬尚易；倘生于蓬筚，嫁于村俗，则湮没无闻者，不知凡几！

这番感同身受的话，道出了妇女文学特别是平民妇女的文学创作，受封建传统的歧视和压制，流传是何等的不易，湮没无闻者又有多少！这正是她倾尽全力招收那么多女弟子、广为搜罗编一部像模像样的女诗人诗话的初衷之所在。

道光二十二年（1842），农历六月二十四日，按江南旧俗，这一天为"荷花生日"。沈善宝来到江苏武进有名的"张氏四女"之长张缃英的书斋澹菊轩。她们的年纪，当在五十岁左右。

当时，第一次鸦片战争已经爆发，来自"日不落帝国"的舰队高悬着米字旗，正耀武扬威逼进长江。在坚船利炮的淫威胁迫下，中国步履蹒跚地跨入了近代的门槛。

澹菊轩里，这一对关心民族命运的女诗人在一起谈论国事，有感于内忧外患，不禁相对扼腕。缃英出示自己所填的《念奴娇》词的前片：

良辰易误，尽风风雨雨送将春去。兰蕙忍教摧折尽，剩有漫空飞絮。塞雁惊弦，蜀鹃啼血，总是伤心处。已悲衰谢，那堪更听鼙鼓！

缃英嘱女友续填这首词的后片。善宝略加思索，一挥而就：

闻说照海妖氛，沿江毒雾，战舰横瓜步。铜炮铁轮虽猛捷，岂少水师强弩？壮士冲冠，书生投笔，谈笑平夷虏！妙高台畔，蛾眉曾佐神武。

　　这首词的上下阕虽出两手，然而气势贯穿，感情一体。不过，张词细腻，沈词雄壮。像这般指点江山、干预时事的女性文学作品，在此之前似不多见。

　　大概还是在青年时期，沈善宝就不止一次地乘舟横渡长江，写下了两首《满江红》词，表现的也是同一胸襟。《满江红·渡扬子江感赋》是这样写的：

滚滚银涛，泻不尽、心头热血。想当年，山头擂鼓，是何事业！肘后难悬苏季印，囊中剩有文通笔。数古来、巾帼几英雄？愁难说。

望北固，愁烟碧。指浮玉，秋阳赤。把篷窗倚遍，唾壶击缺。游子征衫挽泪雨，高堂短鬓飞霜雪。问苍苍、生人欲何为？空磨折。

　　"问苍苍、生人欲何为？空磨折。"这控诉是何等的悲切、激愤！同吴藻的"闷欲呼天说"如出一辙，甚至连词句都惊人的相似："问苍苍、生人在世，忍偏磨灭！"

　　吴藻在《金缕曲》中发出"英雄儿女原无别"的豪言，自然令我们也联想到沈善宝"巾帼几英雄"的感喟，以及对"蛾眉曾佐神武"的巾帼英雄梁红玉的情有独钟。

　　在中国近代史册上，这是否女性觉醒的先声？是否可说是秋瑾之前近代中国妇女思想解放的第一声呐喊？

沈善宝的身世很是坎坷。自幼随曾任义宁州判的父亲沈学琳宦游江西。她十二岁时，父亲为同僚所谮，罢职自杀。家中一贫如洗。居丧数年中，她不畏艰辛，秉承家教，刻苦读书。其母吴浣素，亦一时名媛，才藻富丽。后得继父姚昀的资助，她陪伴寡母扶着亡父的灵柩，移家归杭。不久，母亲又不幸去世，弟弟善熙、妹妹兰仙也相继夭殇。沈善宝迭经变故，境况愈加窘迫，于是只得奔走四方，鬻诗售画，积资而归，安葬父母弟妹。她的德行和毅力，为世称许。后来她被浙江盐大使、安徽庐江人陈克钰收为义女，并由陈克钰做主，嫁给山西太原知府武凌云为继妻。

　　1862年的夏历六月十一日，沈善宝溘然而逝。她怀着一颗破碎的心去了。

清代长洲（苏州）女诗人中，李佩金的声名颇为卓著。李佩金，字晨兰，一字纫兰。陈文述《西泠闺咏》称其"玉洁兰薰，闺秀之秀"。她的四首《秋雁》诗广为传诵。陈文述刻"秋雁诗人"小印赠之。于是江南人称"李秋雁"。

《秋雁》第四首是这样写的：

> 夜阑飞渡恨漫漫，多恐江南到亦难。
>
> 偶听弓弦惊窭寐，久疏笺字报平安。
>
> 筝无急柱宁辞鼓，琴有哀音未忍弹。
>
> 可奈西风吹别调，离群还较此间寒。

梁乙真《清代妇女文学史》评说，这组《秋雁》诗"不脱不黏，幽怨之思，溢于言表"。

有的研究文章把李佩金当作"碧城女弟子"，那是弄颠倒了。事实是，"浙西派"诗人、提倡妇女文学的陈文述（碧城），早年曾追随"常州派"著名女词人杨芸和李佩金学填词，为二女士"佣书"，也就是受雇做书记员的工作，助其著述。

杨芸，字蕊渊，常州人。著有《清琴阁集》，人称"清琴阁主"。在京师之日，与李佩金为文字友，结社分题，裁红刻翠，都中仕女传为美谈。杨芸还辑古今闺阁诗话编成《金箱荟说》一书，陈文述为之作序。

陈文述很珍惜跟杨芸（蕊渊）和李佩金（晨兰）做"佣书"的这段经历，镌有"蕊兰书记"小印以示纪念。陈文述《颐道堂诗外集》中有《题长洲女士李晨兰（佩金）生香馆集》诗，并在另外的诗中写道："蕊兰两字分明记，书记年来鬓有丝。"原注："余旧有蕊兰书记小印，谓蕊渊、晨兰也。"《颐道堂诗选》中《题生香馆女士遗像》也有"我是婵娟旧书记"的诗句。

这是一个倾心于才女文学的男性文人与女诗人词人之间的交谊见证。

而在当时，还有一些女诗人女词人把闺密看得比异性朋友甚或丈夫还重要，还亲密，以至于在她们送别怀人的作品中，流露出的不舍和依恋，竟比夫妻之间还要深厚。试看李佩金的一首词作：

> 往事思量遍。镜台前、双眉青斗，几时曾展？费尽心魂词百首，蚕老尚余残茧。认满纸、泪痕犹沄。珍重寄君红豆句，镇相思、何日还相见？知两地，共肠断。
>
> 三生悔煞耽文翰。到而今、残笺剩墨，依然焚砚。骨肉远离知己别，对景不胜凄怨。料此恨、古今难免。烟水家山无恙在，到江南、重寻当时伴。算此外，无他愿。（《金缕曲·自题生香馆词集后，并寄林风畹兰》）

此词抚今思昔，感慨多端。一首自题词集兼以寄怀旧友的作品，居然出现"红豆""相思"这样异乎寻常的字眼，尤其引人注目。据唐代《资暇集》记载："豆有圆而红，其首乌者，举世呼为'相思子'，即红豆之异名也。"在王维的笔下，"此物最相思"，红豆的象征性已经成了人们的普遍共识。

上面这首自题词是兼寄旧友林风和畹兰的。林风姓许，名庭珠，有林下风。李佩金随宦成都时，与林风订闺房文字之交。她寄怀林风的诗词特多，其中《秋夜怀林风》诗中也曾出现过"红豆"之思的句子："漫拈红豆歌烛炮，静掩银屏背短檠。"

这一超常的"姐妹情谊"，表现出作者对自己婚姻失常的幽怨，同时，也隐含了排斥男性群体的心理。有人认为此词"为后世女词人在心理上摆脱对夫权的依赖开了一个先端"，还是有一定道理的。

李佩金的词触目生哀，幽抑凄怨，用浙派词人郭麐《灵芬馆词话》中的话来说，就是"若木叶微衰，哀蝉始鸣，孤雁叫云，寒虫咽砌"，"不无愁叹之言，惟以苍凉为主"。碧云女史在为杨芸、李佩金的词集合序时，也说她的词是"卫女思国，常感念于淇泉；班姬悲秋，益晞嘘于纨扇。"指出她词中郁结最深的两种悲情：一是游子怀土念故之感；二是被冷落的弃妇之怨。

《生香馆词》是李佩金所著的词集。陈文述在给吴藻《花帘词》所作的序中说："国朝词人辈出，余独心折李晨兰《生香馆》作。"同时又将吴藻与李佩金相提并论："庶几把臂生香，比肩漱玉者欤？"

李佩金三十来岁在杭州逝世。她离世后，同病相怜的吴藻写了一首《迈陂塘·题李纫兰女史生香馆遗集》。此词与李佩金的自题词有异曲同工之妙，同样"缠绵幽绪难理"：

> 裊香丝，文心一缕，缠绵幽绪难理。落花庭院春将老，多少冷吟闲倚。愁不已。问早向莲台、忏得聪明未？华年有几。

渐结损红蕖，歌残秋雁，界面泪如洗。

　　伤心事，除却兰姨琼姊，眼前谁复知己？瑶清旧侣和烟散，亲舍白云无际。仙去矣。剩一串骊珠、怕逐天风起。碧空迢递。莫追忆前尘，才完小劫，珍重玉京里。

　　李佩金词中说："问早向莲台、忏得聪明未？""聪明误"这一类字句，在吴藻词中也屡见不鲜，比如，一首《连理枝》词中说："算生来、并未负清才，岂聪明误了？"《浣溪沙》（一卷离骚一卷经）中也有"误人犹是说聪明"之句。

　　在李佩金遗集这面镜子里，吴藻照见了自己。

《秋灯琐忆》女主人关锳

她，是林语堂眼中"中国古代最可爱的两个女性"之一；另一个"最可爱的女性"是沈复《浮生六记》女主人芸娘。

她，是梁乙真《清代妇女文学史》最推重的两个浙派女词人之一；另一个是"清代女词家中第一人"吴藻。

关锳，字秋芙，自号妙妙道人，浙江钱塘人。清道光年间与青梅竹马的表兄蒋坦（蔼卿）成婚，长年居住在杭州西湖畔。她曾学书于魏谦升（滋伯），学画于杨渚白，学琴于李玉峰，"镜槛书床，可想文采"。她自陈"学道十年，绮语之戒，誓不堕入"。多愁多病的关锳早逝后（一说生前），蒋坦为她写下了《秋灯琐忆》一书。这书不知迷倒了多少人，包括林语堂这样的大作家。

关于关锳的生平事迹、婚后生活，丁丙《国朝杭郡诗三辑》介绍蒋坦时描述甚详：

> 淑俪关孺人名锳，字秋芙，娴倚声，解弹琴，性尤好佛。蔼卿亦究内典（即佛经）矣。偕隐家园，绝无簪绂之念。时遗产尚饶，春秋佳日，画舫清尊，玩游湖山；夏则避暑西溪，所谓槐眉庄也。每当宴客，孺人从屏后窥之，或即席斗诗，有佳

句命侍儿取观之，评以甲乙。饮久瓶罄，则手脱金钏为沽酒资，以故西泠才人无不乐就君也。未几，孺人化去，为《秋灯琐忆》，文极隽雅，视冒辟疆《影梅庵忆语》更过之。

《秋灯琐忆》中，记关锳的逸事颇多，所谓"闺房之事，有甚画眉，香艳之词，罔恤多口"。琐琐写来，想见闺中雅趣。如：

桃花为风雨所摧，零落池上，秋芙拾花瓣砌字，作《谒金门》词云："春过半，花命也如春短。一夜落红吹渐漫，风狂春不管。""春"字未成，而东风骤来，飘散满地，秋芙怅然。余曰，"此真个'风狂春不管'矣！"相与一笑而罢。

秋芙所种芭蕉，已叶大成阴，荫蔽帘□。秋来雨风滴沥，枕上闻之，心与俱碎。一日，余戏题断句叶上云："是谁多事种芭蕉，早也潇潇，晚也潇潇。"明日见叶上续书数行云："是君心绪太无聊，种了芭蕉，又怨芭蕉。"

关锳与沈湘佩（即沈善宝）、沈湘涛姊妹诗筒往来，名闻江浙。著有《梦影楼词》《三十六芙蓉诗存》。她在《梦影楼词》自序中说："自交沈湘佩、湘涛诸君，笺筒往来，人始知余词者。"她深居闺阁，社会接触面和朋友圈极小。若不是与沈善宝姐妹交游，可能就不会有《梦影楼词》的问世了。

关锳与吴藻的关系似乎有点微妙。沈善宝是吴藻与关锳的共同密友。关锳《梦影词》中有一首《念奴娇》，词题为《雪后召同沈湘佩（善宝）、鲍玉士（靓）、周暖妹（来音）、李佩秋（湘纫）、陈湘英（云姗）集巢园吉祥室》。这次巢园雅集时在道光三十年（1850）

冬，主题是咏雪，兼以宴请沈善宝。

沈善宝《名媛诗话·续集下》也有相关记载：

> 庚戌冬日，余返杭扫墓。关秋芙集诸闺友宴余于巢园，出所著《花帘集》《众香词》。读之，觉缠绵哀艳，音节凄清。秋芙年才二十余，丰神秀美，伉俪多才，性耽禅悦，人有金童玉女之目。

吴藻的另外两位密友鲍玉士和周暖姝也受邀赴会，唯独不见吴藻的身影。道光十七年丁酉（1837）仲秋，沈善宝将离杭赴京，吴藻在南湖香南雪北庐为之饯行，那时也只有鲍玉士和周暖姝两位密友在座，关锳没有受到邀请。吴藻、关锳两人之间也不见有诗词唱酬。

倒是关锳的夫君蒋坦《花天月地吟》中有《赠吴蘋香女士藻》二首，却也不见吴藻有回赠之作。蒋坦诗中写道："朱楼翠幕初禅界，红粉乌纱一笑春（女士喜作男子装）。零落碧城诗弟子，瓣香犹忆拜陈遵（女士为陈云伯先生高弟）。"他还在一首送别沈善宝的诗中提到："前辈风流有几人，茗才唐韵推吴鲍（吴蘋香鲍玉士）。"想来蒋坦对吴藻的推崇，多半是因为陈文述的关系。蒋坦的母亲汪玉仙也是碧城女弟子；他的父亲蒋焜与陈文述也有多年交情。

另外还有一个关键性人物，那就是吴藻的挚友魏谦升。他是关锳的书法老师，蒋坦也把他引为同调。而魏谦升是吴藻《花帘词》的序作者之一，又为关锳的《梦影词》和蒋坦的《秋灯琐忆》作序，他不可能不影响到蒋坦夫妇对吴藻及吴藻词产生好感。

在醉心浙派美感风范的女词人中，关锳算是吴藻的晚辈。作为浙派女词人后期的代表之一，她在梁乙真《清代妇女文学史》中占有一席之地。梁乙真评说："梦影词渊，刻意清新。"试举《高阳台·送沈湘佩入都》为例：

> 泪雨飘愁，酒潮流梦，惜花人又长征。见说兰桡，前头已泊旗亭。垂杨原是伤心树，怎怪它、蹴地青青。向天涯，一样缠绵，各自飘零。
>
> 开筵且莫频催酒，便一杯饮了，愁极还醒。且住春帆，听侬细数邮程。压船烟柳乌篷重，到江南、应近清明。怕红窗，风雨潇潇，一路须稳。

梁乙真说，最喜欢她另一首《高阳台·夕阳》：

> 断雁飘愁，盘鸦聚暝，一鞭残梦归鞍。酒醒邮程，岭云垅树漫漫。渡江几点归帆影，近荒林、一带枫斑。最难堪，第一峰前，立马斜看。
>
> 而今休说乡关路，剩濛濛野水，瘦柳渔湾。短帽西风，古今无此荒寒。芦笳声里旌旗起，问当年、谁姓江山。有悠悠、几处牛羊，短笛吹还。

这是一首感世伤时而又炼字幽警的好词。梁乙真评说它"沉雄激宕，中边俱彻"。王蕴章《然脂馀韵》视之为"经典"，评说："闺中若准张春水之例，正可称为关夕阳也。"张春水、关夕阳，什么意思呢？张春水是指南宋词人张炎，他写西湖的《南浦·春水》一词，"绝唱今古"，人称"张春水"。若依此例，那关锁凭这首夕阳词，岂不是就可称为"关夕阳"了吗！

問湖边艳迹
说也模糊

明代才女冯小青的墓，原来掩映在杭州孤山脚下的花影中。

小青一度名噪西湖，同"碧城仙馆"的掌门人、被人看成"好事者"的陈文述有很大的关系。

当时，碧城先生陈文述发起，在西泠为明代西湖三才女小青、菊香和云友修墓，遍征题咏。名媛闺秀，争相响应，极一时之盛。陈文述将应征的作品汇刻成编，题名为《兰因集》。

所谓"兰因絮果"，意味着"薄命才女"的宿命。"兰因"是美好的姻缘，"絮果"是飘扬的飞絮，比喻男女始合终离，结局悲凉。陈文述在《西泠闺咏》之《梅花岭吊冯小青》中道出他此举的初衷：

> 余尝谓女子有才为妾，不得志以死者，皆小青之类，留此零膏冷翠，为天下后世伤心人写照耳。

俞陛云《清代闺秀诗话》中记述了这件轰动一时的风雅盛事：

> 所谓"兰因"者，陈文述于西湖孤山为菊香、小青二女士修墓，并建兰因馆。其上为夕阳花影楼，楼左为绿阴阁，以祀

小青，右为秋芳阁，以祀菊香。先是，为明女士杨云友修墓于智果寺，广征题咏，编为《兰因集》。

《兰因集》的刊刻，标志着碧城女弟子第一次以群体的面貌出现。但这个时候，吴藻并没有应征参与。她还不是碧城女弟子。事过之后，因《乔影》杂剧走红的吴藻得到陈文述的赠书，并应他的约请，补题了散曲《南仙吕入双调》一套。这套曲的风格极为韶秀哀艳，最是为人传诵，特别是其中 [皂罗袍] 一曲：

> 日日画船箫鼓，问湖边艳迹，说也模糊。桃花三尺小坟孤，棠梨一树残碑古。春烟杨柳，秋风荻芦；粉痕蛱蝶，红腔鹧鸪。玉钩斜，谁把这招魂赋！

明代冯梦龙《情史》中有《小青》一文，说小青 16 岁即为人妾，受大妇虐待，精神压抑，于是请画师为自己画像，焚香而供，一恸而绝。遗笔有绝句九首。其中一首写道：

> 新妆竟与画图争，知是昭阳第几名。
> 瘦影自临春水照，卿须怜我我怜卿。

这种临水照影、顾影自怜的情景，在译注《性心理学》的社会学家潘光旦看来，是一种典型的"影恋"事例。他还专门为此著有《冯小青：一件影恋之研究》一书，考证"影恋"现象。如此说来，吴藻对着自己的男装画像，一边捧读《离骚》，一边狂饮痛哭，自我凭吊，那也是大有"影恋"意味的例证。

冯小青生前的作品当不在少数，据传死后尽为粗悍的大妇所焚。

然而，有包杂物，却遗留在老姬小婢那里，幸而保存了一部分诗作。她的残稿被题名为《焚馀草》，包括古诗和词各一首，绝句十首，《与杨夫人书》一篇。她的绝句特别受人称赏，后人评它"轻茜清新，离绝作家蹊径，出自慧心女郎无疑……"

说是"无疑"，是因为"有疑"。对小青的作品是不是出自一位女性之手，甚至有没有这么一个才女，也是大有怀疑的。

从一开始，对小青的真实性就有过激烈争论，以致小青的身份被披上了神秘的外衣。

陈寅恪在《柳如是别传》中，考证过小青的主家冯云将。

柳如是曾于西湖旅行时造访过冯云将。当时冯云将八十多岁，柳如是的丈夫、大诗人大学者钱谦益称冯云将是五十年的老友。冯云将与戏剧家李渔也是朋友，李渔曾与他探讨过诗歌。小青的娘家姓冯氏，恰与其夫家之姓相同。

甚至，连冯云将的朋友们也认为小青是一个虚构的人物。比如钱谦益就写道，小青的传记和诗作是一位谭姓同乡为消遣而编造出来的。他还说，小青的名字是由"情"字的两半创作而来的。

学者施愚山为此做过实地考察。施愚山的朋友、"西泠十子"之一陆丽京住在杭州，并认识冯云将的父亲，他证实其人其事确是真的。施愚山在《蠖斋诗话》中说："至武林，询之陆丽京，曰：此故冯具区之子云将妾也。所谓某夫人，钱塘进士杨廷槐妻也。"

但即便是"肯定派"施愚山，也流露出了小青作品可能被男性作家润色过的想法。他在文章中说："客问小青固能诗，恐不免文人润色。"他的杭州朋友则笑着回答："西湖上正少此捉刀人。"

到了 19 世纪，冯小青墓的再建者、杭州诗人陈文述认为，钱谦益是出于重视来自冯云将妻子家庭的请求，才窜改了这些记载的。

陈寅恪更指出，按《礼记》，纳一位同姓之妾是犯忌的，但冯云将确实这样做了。陈寅恪认为，钱谦益这是为了包庇他的朋友对礼教的僭违。

正如有学者所说，不论小青是真是假，明末清初时对钱谦益说法的迅速接受，显现出了男性中普遍存在的对女性文学造诣的不信任。

吴藻曲中说："问湖边艳迹，说也模糊。"反正有没有小青这么一个才女，一直是有争议的。湖边的小青"桃花三尺小坟孤"的"艳迹"是"说也模糊"的。有时我就在想，即使真有其人其事，恐怕她也无法同名震文坛的一代女词家吴藻相比吧。可是为什么，西湖的女儿吴藻却没有在西湖留下一点点痕迹呢？这种现象，总让人有些迷惑不解。

岂独伤心是小青

吴藻咏明代才女冯小青的散曲中说："玉钩斜，谁把这招魂赋！"楚辞中一曲《招魂》，开了惜春伤情的先河。

《红楼梦》写到，林黛玉在悠扬的笛韵中偶然听见几句昆曲，忽而"感慨缠绵"，忽而"点头自叹"，忽而"心动神摇"，忽而"如痴如醉"。引起林妹妹感叹神驰的，就是《牡丹亭》中描写女主人公杜丽娘伤春的名句。

冯小青有一首读汤显祖《牡丹亭》的绝句，就是广为传诵的伤情之作：

冷雨幽窗不可听，挑灯闲看牡丹亭。
人间亦有痴于我，岂独伤心是小青！

从上面这首《怨题》诗中，我们依稀可以想见，一个孤独的年轻女子在四顾悄然冷雨敲窗的深夜，百无聊赖中挑灯捧读《牡丹亭》时以泪洗面的伤心沉醉模样。

名噪西湖的才女冯小青，正当青春妙龄，就含恨死去，在她的遗稿中发现了这首读《牡丹亭》的绝句。

联系冯小青的身世，就不难明白，她究竟为什么对这一传奇名作产生如此强烈的共鸣。

小青名玄玄,扬州人氏,母亲是一位女塾师。她天资聪慧,从小受到良好的教养,能诗善画,妙解音律,16岁时卖给武林士人冯千秋为妾。正室夫人心怀妒恨,时加凌辱折磨。她被迫安置在孤山别墅独居。

当时,有一位叫杨淇园的进士同冯家沾亲带故。杨夫人对小青的处境极表同情,时常借书给她阅读,并想方设法,让她远走高飞。但小青相信"命如一叶",命该如此,执意不走。在当时的社会环境中,她一个弱女子,又怎能冲破封建礼教重重罗网而投奔自由的前程呢!后来,杨夫人随丈夫北上。小青孑然一身,更显得凄凉寂寞,以致抑郁成疾,年仅18岁就辞别了人世。

她在奄奄一息中,尚在病榻上吟诗数首。有一首《自题》诗是这样写的:

> 稽首慈云大士前,不生西土不望天。
> 愿为一滴杨枝水,洒作人间并蒂莲!

小青的悲惨遭遇,只不过是成千上万受封建礼教禁锢戕害的妇女命运的缩影;她的酸楚的诗歌,则是发自心灵深处的呼声,反映了那个时代妇女对自由爱情的渴望。"愿为一滴杨枝水,洒作人间并蒂莲!"作者难以名状的心境是多么沉痛,情感又是何等纯真啊!

天下像冯小青一样醉心《牡丹亭》的"梦中之人"的确不乏其人,其痴迷的程度真是到了断肠的地步。

扬州女子金凤钿,对《牡丹亭》"读而成痴",日夜展卷,吟诵不辍。据记载,她给汤显祖写了一封满含深情的书信,大胆地表露"愿为才子妇"的心迹。此信辗转耽搁,等汤显祖收到情书赶往扬州时,金凤钿已经辞别人世了。她在弥留之际曾留下一个遗愿,要求用《牡丹亭》一书来殉葬。汤显祖感动之余，特意停留在扬州为她料理后事，达一月之久。

娄江（江苏太仓）女子俞二娘，酷爱《牡丹亭》，"蝇头细字，批注其侧"。她赞美《牡丹亭》说："书以达意，古来作者，多不尽意而止，如'生不可死，死不可生，皆非情之至'，斯真达意之作矣！"而俞二娘也是以梦为真的，她说："吾每喜睡，睡必有梦，梦则耳目未经涉者皆能及之。杜女固先我着鞭耶！"她17岁就"怨愤而终"。有人把俞二娘夹批过的《牡丹亭》送给汤显祖。汤显祖读后感慨万千，写下了两首五言绝句：

> 画烛摇金阁，真珠泣绣窗。
> 如何伤此曲，偏只在娄江！
>
> 何自为情死？悲伤必有神。
> 一时文字业，天下有心人。

杭州女艺人商小玲，以色艺著名当时，尤其擅长演《牡丹亭》中的杜丽娘。据说，她因为不能与意中人结合而郁郁成病。每次上演《牡丹亭》"寻梦""闹殇"几出戏，她都如同身临其境，格外触景生情，缠绵凄婉，泪痕满面。在一天演"寻梦"，当唱到"待打并香魂一片，阴雨梅天，守的个梅根相见"时，她竟随声扑倒台上。春香的扮演者上来一看，商小玲已经断气了。

"岂独伤心是小青"这种社会的及文学的现象，颇值得玩味。文学是社会生活的镜子。被封建主义严厉的"闺禁"憋得喘不过气来的妇女们，从反叛封建礼教的《牡丹亭》中照见了自己的影子。《牡丹亭》的全部力量，尽在一个"情"字之中。杜丽娘就是一个殉情的典型。"小青"们追随着杜丽娘，同样为情而死。

合评《牡丹亭》的「吴吴山三妇」

　　四百多年前的 1589 年，戏剧大师汤显祖所作《牡丹亭》传奇一经初版刊行问世，就立刻成为流行读物，"家传户诵，几令《西厢》减价"，引起一系列的社会"轰动效应"，在少女少妇中更是风靡一时，并由阅读《牡丹亭》而获得异常的慰藉。

　　"挑灯闲看《牡丹亭》"，"岂独伤心是小青"。除冯小青之外，最典型的《牡丹亭》痴心读者，要算是《吴吴山三妇合评牡丹亭还魂记》作者"吴吴山三妇"了。美国学者高彦颐认为，这本"吴吴山三妇"合评牡丹亭的书是"中国历史上第一部出版的女性文学批评著作"。

　　"三妇传奇"的男主人公吴吴山，就是吴人，他字吴山，是清初一位有名望的诗人，居住在杭州郊区古荡西溪，与著名剧作家洪昇、杭州诗社成员毛先舒等属同一社交圈中。

　　"三妇"之一的陈同，黄山人，吴人的未婚妻。像同时代的其他许多闺阁女子一样，陈同也是《牡丹亭》的"铁杆粉丝"。她反复校对《牡丹亭》的不同版本。一天，陈同得到了一个由汤显祖本人的书坊发行的版本，便开始在页边写上充满禅式顿悟的评语。

　　陈同罹病后仍熬夜苦读。母亲担心她的健康，烧毁了她的书籍，包括珍藏本《牡丹亭》的下卷。幸亏陈同的乳母救回了上卷。没想到，陈同竟死于其婚礼行将举行之时。她死后，乳母将这个残本卖给了其未婚夫吴人。

吴人很快迎娶了另一位清溪才女谈则。继陈同的评注上卷，谈则完成了下卷评注。她将自己和陈同的评注手抄在一个原版《牡丹亭》的页边。谈则将这个评注本借给人家看，但她很低调，假称这些评论都是她的丈夫所作。很快，杭州的文学圈都在谈论吴人对《牡丹亭》的评论，但吴人本人却坦承真正的作者是陈同和谈则。

婚后第三年，谈则也不幸去世。十多年后，倒霉的吴人第三次结婚，续娶妻是一位古荡才女，名为钱宜。

钱宜通宵阅读《牡丹亭》及两位"姐姐"所写的评注，非常渴望保存这本女性手稿。她对丈夫说：

> 宜昔闻小青旨，有《牡丹亭》评跋，后人不得见，见"冷雨幽窗"诗，凄其欲绝。今陈阿姊已逸其半，谈阿姊续之，以夫子故，掩其名久矣。苟不表而传之，夜台有知，得无秋水燕泥之感。宜愿卖金钏为锲板资。

钱宜设法说服丈夫，在"三妇"的名义下，重新出版有她们评论的《牡丹亭》，甚至不惜变卖她的珠宝以资助雕版印行。

就这样，《吴吴山三妇合评牡丹亭》终于面世了。"蕉园七子"之一林以宁所作的序，为此书增加不少分量。

林以宁为之拍案惊奇："异人异书，使我惊绝！"她满怀激情，击节称叹：

> 自古才媛不世出，而三夫人以杰出之姿、间钟之英，萃于一门，相继成此不朽之大业。自今以往，宇宙虽远，其为文人学士欲参会禅理、讲求文诀者，竟无以易乎闺阁之三人，何其

异哉！何其异哉！

如同高彦颐所说，《吴吴山三妇合评牡丹亭还魂记》的中心即是对"情"的深信，这种情包含了浪漫之情和性欲之情，情是给人类生活以意义的崇高感情。

陈同从开始时就为这一主题定下了基调。《牡丹亭》中有这样的台词："白日消磨肠断句，世间只有情难诉。"对此句，陈同的眉批写道："情不独儿女也，惟儿女之情最难告人，故千古忘情人必于此处看破，然看破而至于相负，则又不及情矣。"钱宜又补充道："儿女英雄同一情也，项羽帐中之饮，两唤奈何，正是难诉处。"在陈同这些女性看来，"情"是一种支配男女关系的"共情"。

这是完全符合汤显祖的原创宗旨的。他在《牡丹亭》自题词中就已阐明：

> 情不知所起，一往而深。生者可以死，死者可以生。生而不可与死，死而不可复生，非情之至也。梦中之情，何必非真？天下岂少梦中之人耶！

说来《吴吴山三妇合评牡丹亭还魂记》也同冯小青一样，遭遇到了不信任。它最初是出于谈则的谦逊，而在其丈夫吴人的名义下于私人间流传的。重新在"三妇"名下发行，便遭人嘲笑和质疑。吴人为三妇提供了一个详细的辩护，但也承认拿不出书面证据。他解释说，在两次不同的偶然事件中，陈同和谈则的手稿都毁之一炬。

因为厌烦了对三妇文字真实性做无止无休的辩解，他便只好采取了"信不信由你"的态度。"疑者自疑，信者自信"，他不想再为此多费口舌了。

亦真亦幻

贺双卿

农家女词人贺双卿的生平事迹，最初是记载在史震林的《西青散记》中：

> 双卿者，绡山女子也。世农家。双卿生有夙慧，闻书即喜笑。十馀岁，习女红异巧。其舅为塾师，邻其室听之，悉暗记。以女红易诗词，诵习之。点画端研，能于一桂叶写心经。

是否确有双卿其人？从一开始，就有人表示怀疑，以致猜测纷纷。

意中梦中，虚虚实实，若有若无，是《西青散记》的惯用手法。史震林本人在书中说过这样的话：

> 夫意之所思，或得于梦，梦之所见，或有其事。事短，梦长；梦短，意长。意不长，斯无可奈何者也。意中，梦中，眼中，宁有异也？

五四时期，徐志摩给胡适送来时人编的贺双卿《雪压轩集》。胡适读后写了一篇《贺双卿考》，一口气提出五个"可疑"。前面四个"可疑"，指出各书记载上姓氏、年代、性格、年龄的矛盾。最后一个疑点，说《西青散记》记双卿的行为多不近情理，令人难以置信。比如，所谓"芦叶方寸，淡墨若无"，说双卿芦叶上写《摸鱼儿》长调，竹叶上写《凤凰台上忆吹箫》长调，这都不近事实。胡适说，一个田家苦力女子，病疟最重时还须做苦工，哪有这样细致的工夫写这样绝细的小字？

最后，胡适的结论是：

> 女诗人和女词人双卿便是这个穷酸宗教里的代天下女子受苦难的菩萨。她便是这班穷酸才子在白昼做梦时"悬想"出来的"绝世之艳，绝世之慧，绝世之幽，绝世之贞"的佳人。

胡适是考据家，他不信确有其人其事是很自然的。但是文学家郁达夫就不同，他在兄长郁曼陀的推荐下也读了《西青散记》，激动得老泪纵横，写下一首诗为之鸣不平：

> 逸老梧冈大有情，一枝斑管泪纵横。
> 西青散记闲来读，独替双卿抱不平。

到了20世纪90年代，清词专家严迪昌教授写成考辨论文，认为胡适的"五点可疑之处，皆不足疑"。又有中外专家学者专程到江苏金坛薛埠方山作了实地考察，论证清代确有贺双卿其人。其中杜芳琴教授还先后写了《贺双卿集》和《痛菊奈何霜：双卿传》两部专著。

人们一般都宁可信其有，我也是如此。主要是凭阅读的直觉，觉得双卿词比史震林等才子的唱和之作要高出许多，相信《西青散记》里面双卿的女子化风格的诗词，应该是史震林"悬想"不出来的。

那位最早将双卿冠以"贺"姓的词学家黄燮清，他在《国朝词综续编》中赞评双卿的词作说：

> 如小儿女哝哝絮絮，诉说家常，见见闻闻，思思想想，曲曲写来，头头是道。作者不以为词，而阅者亦忘其为词。而情真语质，直接三百篇之旨，岂非天籁！岂非奇才！

同时代的词学家陈廷焯在《白雨斋词话》中更是对双卿词给予高度评价：

> 西青散记载绡山女子双卿词十二阕。双卿负绝世才，秉绝代姿，为农家妇。姑恶夫暴，劳瘁以死。生平所为诗词，不愿留墨迹，每以粉笔书芦叶上，以粉易脱，叶易败也。其旨幽深窈曲，怨而不怒，古今逸品也。日用细故，信手拈来，都成异彩。

最受陈廷焯推崇而后广为人称道的双卿词有两首。一首是《凤凰台上忆吹箫·赠邻女韩西》：

> 寸寸微云，丝丝残照，有无明灭难消。正断魂魂断，闪闪摇摇。望望山山水水，人去去，隐隐迢迢。从今后，酸酸楚楚，只似今宵。
>
> 青遥，问天不应，看小小双卿，袅袅无聊。更见谁谁见，

谁痛花娇？谁望欢欢喜喜，偷素粉，写写描描。谁还管，生生世世，夜夜朝朝。

陈廷焯评论此词说："其情哀，其词苦。用双字至二十余叠，亦可谓广大神通矣。易安见之，亦当避席。"他认为，这首《凤凰台上忆吹箫》情苦词哀，巧用叠字二十余韵，已达极致，足可与李清照的《声声慢》相媲美。

另一首广为人称道的词是《二郎神·菊花》：

丝丝脆柳，裛破淡烟依旧。向落日秋山影里，还喜花枝未瘦。苦雨重阳挨过了，亏耐到小春时候。知今夜，蘸微霜，蝶去自垂首。

生受，新寒浸骨，病来还又。可是我双卿薄幸，撇你黄昏静后。月冷阑干人不寐，镇几夜，未松金扣。枉辜却、开向贫家，愁处欲浇无酒。

陈廷焯《白雨斋词话》的评语是："此类皆忠厚缠绵，幽冷欲绝。而措语则既非温、韦，亦不类周、秦、姜、史，是仙是鬼，莫能名其境矣。"

陈廷焯在赞美双卿词"怨而不怒"的同时，还将"怨而怒"的吴藻词与之相比照，认为吴藻词比不上双卿词。他说：

双卿词怨而不怒，可感可泣。吴蘋香则怨而怒矣，词不逮双卿，其情之可悯则一也。

贺双卿这样一位普通的农家女子，遭受了如此不幸的命运，却没有完全向命运低头，她的诗情在艰难困厄的磨砺中愈显出色，闪烁着震撼人心的凄美。

　　不管怎么说，双卿作为清代农村女性文化的化身，她确为中华词坛增添了一份夺目的光彩。

顾太清作为一位知书识礼的贝勒侧室，贵族内眷，让人感到诧异的是，她的集子里竟还有唯一的一首骂人诗，把吴藻的老师碧城先生陈文述骂得斯文扫地一文不值：

> 含沙小技太玲珑，野鹜安知澡雪鸿。
> 绮语永沉黑暗狱，庸夫空望上清宫。
> 碧城行列休添我，人海从来鄙此公。
> 任尔乱言成一笑，浮云不碍日光红。

事情的由来，她在诗前小记中做了一番交代：

> 钱塘陈叟字云伯者，以仙人自居，著有《碧城仙馆诗钞》，中多绮语，更有碧城女弟子十余人代为吹嘘。去秋曾托云林以《莲花筏》一卷、墨二锭见赠，余因鄙其为人，避而不受。今见彼寄云林信中有西林太清题其《春明新咏》一律，并自和原韵一律。此事殊属荒唐，尤觉可笑，不知彼太清此太清，是一是二？遂用其韵，以记其事。

陈寅恪先生在《论〈再生缘〉》文中详引其事其诗，称之为"清代文学史中一重可笑之公案"。

太清诗中将堂堂江南名士、钱塘诗人、自号碧城仙馆的陈文述讥诮为"野鹜""庸夫"，比之"含沙小技""浮云蔽日"，已经是很尖利、很鄙视的语言了，还要反复直言"鄙其为人""人海从来鄙此公"，诅咒陈诗人"永沉黑暗狱"，骂得也太凶了。

声色俱厉究竟为哪般？是基于贵夫人的高傲心态，独立作派，门户之见，抑或"丁香花案"蒙冤受气后的一种发泄？今天，我们几乎看不到顾太清作品实录以外的有关记载。陈寅恪先生查阅陈文述《春明新咏》刊本，也没有查到太清所说的"题其《春明新咏》一律"以及陈的和诗。在没有书证的情况下，也只能见仁见智了。

陈文述平生喜欢攀附权贵和名人，身上染些酸腐味是在所难免的了，甚至因此被人目为"无行文人"。郭沫若非议他："陈文述这个人是没有品格的，他惯爱摹仿袁子才，乱认人为女弟子，卖弄风骚，有些行为很足令人齿冷。"比如顾太清披露的这件事，为招揽名媛，编织所谓"桃李春风群芳谱"，而谬托知己，自作聪明，公然造假，他的确做得很蠢，也足见其自恋成癖。

不过，他编撰《西泠闺咏》为杭州历来的才女们立传；他步袁枚的后尘，打出"碧城仙馆"的旗号，收了一大批女弟子，编有诗合集《碧城仙馆女弟子诗》传世，平心而论，他为女性文学摇旗呐喊还是功不可没的。

此前他通过杭州著名诗人梁德绳的长女许云林向顾太清示好，却遭顾太清一口回绝，甚至连累碧城女弟子一起挨骂。有人说，这是因为顾太清自视高人一等，内心就瞧不起那些民间的碧城女弟子。

想来好像不是这么回事。

陈文述收吴藻为其女弟子，编选《碧城仙馆女弟子诗》，吴藻的《花帘书屋诗》名列其中。吴藻的父亲和丈夫都是排名"士、农、工"之后的商人，据传统说法，她自己家和公婆家"无一读书者"。可是，顾太清就十分看得起吴藻的"好才调"，题其《花帘词》，"叹空谷、知音偏少"，虽未谋面却引为知音。

陈文述向顾太清示好的中间联系人许云林，也是一个碧城女弟子，吴藻的闺友之一。顾太清对许云林"精神散朗，清洁比梅花"的风采异常赞美。太清与吴藻的密友沈善宝在北京组织"秋红吟社"，与诗社成员云林、云姜姐妹俩情同手足，酬唱频繁。

她同许云林的表妹、陈文述的儿媳汪端（允庄）也有文字往来。太清曾托许云林持她的自画像《听雪图》索题，汪端为赋花蕊夫人宫词体八绝。汪端谢世后，陈文述还特别庆幸地提到，"京师太清福晋"同汪端生前"互致倾衿之雅"。

就连太清《天游阁诗集》原稿的评点者冒广生对此也深感疑惑不解，说："允庄，云林表姊，而云伯之子妇也。此诗乃痛诋云伯，何也？"

为什么一点面子都不给呢？

总觉得这里面多少有点微妙。上面提到顾太清曾题吴藻的《花帘词》，指的是《东海渔歌》中《金缕曲·题花帘词寄吴蘋香女士，用本集中韵》那首词。观其词意，两人虽未谋面，但顾太清早闻吴藻文名，赏其才调，引为知音，并索其近稿，可谓神交。只是我在整理并注释《吴藻全集》时不免困惑，至今没有发现吴藻有回应顾太清的题赠之作。个中缘由，同顾氏的骂人诗有没有些许关联呢？当然，这只是一种臆测，不足为凭。

『丁香花疑案』的是是非非

在清代女词家中，顾太清与吴藻齐名，虽然身份不一样，一个是贵族内眷，一个是商家女子，但一样树大招风。吴藻因给一个青楼女写过"调情"的词，被哈佛学者称为"中国历史上最伟大的女同性恋者"；顾太清则因一桩"丁香花疑案"，被小说家炒得沸沸扬扬。

26 岁的顾太清嫁给乾隆的曾孙、贝勒奕绘为侧室，这一对能诗善画的夫妇常联骑出游，登山临水，激扬诗兴，过了好一段神仙眷属般的生活。在晚清的几部笔记、词话中，太清被演绎成一道想象的、供人鉴赏的亮丽风景。冒广生在整理顾太清的诗集时，也把她描绘成王昭君，说：

> 闻太清作内家装，马上弹铁琵琶，手白如玉，琵琶黑如墨，见者谓是一副王嫱出塞图也。

顾太清的丰才美调、逸情风致，最为人所钦羡。这就为八卦文人编排"佳话"、传播"绯闻"，腾出了一大片香艳、暧昧、引人遐思的空间。

太清善交友。她的性格洒脱率真，胸襟磊落，温厚平和，有很强的亲和力。她与吴藻的挚友沈善宝和许云林等志同道合，共同组成"秋红吟社"。诗社成员主要是来自全国各地在京的官员家眷。

在她的文学社交圈中，除"秋红吟社"的诗友外，还不乏男性文友，如在京的龚自珍等杭州名士。太清与他们有许多诗词唱和之作。然而，顾太清与另类大诗人龚自珍的诗词交往，互相欣赏，却引发一个非常火爆的事件。事出有因，龚自珍曾是贝勒府的座上客，引起瓜李之嫌的是，他的《己亥杂诗》中写有这样一首朦胧诗：

> 空山徒倚倦游身，梦见城西阆苑春。
> 一骑传笺朱邸晚，临风递与缟衣人。

这首诗中还有一句小注："忆宣武门内太平湖之丁香花。"

太平湖畔距贝勒府不远处不就有一片茂密的丁香树吗？"太平湖之丁香花"以及诗中提到的"缟衣人"究竟是指谁呢？人们一联想就想到了住在"朱邸"的顾太清，据说她常爱穿一身白衣素服。

于是，想象力丰富的编排者便找到了龚、顾幽会偷欢的"报料"了，就像鲁迅说的那样："一见短袖子，立刻想到白胳膊，立刻想到全裸体，立刻想到生殖器，立刻想到性交，立刻想到杂交，立刻想到私生子。中国人的想象惟在这一层能够如此跃进。"于是，流言蜚语，不胫而走，说是龚自珍只好被迫离开了京城，不久暴毙，是仇家暗中下毒毒死的。这就是所谓的"丁香花疑案"。

顾太清40岁的时候，奕绘去世了，他和妙华夫人所生的长子载钧承袭了爵位。也许在他的鼓动下，奕绘的母亲将顾太清驱出了王府，顾太清带着子女们"移居邸外，无所栖迟"，只得变卖金银首饰，另买了一处房子艰难度日。这是不是也同"丁香花案"有干系呢？人们也多有猜测。曾朴的著名小说《孽海花》，更是把这段"一夜情"描写得绘声绘色，煞有介事，从此盛传文坛，弄得人们直到现在仍然疑信参半。

反正，对于造谣生事，国人最称擅长，而于美女作家，闺阁隐秘，桃色新闻，尤津津乐道。此风于今为烈，由来久矣！

近代学者孟森和女作家苏雪林曾先后撰写长文，考证事实，对"丁香花案"大力辩驳。人们也有一种猜测，认为八卦文人陈文述与龚自珍同是杭州人，怀疑他是不是与当时传播"丁香花"的绯闻有所关合，这才导致顾太清对他如此深恶痛绝，一气之下写了那首痛骂陈文述的诗。

顺便一提：吴藻的杭州闺友中，有一位是龚自珍的妹妹龚自璋（瑟君）。不过吴藻同龚自珍不见有诗词往来。

再谈顾太清

　　顾太清的丈夫奕绘 40 岁便病逝了。遭丧夫之痛三个多月后，她又受到"丁香花案"的困扰，继而"亡肉含冤"，被赶出王府，再度跌入人生的低谷；待关口迈过去了，却也无所畏惧，不怒不怨，心定气闲。

　　这种超然于尘嚣，渐趋成熟的平和豁达心态，反映在她的《静坐偶成》诗里，这也是她对那些风风雨雨枝枝节节是是非非恩恩怨怨最好的归纳吧：

　　　　一番磨炼一重关，悟到无生心自闲。
　　　　探得真源何所论，繁枝乱叶尽须删。

　　历经磨炼的她，与闺中姊妹结成了"秋红吟社"，频繁聚会，一起赏花、听琴、游山、访寺，同题吟诗，同调赋词。诗社的女友多半是杭州籍在京官员的家属。其中，杭州著名女诗人梁德绳的两个女儿许云林、许云姜（阮元的儿媳），与她最为相投，太清非常珍视闺友间的这种儿女情长。试看《江城梅花引·雨中接云姜信》：

故人千里寄书来。快些开，慢些开，不知书中安否费疑猜。别后炎凉时序改，江南北，动离愁，自徘徊。

徘徊、徘徊，渺予怀。天一涯，水一涯。梦也、梦也，梦不见，当日裙钗。谁念西风翘首寸心灰？明岁君归重见我，应不似，别离时，旧形骸。

接读故人千里之外寄来的书信，"快些开，慢些开，不知书中安否费疑猜"，心情何其急切，又颇费迟疑，那种活脱脱急切跳荡，既盼且惧，犹豫不定的真情实感跃然纸上。与好友相隔天涯的惆怅，离别愁绪，梦牵魂绕的思念情状，不加修饰地自由流淌，一波三折，畅意倾诉，可谓一往情深。只有"渺予怀"句用典，用的是苏轼《前赤壁赋》中的话："渺渺兮予怀，望美人兮天一方。"全词晓畅明白，如诉家常，而又句句动情，一气贯通。

她的一篇写人物的词作《烛影摇红·听梨园太监陈进朝弹琴》，绝无咬文嚼字，通篇不见什么名句，却把一位白头太监的今昔对比，人世沧桑，写得淋漓尽致，凄惨、悲凉、沉痛至极：

雪意沉沉，北风冷触庭前竹。白头阿监抱琴来，未语眉先蹙。弹遍瑶池旧曲，韵泠泠、水流云瀑。人间天上，四十年来，伤心惨目。

尚记当初，梨园列数名花簇。笙歌缥缈碧云间，享尽神仙福。太息而今老仆，受君恩、沾些微禄。不堪回首，暮景萧条，穷途哀哭。

顾春的诗词重写实，不求一字一句的尖巧，追求的是心灵意境，而不事雕琢，不拘形式。这大概与当时所兴"惩猖狂雕琢之流弊，而思遵之于风雅之后"的风气有关。如她的《定风波·恶梦》一词：

> 事事思量竟有因，半生尝尽苦酸辛。望断雁行无定处，日暮，鹡鸰原上泪沾巾。
>
> 欲写愁怀心已醉，憔悴，昏昏不似少年身。恶梦醒来情更怯，窗下，花飞叶落总惊人。

写的就是她少年时代的"苦酸辛"以及"恶梦醒来"后的不堪。生活的本真体验，原汁原味加以重现，却又显得空灵而意蕴深远。

太清词的从容本真，辞随意启，情怀流畅，舒展自然的格调，太清的那一股子流注笔端的"繁枝乱叶尽须删"的"清气"，在当时确是独树一帜。她的诗也近乎此。她以词抒情，以诗言事，诗的长标题更是当成日记来写，几乎就是她生活的实录。也正是这些带有自传实录性质的作品，"为人间留取真眉目"，让我们更加接近了她的本真。

太清词与大词家纳兰性德齐名，有"男中成容若，女中太清春"之誉。但也有人觉得未免言过其实，太清词不过尔尔。其实，清末四大词家之一的况周颐早就有一番比较评论："妍秀韶令，自是容若擅长；若以格调论，似乎容若不逮太清。"他强调："太清词，其佳处在气格，不在字句，当于全体大段求之，不能以一二阕为论定，一声一字为工拙。"齐燕铭也说："余尝以为容若词自秀雅，而太清之真淳本色，则非容若所及。"这都是很中肯的评说。

太清还有另一首记梦的《踏莎行·梦，次屏山韵》，写的也是她对人生变化无常，人生恍若梦境，如梦幻泡影的感悟：

> 幻影浮泡，原无凭据。个中变化纷如缕。也生欢喜也生愁，

其间似有通神处。

念切情真，千头万绪。相逢未准飘然去。轻如蝴蝶腻如云，寒衾不耐天明雨。

十年河东，十年河西。奕绘去世 20 年后，他与正夫人妙华生的长子载钧病死了，没有子嗣，贝勒府让太清的孙子溥楣继承家业。这样，太清又重回贝勒府，颐养天年。但太清风烛残年，体弱多病，双目失明，力不从心，亲密无间的诗社女友一个个与世长辞，星流云散，心境不免日渐落寞、凄清、暗淡、无奈，怎一个"愁"字了得！公元 1877 年（光绪三年），顾太清的生命之光熄灭了，病逝时79 岁。

太清与之对垒的是不可抗争的命运。她的一生似可用她写的那首《秋波媚·夜坐》词来观照：

自笑当年费苦吟，陈迹梦难寻。几卷诗篇，几张画稿，几许光阴。

唾壶击碎频搔首，磨灭旧胸襟。而今赢得，千丝眼泪，一个愁心。

一部《红楼梦》哭倒玉楼人

人说"一部《红楼梦》，哭倒玉楼人"。在清代一些著名女文学家中，究竟谁看过《红楼梦》，谁被《红楼梦》哭倒过？

陈寅恪先生曾考证说，弹词《再生缘》的作者陈端生未必看过《红楼梦》。

我发现，自己最喜欢的吴藻、顾春（号太清）和沈善宝（字湘佩）这三位清代首屈一指且相知相交的女词人、女作家，倒是看过《红楼梦》的，甚至可以肯定地说，她们都是《红楼梦》的忠实粉丝，其中顾太清还是《红楼梦》的续作者之一。

顾太清续写《红楼梦》的书名为《红楼梦影》，署名"云槎外史"。她的《红楼梦影》尚未写完时，诗友沈善宝就预先为此书写好了序言，署名"西湖散人"。

顾太清极欣赏吴藻卓异的文学才华和灵秀洒落的气质，借诗词而得以神交，虽未谋面却引为知己。沈善宝更是吴藻和太清的知心好友。她们三个心有灵犀，都是曹雪芹的知音。

早年沈善宝写过一首《读〈红楼梦〉戏作》：

无端炼石笑娲皇，引得痴人入梦乡。

争羡春风眠芍药，谁怜秋雨病潇湘。
缠绵独抱情千古，寂寞难消泪数行。
不信红颜都薄命，惯留窀穸旧文章。

　　吴藻无疑也是一位《红楼梦》的痴迷读者。她做过一首《乳燕飞·读〈红楼梦〉》的词，其感情一泻而出，不能自已：

　　欲补天何用？尽销魂、红楼深处，翠围香拥。呆儿痴女愁不醒，日日苦将情种。问谁个、是真情种？顽石有灵仙有恨，只蚕丝、烛泪三生共。勾却了，太虚梦。
　　喁喁话向苍苔空，似依依、玉钗头上，桐花小凤。黄土茜窗成语谶，消得美人心痛。何处吊、埋香故冢？花开花落人不见，哭春风、有泪和花恸。花不语，泪如涌。

　　这位女词家一向以愁为城，写不尽"有才无命"的满腔悲愤、人生不遇的心灵痛楚，渴望像《红楼梦》里宝黛一样精神互通的爱情，读《红楼梦》尤其动情于"黛玉葬花"一节，"哭春风、有泪和花恸"，"泪如涌"，为之肝肠寸断。
　　吴藻这首《乳燕飞·读〈红楼梦〉》，显示出《红楼梦》一经问世，影响力便深入闺阁，对女性读者产生的感染力似乎更大、更强。

顾太清续写《红楼梦》

顾春，号太清，与吴藻是同时代颇负盛名的女词人。

顾太清在文学方面另一项成就恐怕鲜为人知，那就是续写过《红楼梦》。她署名"云槎外史"，续写的书名为《红楼梦影》。此书写于咸、同年间，成书于太清的晚年；光绪三年（1877）出版。这是诸多《红楼梦》续书中唯一出自满族贵夫人手笔的作品，也是众多《红楼梦》续书中较受欢迎的一部。

《红楼梦影》一改其他续书大团圆的滥俗模式，以一梦为了结。顾太清也是"罪臣"之后，她的身世与曹雪芹有相似之处。顾太清与曹雪芹的心是相通的。相信她是含着泪水写作的。

太清被贝勒奕绘纳为侧福晋。这个奕绘是乾隆帝的曾孙，习武之外也多才多艺，擅诗文，工书画，喜文物。夫妇间志趣相投。奕绘对曹雪芹的非凡才气十分欣赏，对他的怀才不遇、生活拮据的遭际寄予同情。

曾浏览过他的《观古斋妙莲集》，发现其中有一首《戏题曹雪芹〈石头记〉》的诗，说是"戏题"，实则很为曹雪芹鸣不平。诗云：

> 梦里因缘那得真，名花簇影玉楼春。

形容般若无明漏，示现毗庐有色身。

离恨可怜承露草，遗才谁识补天人！

九重斡运何年阙？拟向娲皇一问津。

　　我以为奕绘的这首诗颇值得注意，一是说明《红楼梦》的传播力之强之大，问世不久就不胫而走；二是足可佐证，曹雪芹作为《红楼梦》的原作者，当时他的"著作权"并没有什么疑义。

　　不过，《红楼梦影》的"著作权"问题有人却曾产生过怀疑。这大概是因为小说作者或续作者的身份一般都是男性作家，而这竟是一个女性！尽管太清可不是一般的女性。小说在古代被认为是不登大雅之堂的，鲁迅先生就说过："在中国，小说是向来不算文学的。"在那个时代，文士是不赞同女性写小说的。

　　到了 20 世纪 80 年代后期，某出版社出版的《红楼梦影》，点校者竟不知这位《红楼梦》续作者"云槎外史"为何人，误以为与序作者"西湖散人"是同一个人。

　　但，顾太清写《红楼梦影》确是不争的事实。顾氏《红楼梦影》在写到诗社活动中，不少诗作都可在顾太清的《天游阁集》中找到"原创"。

　　最"铁"的事实，莫过于顾太清《天游阁集》卷七《哭湘佩三妹》绝句（五首），其二写道：

红楼幻境原无据，偶尔拈毫续几回。

长序一编承过誉，花笺频寄索书来。

　　诗后自注说得明明白白：

余偶续《红楼梦》数回，名曰《红楼梦影》，湘佩为之序。不待脱稿即索看，尝责余性懒，戏谓曰："姊年近七十，如不速成此书，恐不能成其功矣。"

湘佩，就是吴藻的闺密、杭州籍女作家沈善宝。她同顾太清在北京一起组织女子诗社"秋红吟社"，情同手足。当时，沈善宝在太清的续书尚未脱稿时，就迫不及待地取去阅读，以急切的心情催促她早日写成，并提前写好了一篇序言。沈善宝在《红楼梦影序》中说：

今者，云槎外史以新编《红楼梦影》若干回见示，披读之下，不禁叹绝。

她对顾太清续书的评价极高，相信"前梦后影并传不朽"。序文末尾署曰："咸丰十一年，岁在辛酉，七月之望。西湖散人撰。"

"西湖散人"是沈善宝晚年的别号；咸丰十一年为公元 1861 年。一年前，太清的《红楼梦影》尚未写完，大约也是怕生死难料，故先为此书写好了这篇序言。不幸一语成谶，仅仅时隔一年，1862 年的夏历六月十一日，沈善宝就溘然而逝。

土默热自称"颠覆性地开创了新世纪的全新红学",提出"洪昇著书说",认为《红楼梦》的作者是清初戏曲大家洪昇,认为"《红楼梦》应是'蕉园诗社'传记性小说"。

经他一一对号,"金陵十二钗"的原型就取自"西陵十二钗",也就是杭州西溪蕉园诗社十二个女诗人,"蕉园五子"加"蕉园七子"十二子中除去重复者只有九人,再加上洪昇的妻子黄兰次、洪昇的两个亲妹妹,正好十二人,恰是"红楼十二钗"之数。他说:"这就是活生生的无可置疑的《红楼梦》人物原型!"

这个对号入座,似乎为杭州西溪的开发以及西溪花朝节这个风雅节日制造了一大卖点。于是,"红楼十二钗"的人物与故事以行为艺术的方式在西溪展现。

土默热说,"西陵十二钗"的命运与"金陵十二钗"很像,都是"薄命司"中的怨鬼。她们的命运全部惨遭不幸,正所谓"千红一哭""万艳同悲"。

据他考证,蕉园诗社的核心人物林以宁便是小说里林黛玉的生活原型。在《红楼梦》书中,林黛玉参加"海棠社""重建桃花社",与林以宁参加"蕉园五子社",重建"蕉园七子社"的事迹,是完全吻合的。

他说，林以宁一生才华横溢，多愁善感，婚后生活聚少离多，十分不幸，诗中充满了悲苦的气息。早些时候，他还考证出林以宁在抑郁中得了"女儿痨"，不幸病逝了，"只活了37岁，就带着一颗诗人的心，静静地到了另一个世界"。

早先看到这个说法，我们觉得显然与林以宁的生卒年代等实际情况不相符合。造物忌才，红颜薄命，才女往往不能尽享天年。殊不知林以宁却是个例外。

事实上，雍正八年（1730）林以宁尚健在，她以76岁高龄，为另一位钱塘才女梁瑛（号梅君）的著作《字字香》作序。序中感叹说："忆予从顾太君卧月轩时，六十年间，犹昨日事耳！"

顾太君指的是顾若璞，也就是土默热认定的《红楼梦》中"老祖宗"贾母的原型。她是明末钱塘知名女作家（她是个女族长倒也不假），著有《卧月轩稿》六卷。年九十仍不废诗文。她的诗文与节行，被誉为"武林闺秀之冠"。

顾若璞倡导妇女文学，曾说过这样的话：

> 尝读诗知妇人之职，惟酒食是议耳。其敢弄笔墨以与文士争长乎？然物有不平则鸣。

这个家族有着女性作家和诗歌圈子的传统。林以宁早年曾拜她为师，耳提面命，自然得益匪浅。美国学者高彦颐在《闺塾师》一书中说，是林以宁的婆婆顾玉蕊（顾若璞的侄女，土默热认为她是《红楼梦》中薛姨妈的原型）将自己的新媳妇引荐给了顾若璞。其时，这位15岁的新娘，赢得了罹病在身的顾若璞的赞扬，并成为她个人指导的最后一位受益者。

且不管怎样说，我们还是撇开土默热的“原型”版本，直接把注意力放到林以宁及蕉园诗社的事迹上来。

　　明清之际，士子文人中盛行结社立派。流风所播，一些才女也喜欢结社唱和。清初的钱塘西湖之滨，以结社赋诗最负盛名的女子文学群体，首推蕉园诗社。而林以宁，在蕉园诗社以及当时另外一些女性文学群中，可以算是一个出类拔萃的人物。

　　林以宁，字亚清，是钱塘进士林纶的女儿，御史钱肇修的妻子。钱肇修是洪昇的表弟，也就是说，林以宁其实是洪昇的表弟妇。而且，她比洪昇整整小10岁。

　　林以宁富于文学艺术天赋，能诗善画，尤长墨竹，且工书法，骈俪文也写得文采飞扬。著作有《墨庄诗钞》二卷（另有《词馀》《文钞》各一卷）以及《凤箫楼集》等。她的第一部诗文集出版于康熙三十六年（1697），其时已人到中年。

　　林以宁自幼跟着母亲读书，在文学与经学之间，更偏重经学，待人行事处处以古代贤淑女子为楷模，向往做个正统的淑女。她曾说自己“少从母氏受书，取古贤女行事，谆谆提命，而尤注意经学，且愿为大儒，不愿为班左”。但在成年后，她并没有成为大儒，而是成了妻子兼母亲、作家兼画家的角色。

　　少女时代的林以宁，还深受她的“笔砚友”顾长任（字重楣）的影响。顾长任与钱、林两家既是表亲，又是林以宁的伯嫂。在为冯娴《和鸣集》所题的跋中，林以宁回顾说：“余少也读书，苦无所资，独与伯嫂顾重楣称笔砚友。”顾长任久蓄“遍识时媛”之志。她病逝后，林以宁继承伯嫂的遗志，作诗启邀请海内名媛为之哀挽凭吊。

　　最先表示响应和支持的是《和鸣集》的作者冯娴。

冯娴，字又令，婚后琴瑟和鸣，因而她的闺房唱和集题名为《和鸣集》。沈心友《和鸣集序》中说："又令生长西溪，钟山川之秀，弱龄即聪异过人，读书过目成诵。"《名媛诗话》也说："又令读书过目成诵，下笔文如凤构，尤工绘事。襟怀恬淡，颇得隐居之乐。"冯娴是钱肇修的同宗姊，长林以宁一个辈分，成为林以宁走进她们诗歌圈子的引荐人。

林以宁在《〈和鸣集〉跋》里记述了当时以诗会友、分题联吟的盛况。她说：

> 遂因诗启以得见于夫人（指冯娴）。夫人忘其卑幼，而引与交。月必数会，会必拈韵分题，吟咏至夕。且又推其姻娅，若柴季娴、李端明、钱云仪、顾启姬，人订金兰，家绕雪絮，联吟卷帙，日益月增。

这是一段美好的时光。诗友们不分长幼，频繁聚会，每当有人生日、送别，特别是赏花、对弈、作画、听琴的时候，互相酬答唱和，吟风弄月，诗情勃发，作品日渐丰富起来。

蕉园诗社的发起人、创建者是林以宁的婆婆顾之琼。顾之琼，字玉蕊，著有《亦政堂集》，工于诗文骈体，诗名在康熙朝蜚声大江南北，是当时十分有影响的女诗人。她为首发起成立了蕉园诗社，并发表了《蕉园诗社启》。

从此，蕉园诗社成为中国文学史上第一个有启事、有名称、有组织，公众结社、公开活动，具有真正意义上文学流派性质的女性文学团体。

清代女性文学，从一开始便呈现家族群体的形态特征。蕉园诗社成员多半是亲戚关系，辈分也不尽一致，有的是母女诗人，有的是姐妹（或表姐妹）诗人，有的是姑嫂诗人，还有两对婆媳诗人。

比如，钱静婉（被指为薛宝琴的原型）、钱凤纶（被指为薛宝钗的原型）姐妹是诗社发起人顾之琼的女儿；柴静仪是钱氏姐妹的表嫂；林以宁既是顾姒的表妹，又与钱氏姐妹是姑嫂关系（其弟钱肇修的妻子），是顾之琼的儿媳。柴静仪与朱柔则也是一对婆媳关系，《碧溪诗话》称赞这对有名的婆媳诗人"庭闱风雅，为艺林佳话"。

按照一般的记载，前期蕉园诗社的成员除发起人顾之琼外，主要是徐灿（湘蘋）、柴静仪（季娴）、朱柔则（顺成）、林以宁（亚清）、钱凤纶（云仪）五人，被称为"蕉园五子"。

后期，林以宁接过婆婆顾之琼的旗帜，重新组织蕉园诗社，新入社的成员有冯昊（槎云）、毛媞（安芳）、冯娴（又令）、顾姒（启姬），而原先的成员徐灿和朱柔则不在内。这样，新的蕉园诗社主要成员有七个，其中新成员四人，加上老成员柴静仪、林以宁、钱凤纶三人，人称"蕉园七子"。

作为重建蕉园诗社的倡导者和组织者，林以宁事实上成了一个核心人物。胡文楷《历代妇女著作考》引《正始集》说：

> 亚清能文章，工书善画，尤长墨竹。与同里顾启姬姒、柴季娴静仪、冯又令娴、钱云仪凤纶、张槎云昊、毛安芳媞，倡蕉园七子之社，艺林传为美谈。

《国朝杭郡诗辑》对蕉园诗社的活动有过这样的记载和描写：

> 是时，武林风俗繁侈，值春和景明，画船绣幕，交映湖漘，争饰明珰翠羽、珠髻蝉縠，以相夸炫。季娴独漾小艇，偕冯又令、钱云仪、林亚清、顾启姬诸大家，练裙椎髻，授管分笺。

邻舟游女望见，辄俯首徘徊，自愧弗及。

春天来了，蕉园女诗人们或花间宴集，或结伴出游，拈韵分题，唱和联吟，最喜欢的活动就是扁舟泛湖，在游弋于水光山色的西湖小船上举行诗会。这是领艺林风气之先的大胆时尚之举，迥然有别于争相炫富的市井风俗。她们骨子里透出一种超凡脱俗的优雅品位、与众不同的大家风范。相形之下，邻近的游女们自愧不如，纷纷向她们投去艳羡和崇拜的目光。

湖上诗会"独漾小艇"的季娴（柴静仪），她的父亲柴绍炳（字虎臣）名列康熙朝著名的"西泠十子"之首，为天下学子所敬重。柴静仪著有《北堂诗草》《凝香室诗钞》。关于她的诗，沈德潜《清诗别裁集》评论说：本乎性情之贞，发乎学术之正，韵语时带箴铭，不可于风云月露中求也。

沈善宝《名媛诗话》中也记载了蕉园诗社的活动：

（柴）季娴工写竹梅，尝与闺友林亚清、顾启姬、钱云仪、冯又令、张槎云、毛安芳诸君结蕉园吟社，群推季娴女士为祭酒。

有家学渊源的老资格人士柴静仪（被指为李纨的原型），众望所归，被诗社公推为"祭酒"（主持人）。

此后，蕉园诗社便在中国妇女文学史上留下了辉煌一页。蕉园诗社的"金钗"们，既有共同的美名，又各有绚丽的个体色彩。每一位成员都有各自的美丽诗篇，都有各自的动人故事。她们的爱情婚姻生活大都有共同的文学趣味。在前后两个蕉园社团的九位骨干成员中，有六人出版了与丈夫共同创作的诗集。

顾姒，字启姬，原是位秀才娘子（她和冯娴都被指为史湘云的原型）。她的著作有《静御堂集》《当翠园集》《未穷集》等。"花怜昨夜雨，茶忆故山泉"，是她传扬一时的名句。据《杭郡诗辑》记载，有一年的重阳节，她丈夫同著名作家王士禛等文友在花园饮酒，限用"蟹"字韵赋诗。顾姒代丈夫捉刀，诗的最后写道："予本淡荡人，读书不求解。《尔雅》读不熟，蝤蛑误为蟹。"着实让渔洋山人惊叹不止。

朱柔则，字顺成，号道珠。著有《嗣音轩诗钞》《绣帜余吟》。她也是一位画家。她的丈夫沈方舟（用济）曾寄寓京城红兰主人家，数年未归，她便画了《故乡山水图》寄去。红兰主人见了，题诗说："柳下柴门傍水隈，夭桃树树又花开。应怜夫婿无归信，翻画家山远寄来。"用济读了诗画，当即返家，一时传为美谈。

毛媞，字安芳，著有《静好集》。她是杭州有名的诗人、"西泠十子"之一毛先舒的女公子。当她十来岁的时候，请求父亲教她写诗。父亲责备说，写诗不是你要做的事！女儿不以为然，照学不误。后来，她居然出版了诗集，父亲还亲自出面为她写了一篇序。毛媞年近四十无子。一次花下宴集，小姑折了一枝萱草奉献给她，建议嫂子借吟咏这"宜男草"，以祈求上苍赐予一个儿子。毛媞的回答是："诗乃我神明，为之即我子矣！"

毛媞以诗为子；张昊则在论诗中安然早逝。

张昊，字玉琴，号槎云，著有《趋庭咏琴楼合稿》。她七岁学诗，即有"白马嘶风秋草寒，残风残雪断桥边"之句。也曾有"试将心事量杨柳，叶叶丝丝一样愁"的诗句，但她应是有愁而无怨。她19岁嫁给胡生，夫妇两人经常在一起赋诗酬答，十分投机。她的父亲赴京参加春试，不幸逝世，她悲痛欲绝，悼诗中有"孤山何太苦，变作我亲邱"句，读之令人心酸。诗人25岁那年的一天清晨，她刚起床就与丈夫谈论诗歌。当论及唐代独居燕子楼历十余年的女诗人关盼盼的绝句时，张昊说，诗能写到这个份上，能不流传吗！待她梳妆打扮好后，依然在窗前久久地徘徊，凝望着天际。突然，她说道："吾断肠矣！"等到侍儿将她扶到床上，她已经安静地闭上了眼睛。

蕉园诗社的"金钗"们，个个不同凡俗，各有千秋，若以文学声望和艺术成就而论，除了"蕉园五子"之长、名列清代三大女词家之首的徐灿（被指为妙玉的原型），应该算林以宁最为显著了。沈善宝《名媛诗话》中说："亚清诗笔苍老，不愧大家。"《清诗汇》也评论她为"蕉园七子之秀"。

蕉园诗社的出现，是清代女性文学日渐成熟、走向自觉的标志，在中国妇女文学史上占有相当重要的一席之地；同时，也为杭州西湖和西溪构筑了一道光彩夺目的人文景观。

杭州的西湖和西溪钟灵毓秀，蕉园诗社的"金钗"们是曾经产自本土的一群宁馨儿。她们的作品和事迹，于史有据，熠熠生辉，是杭州文化史上值得引以为荣的真实的存在，是当之无愧的文化珍品，足够丰赡，足够动人，似乎无须借助一部伟大的文学名著的影子来证明，无须挂靠一部伟大文学名著的人物形象的索隐来彰显。

影子毕竟是影子，难于捕捉；索隐未必靠谱，多有歧义。我们杭州的西溪以及西溪花朝节，何不直接从蕉园诗社的宝库里挖掘文化资源呢？

我为什么不相信林以宁是林黛玉原型

"土默热红学"的核心是"洪昇著书说",认定《红楼梦》的原作者是清初戏曲家洪昇。土先生说,"《红楼梦》应是蕉园诗社传记性小说",洪昇的"十二个亲表姐妹"曾先后在故乡杭州西溪结成蕉园诗社,"这就是活生生的无可置疑的《红楼梦》人物原型!"

"十二钗"的考证和对号太烦了,这里只说说据指认为林黛玉原型的蕉园诗社核心人物林以宁。

土默热说,林以宁一生才华横溢,多愁善感,婚后生活十分不幸,诗中充满了悲苦的气息。早些时候,他还考证出林以宁在抑郁中得了"女儿痨",不幸病逝了,"只活了37岁,就带着一颗诗人的心,静静地到了另一个世界"。

一看到"土红学"的这些说法,我们只觉得惊讶。因为,我们早在几十年前就有确切考证表明,林以宁其实是个长寿才女。她的年龄、阅历、性情,她的凤箫和鸣、夫唱妇随,同林妹妹并不相符合。

20世纪80年代初,我们在编著《中国历代才女小传》(浙江文艺出版社1984年6月版)时考证发现,雍正八年(1730)林以宁尚健在,她以76岁高龄,为另一位钱塘才女梁瑛的诗集《字字香》作序。梁瑛号称"女逋仙"，她的《字字香》共有集句诗一百余首，全是集唐宋元人咏梅诗句而成。林以宁为这位后辈女诗人所作的这篇序，落款为：

雍正八年春三月望，七十六老妪钱林以宁题于墨庄

据此，我们推算出林以宁的生年是公元 1655 年，卒年约在 1730 年以后。前几年我们撰文介绍林以宁及蕉园诗社，又针对"土红学"的说法披露了这个确证。

林以宁，字亚清，御史钱肇修的妻子。钱肇修是洪昇的表弟，也就是说，林以宁其实并不是洪昇的"亲表姐妹"，而是他的表弟妇。她比洪昇整整小 10 岁。

林以宁自幼跟着母亲读书，在文学与经学之间，更偏重经学，待人行事处处以古代贤淑女子为楷模，向往做个正统的淑女。她曾说自己"少从母氏受书，取古贤女行事，谆谆提命，而尤注意经学，且愿为大儒，不愿为班左"。但在成年后，她并没有成为大儒，而是成了妻子兼母亲、作家兼画家的角色。

林以宁富于文学艺术天赋，能诗善画，尤长墨竹，且工书法，骈俪文也写得文采飞扬。著作有《墨庄诗钞》二卷（另有《词馀》《文钞》各一卷）以及《凤箫楼集》等。她的第一部诗文集出版于康熙三十六年（1697），其时已人到中年。

林以宁和钱肇修原是一对风雅夫妇，感情相当深厚。丈夫出外做官，以宁一度跟随离开家乡。《凤箫楼集》就是这对伉俪之间的唱酬之作，当时就已"传播士林，引为佳话"。而在土默热笔下，"凤箫"弄成了"凤潇"，说"凤潇楼"是林以宁的别号，"凤"就是妃子，"潇"就是潇湘，凤潇楼就是潇湘妃子林黛玉住的潇湘馆。

林以宁的丈夫在京供职期间，不能常常回来，山长水远夫妻相隔。林以宁诗中自有苦愁，不免是离愁；也有幽恨，分明是别恨。她在《寄夫》诗中说："千里相思一轮月，三年情绪百篇诗。"又有《得夫子书》一诗："经年别思多，得书才尺幅。为爱意缠绵，挑灯百回读。"无不思夫心切，情意缠绵。《独夜吟》也是她的相思之作，结句云："孤吟起坐各无赖，昨夜邻家夫婿归。"邻家夫婿归来的消息传来，更加勾起女诗人自己对远方亲人魂牵梦萦的情怀。

　　这些，与林妹妹的多愁善感又有什么关联呢？

　　土默热后来好像也注意到了这些不争的事实。他公开表示，主要的反对意见是，林以宁的年龄小于洪昇10岁，她与丈夫钱肇修夫唱妇随关系很好，不可能与表兄（应是钱肇修的表兄）洪昇发生恋爱关系；林以宁活了76岁（应该是活了76岁还在世上），并没有在孤凄痛苦中未婚夭亡，与林黛玉的悲剧命运相差甚远。他觉得这些怀疑是很有道理的，确有换个角度重新考证之必要。不过，他仍旧认为，虽然一对一地说林以宁是林黛玉的生活原型、是作者早年的恋人不够准确，但《红楼梦》中的那个第一女主人公林黛玉形象，确实应该是以林以宁的事迹为主创作的，对这一点不应该简单否定。他继续坚持说："在中国妇女文学史上，没有第二个与林以宁类似的林黛玉生活原型。"

　　话虽说得如此决绝，但"土红学"也没有在一棵树上吊死，根据"国恨家仇"的需要，又对号上了南明时期的"秦淮八艳"，于是有了一群"借用"的林黛玉原型，比如被陈寅恪先生誉为"女侠名姝"的柳如是，据说"金玉良缘"的原型就是柳如是与陈子龙和钱谦益之间的三角恋爱故事；连书名《红楼梦》三个字，也是出自陈子龙与柳如是在小红楼同居时写的一首爱情诗……

　　"土红学"解说，柳如是本姓杨，属于"双木"；林以宁姓林，林由"双木"组成，恰应了"杨柳"二字，"更容易与柳如是呼吸相通"。云云。

土先生又考证说，《红楼梦》书中有一句诗"冷月葬花魂"，本出自晚明女诗人叶小鸾诗句"戏捐粉盒葬花魂"。因此，《红楼梦》中的林黛玉身上，也有叶小鸾的某些影子。等等。

看来红学"新发现"正未有穷期，我们且等着看怎样不断翻新的"石破天惊"吧。

　　位列"蕉园五子"之长的徐灿，被"土红学"指为《红楼梦》妙玉的原型。

　　事实上，追根溯源，徐灿同蕉园诗社并没有多大关系，她在蕉园诗社也没有留下什么唱和的痕迹。将她置于"蕉园五子"之首是很可怀疑的。

　　"蕉园五子"之名，原先大约是从陈文述的《西泠闺咏》传开的，书中"亦政堂咏顾玉蕊"诗前小序说：

　　　　玉蕊名之琼，钱塘人……招诸女作蕉园诗社，有蕉园诗社启。蕉园五子者，徐灿、柴静仪、朱柔则、林以宁及女云仪也。

　　后来不断有研究者发现，早于《西泠闺咏》问世半世纪之多的《湖墅诗钞》，应该是"蕉园五子"的原始出处。书中并没有徐灿的名字：

　　　　季娴（柴静仪）……工书画。与林以宁、顾姒启姬、钱云仪、冯又令称蕉园五子。有合刻载《钱塘志》。

看来，把徐灿当作"蕉园五子"之长，也许是一种误传。不过，鉴于徐灿当时很出名，比蕉园女诗人中任何人都名气大，当初蕉园诗社是不是要借徐灿的名，打一下她的旗帜，或请她做过"顾问"之类呢？也有人生出这样的猜想。

徐灿名气大，大就大在她的词名。在清代，徐灿被推为三大女词家之首。另两位大女词家是顾春（太清）和吴藻（蘋香）。

"清代三大女词家"这个说法应该是出自俞陛云的《清代闺秀词话》：

> 清代闺秀之工填词者，清初推徐湘蘋，嘉道间推顾太清、吴蘋香。湘蘋以深稳胜，太清以高旷胜，蘋香以博雅胜，卓然为三大家。

陈廷焯的《白雨斋词话》明确把徐灿推举到首位，认为：

> 国朝闺秀工词者，自以徐湘蘋（徐灿）为第一，李纫兰（李佩金）、吴蘋香（吴藻）等相去甚远。

徐灿，字湘蘋，明末清初江苏长洲（今苏州）人，大学士、海宁人陈之遴继妻，从夫宦游，封为一品夫人。家学渊源，其祖姑徐媛为一代才女，其父做过光禄丞，经史皆通。徐灿工于吟咏，又善属文，并精书画。然而，她的主要艺术成就，并不在诗文书画，而在词学。

陈之遴原是明崇祯进士，他婚后买得苏州有名的拙政园做别墅。陈父因事下狱饮鸩而死，陈之遴受到牵连，"永不叙用"。其后七年，陈之遴与徐灿歌咏于拙政园中，"时史席多暇，出有朋友之乐，入有闺房之娱"（《拙政园诗馀序》）。入清以后，陈之遴改换门庭，成了弘文院大学士，官至礼部尚书、户部尚书。后因结党营私坐罪，以原官发配辽阳居住，不久召还。又以贿赂罪论斩，免死流徙，卒于徙所。

对于丈夫出仕清廷，徐灿始终抱着难言的苦痛。她曾经委婉地劝说陈之遴退隐山林，仿效隐居苏州天平山的才女徐淑及其丈夫范允临，但终究未果。

随着丈夫生前屡受责罚，徐灿饱受颠沛流离之苦。丈夫死后，在康熙十年（1671），圣祖出巡。徐灿"沥血手疏乞归"，终于将丈夫的遗骨运回到故乡海宁。

南返后的徐灿已是晚年，她"虽吟咏间作，不以示人"。也有人说她晚年皈依佛门后不再作诗填词。不过，徐灿善画观音大士像，倒是很有名的。

徐灿的词集有《拙政园诗馀》三卷、《拙政园诗集》二卷。吴骞《拜经楼诗话》评她的诗词说："湘蘋则尽洗铅华，独标清韵，又多历患难，忧愁怫郁之思，时时流露楮墨间。"她的词有很多都是抒发故国之思、兴亡之感。比如她的代表作《踏莎行·初春》：

芳草才芽，梨花未雨。春魂已作天涯絮。晶帘宛转为谁垂，金衣飞上樱桃树。

故国茫茫，扁舟何许？夕阳一片江流去。碧云犹叠旧河山，月痕休到深深处。

陈廷焯《白雨斋词话》从艺术角度评论这首词说："湘蘋《踏莎行》云：碧云犹叠旧河山，月痕休到深深处。既超逸，又和雅，笔意在五代北宋之间。"

从深处说，徐灿在词中抒发的"故国茫茫"的感叹，与当时反清复明的志士有相通之处。晚清词坛著名词学家谭献，曾在《箧中词》里评论徐灿的这首词说："兴亡之感，相国愧之。"相国就是陈之遴。他们夫妇俩，一个是丧失气节和人格的无行文人，一个却是缅怀故国山河，感情深沉的贤媛才女。相形之下，陈之遴理应羞愧万分，无地自容。

另一首《永遇乐·舟中感旧》，表现的也是同一主题、同一情怀。谭献说它"外似悲壮，中实凄咽，欲言未言"：

> 无恙桃花，依然燕子，春景多别。前度刘郎，重来江令，往事何堪说！逝水残阳，龙归剑杳，多少英雄泪血？千古恨、河山如许，豪华一瞬抛撇。
>
> 白玉楼前，黄金台畔，夜夜只留明月。休笑垂杨，而今金尽，秋李还销歇。世事流云，人生飞絮，都付断垣悲咽。西山在，愁容惨黛，如共人凄切。

明月如昨，春景依然。旧地重游，感慨万千。经过一场社会大变动，转瞬之间，台空金尽，江山易主。多少仁人志士的浴血奋斗连同明末表面上的"繁华"景象，全都付之东流。抚今追昔，人何以堪！满腹的幽忧怨悱，又能向谁诉说？愁病之中，她常常是"短梦飞云，冷香侵佩，别有伤心处"（《永遇乐·病中》）；"梦里江声和泪咽，频洒向、故园流"（《唐多令·感怀》）。正所谓"伤心人别有怀抱"。尽管她欲说还休，人们仍然可以从这一类缅怀故国的作品中，体会出作者的愁苦沉抑的心情来。

词学家论徐灿的词品，认为"缠绵辛苦"，颇得北宋遗风，艺术造诣甚高。陈维崧《妇人集》说她"才锋遒丽，生平著小词绝佳，盖南宋以来，闺房之秀，一人而已"。徐乃昌也说："其冠冕处，即李易安亦当避席，不独为本朝第一。"

近代著名词人朱祖谋为清代诸名家词集题《望江南》词，其中评徐灿词集写道：

> 双飞翼，悔杀到瀛洲。词是易安人道韫，可堪伤逝又工愁。肠断塞垣秋。

所谓"词是易安人道韫"，正是对她的词品和人品的高度评价。

黄兰次 洪昇夫人

据"土默热红学"的说法："无可争辩地说明《红楼梦》故事的创作者和评点者，就是蕉园女诗人共同的表兄、表姐——清初著名戏剧家、文学家、诗人洪昇和他的表妹兼妻子，著名女诗人、音乐家黄蕙。"

洪昇夫人也被"土红学"列为"金陵十二钗"李纨的原型之一。据称，《红楼梦》书中，洪昇夫妻的形象在哪里呢？就在李纨这个"大嫂子"身上！洪昇是家中长子，"蕉园后七子"都把洪昇称为"大哥"，把黄蕙称为"大嫂子"。云云。

说来，我们早年倒是查考过洪昇夫人。记得20世纪80年代初，我们在编著《中国历代才女小传》的时候，著有《中国妇女与文学》的陶秋英先生特地建议，最好能补写一篇洪昇夫人黄氏的文章。

可惜的是，黄氏的作品全都亡佚，连她的生平事迹都不可详考。我们只能借助洪昇年谱和他的一些作品，依照他的生活足迹，找出他夫人黄氏的一些痕迹来。

洪昇夫人黄氏，字兰次，名蕙（洪昇年谱并没说她名蕙）。夫妇俩都是钱塘（今杭州）人。黄兰次为大学士黄机女孙，庶吉士黄彦博女，工吟咏，解音律。她生于顺治二年（1645），卒年不详。

黄兰次也是一名作曲能手，《皇清诗选》有蒋景祁《山都留别七章·洪布衣昉思》诗，其中写道："丈夫工顾曲，霓裳按图新。大妇和冰弦，小妇调朱唇。"这里所说的"和冰弦"的"大妇"，就是指兰次。"小妇"则指洪昇姜邓氏（吴人，善歌）。可见，兰次对韵律是相当精通的。在戏曲创作上，想来是相得益彰、配合默契的。兰次谱的曲子也可能不少。只是因为女性的社会地位一向低下，况且制曲者又不像文字作者那样比较能流传，黄兰次的名字也就不为人所知罢了。

黄兰次不仅长于制曲，而且能诗。《杭城坊巷志》引姚礼《郭西小志》说她"以诗名于时"。吴雯《莲洋诗抄》卷五《怀昉思》诗中说："林风怜道韫，安稳事黔娄。"把她的"林下风"以及诗才与谢道韫相比拟，可见她在当时是一位人所公认、令人倾慕的才女。

不过，比起谢道韫对配偶有所遗憾而言，黄兰次更为幸运，她配上了对的人。

洪昇字昉思，号稗畦。他与黄兰次是表兄妹关系，属于"中表婚"。洪、黄两姓都是钱塘望族，两家亲戚往来甚密。兰次的祖父黄机，是洪昇的外祖父。洪昇与兰次生于同一年，都是顺治二年（1645）。生日仅相差一天，洪昇生于七月初一，兰次生日在初二。这一对表兄妹从小常在一起玩耍游戏。洪昇后来在写给兰次的诗中，回忆到他俩的童年生活，他说："少小属兄弟，编荆日游憩。素手始扶床，玄发未绾髻。"真可说是青梅竹马，两小无猜。"嗣后缔昏因，契阔逾年岁。十三从父游，行行入幽蓟。"他俩早年缔结婚姻，此后兰次因为随父入燕，与洪昇分别了一些年月。分别那一年在顺治十四年，他俩13岁。别后，洪昇"北望愁我心，踯躅俟还辙"，日夜盼望她早日回到故乡。

康熙三年（1664）七月，洪昇与兰次成婚，当时正值他俩二十初度。那一天，洪家双喜临门，宾客都来庆贺。友人为赋《同生曲》，一时和者甚众，一方面是祝贺他们生日，另一方面是庆贺新婚之喜。洪昇的启蒙老师陆繁弨也即兴挥毫，特作《同心曲序》，以记其盛。

七月初七日，是他们新婚后的第一个"七夕"。洪昇作有四首一组的组诗，其中一首是这样写的：

> 忆昔同衾未有期，逢秋愁说渡河时。
> 从今闺阁长携手，翻笑双星惯别离。

燕尔新婚，他们的生活是优裕而美满的。兰次婚后回家探望父母，洪昇又有诗写给她，表示自己的思念之情。诗中写道："去冬子南还，饥渴慰心期。邂逅结大义，情好新相知。春华不再至，及此欢乐时。尔我非一身，安得无别离？念当赋归宁，恨恨叙我思。屏营寂无语，徙倚恒如痴。长叹卧空室，恍惚睹容辉。咫尺不可见，何况隔天涯。一日怀百忧，踌躇当告谁！"可以看得出来，这一对情爱夫妇生活得多么美好，感情又是何等深厚！

洪昇24岁的时候，为了求取功名，离开故乡，到北京国子监修习课业，第二年失意而归。回乡后，由于旁人的离间，他跟父母的关系日趋恶化，最终不得不同父母分居。这就是所谓"家难"。从此，他与兰次的生活条件发生骤变，以致时常断炊，只得卖文为生。洪昇在一首诗中说："负郭田畴无二顷，贫居妻子实三迁。"在这种艰难困顿的生活中，黄兰次备受白眼揶揄，饱尝拖儿带女、劳碌奔波之苦，是可以想见的。

这年冬天，29岁的洪昇被迫离乡到北京去谋生。34岁时，洪昇带着妻子儿女在武康（今浙江德清）乡下隐居，过了几个月"儿女时更抱，溪山日共渔"的生活。也就在这一年，洪昇携家赴燕。以后十几年间，他们基本上是在北京度过的。

"可怜一曲《长生殿》，断送功名到白头。"康熙二十八年（1689），也就是洪昇写成著名剧本《长生殿》的第二年秋，洪昇和他的朋友们被人告发，以"国丧"期间上演《长生殿》的罪名而被革职。洪昇遭到斥革监生的处分。两年后，他们的生活就更加穷困潦倒了。一直到51岁时，"家难"宁息，生活才稍得安便。

至于黄兰次的其他事迹，特别是晚年的情形如何，也就不能考知了，只知道她生有一子二女：儿子洪之震，诸生（秀才）；两个女儿有一个早夭，另一个洪之则，是一个能文的女子，曾为"吴吴山三妇"合评本《牡丹亭》作跋。

曹雪芹盗用了洪昇的著作权吗

土默热红学"石破天惊"的发现是，洪昇的《红楼梦》原稿落到了曹雪芹手中，被曹雪芹盗用了。

据说："曹雪芹在《红楼梦》身上欺世盗名的恶劣手法，使洪昇的著作权被盗用了二百多年，应该是中国文学史上的一大悲剧。"土默热先生终于把这个案翻过来了，"彻底颠覆"了"曹家店"。

据"土红学"考证，事情的始末是这样的：

洪昇和曹雪芹的祖父曹寅私交甚笃。洪昇60岁那年，应曹寅约请，带着"行卷"来到南京织造府，在这里畅演了三天《长生殿》。洪昇赴江宁带去的这个"行卷"，就是《红楼梦》手稿无疑，这有曹寅《赠洪昉思》和诗为证。曹寅看了洪昇的"行卷"后，大受感动，答应为老朋友的著作出版"问世"。不幸洪昇归途中酒醉落水而死，手稿从此落到曹家。后来曹寅去世了，曹家落难了，出版事宜也泡汤了。60年后，曹雪芹翻出了洪昇的手稿，阅读之下感到与自己家事迹类似，引发心理共鸣，于是经五次"披阅增删"，《红楼梦》终于传抄问世，著作权也就这样被曹雪芹窃取了。

"土红学"多次引用曹寅《赠洪昉思》诗，作为洪昇创作《红楼梦》、手稿流落曹家的主要证据。原诗如下：

惆怅江关白发生，断云零雁各凄清。

称心岁月荒唐过，垂老文章恐惧成。

礼法谁尝轻阮籍，穷愁天亦厚虞卿。

纵横捭阖人间世，只此能消万古情。

　　需要说明的是，引诗同原诗有两处明显的出入。一处是"垂老文章恐惧成"句，不知什么缘由，土默热引诗中"文章"变成了"著书"。"李杜文章在"，"文章"可以理解为写诗；而"著书"，就可引申为创作小说《红楼梦》了？土先生引诗中"文章"怎么成了"著书"？不解。另一处，原诗"纵横捭阖人间世"句中的"人间世"，土先生引诗错成了平仄不谐、语意不通的"人问世"，并据此考证出"纵横捭阖人"就是指的曹寅，"问世"就是曹寅答应资助《红楼梦》"问世"，"问世"就是出版。

　　这算作哪门子的证据呢？

　　这首诗出自曹寅的《楝亭集》，原诗的诗题是《读洪昉思稗畦行卷感赠一首兼寄赵秋谷赞善》。诗题说得明明白白，洪昇带去的是"稗畦行卷"，曹寅读的也是"稗畦行卷"。洪昇字昉思，"稗畦"是他的号，他的诗集也名为《稗畦集》，一直以钞本行世。

　　什么叫作"行卷"呢？从唐代始，应试举人为增加及第的可能，或者争取到好的名次，多将自己平日诗文加以编辑，写成卷轴，在考试前送呈有地位者，以求推荐，此后便形成一种习俗，称之为"行卷"。《楝亭集》中还另有读别人"行卷"的诗。所谓"稗畦行卷"，按正常的理解，应该是洪昇的诗集，怎么就一口咬定是《红楼梦》"行卷"，并给曹雪芹戴上"盗用"的帽子呢？

　　我觉得，作为一种猜想和假设是可以的，但如果作为证据，反而只能留给读者一头雾水，而给曹雪芹造成不白之冤。

曹雪芹创作《红楼梦》的确证

否定曹雪芹《红楼梦》"著作权"的新说，近些年时不时地冒出来，据说有60余家，动静比较大的有土默热的"洪昇说"，还有"吴梅村说"和"冒辟疆说"。三说中又以"土默热红学"最成气候，号称"石破天惊"，终于在洪昇的故乡杭州西溪落地生根。但是，无论哪一说，无论怎么样对号入座，除了疑似之外，好像都没有拿出什么确切的证据。

那么，确定曹雪芹是《石头记》即《红楼梦》前八十回的作者，有确切的证据吗？有，而且内证、外证俱全。

本人无意中也获得了一条佐证。在研读顾太清续《红楼梦》之作《红楼梦影》时，曾翻阅过她丈夫奕绘的《观古斋妙莲集》，发现里面有一首题为《戏题曹雪芹〈石头记〉》的诗：

> 梦里因缘那得真，名花簇影玉楼春。
>
> 形容般若无明漏，示现毗庐有色身。
>
> 离恨可怜承露草，遗才谁识补天人！
>
> 九重斡运何年阙？拟向娲皇一问津。

奕绘是乾隆皇帝的曾孙，他在诗中对曹雪芹的非凡才气十分欣赏，对他的怀才不遇、生活拮据的遭际寄予同情。我以为奕绘的这首诗颇值得注意，因为它足可佐证，曹雪芹作为《红楼梦》的原作者，当时他的"著作权"并没有什么疑义。

最近，读到李希凡先生为纪念曹雪芹逝世 250 周年而写的文章《曹雪芹创作〈红楼梦〉的确证》，了解到，确证《红楼梦》作者是曹雪芹，虽是胡适和新红学派考证的一大功绩，但是有文献确证，又并不始于他们。

比前面说到的乾隆皇帝的曾孙奕绘更早，乾隆时皇室贵族爱新觉罗·永忠就有赞美曹雪芹《红楼梦》的诗。诗中说：

> 传神文笔足千秋，不是情人不泪流。
> 可恨同时不相识，几回掩卷哭曹侯。

这是对曹雪芹《红楼梦》"解味"者的真情流露。永忠是康熙第十四子胤禵的孙子，胤禵是雍正的同胞兄弟，却又在那场夺嫡斗争中给他和他的子孙带来禁锢和苦难，所以，永忠对曹雪芹在《红楼梦》中表现的"情"感同身受。

永忠的诗又有题为《因墨香得观〈红楼梦〉小说吊雪芹（姓曹）三首》。据考证，这个墨香是曹雪芹好友敦诚、敦敏的叔父，又是明义的姐丈。

明义是读过《红楼梦》的，也可能与曹雪芹有交往，他也有题《红楼梦》诗二十首，自注云：

> 曹子雪芹出所撰《红楼梦》一部，备记风月繁华之盛，盖其先人为江宁织造，其所谓大观园者，即今随园故址，惜其书

未传，世鲜知者，余见其抄本焉。

李希凡先生说，无论是永忠的诗还是明义的诗，都已是红学研究中确证曹雪芹是《红楼梦》作者的最早的文献资料。至于非给《红楼梦》另外找出一个作者，不管那些遐想出来的论证说得多么天花乱坠，都不如曹雪芹亲友们的这些文字确证更有力、更有信任度。

对陈端生的考证以及她佚作的发掘，实在不是微不足道的小事一桩。因为这个受当代两位学界泰斗极力推崇的人物太不简单，她的文学地位太不可等闲视之了！

著名历史学家陈寅恪先生憋了几十年，终于在1954年写了长文《论〈再生缘〉》，为陈端生大声疾呼：

> 抱如是之理想，生若彼之世，其遭逢困厄，声名埋没，又何足异哉！又何足异哉！

陈寅恪先生极力推崇《再生缘》的文学价值，称其为"叙事言情七言排律之长篇巨制"，认为它是"弹词中第一部书"，其艺术成就不在杜甫之下，甚而可以和希腊、印度著名史诗比美。

1961年，郭沫若先生"怀着补课的心情"读《再生缘》，结果竟使他这"年近古稀的人感受到在十几岁时阅读《水浒传》和《红楼梦》那样的着迷"，"证明了陈寅恪的评价是正确的"。他在《再论〈再生缘〉的作者陈端生》一文中赞赏《再生缘》是"杰出的作品"，是"无尾的神龙"，如果从叙事的生动严密、波浪层出，从人物的性格塑造、心理描写来说，她的本领比之十八、十九世纪的大作家们，如英国的司考特、法国的司汤达和巴尔扎克，实际上也未遑多让。他认为世人只知道荷马、但丁、莎士比亚、歌德、普希金，而不知道陈端生，是不公平的。

在这里，郭沫若可是把陈端生与世界级的大文豪相提并论的。不仅如此，他还立即着手搜求多种抄本、刻本，不惜以数月时间，精校了陈端生原作的《再生缘》前十七卷。

郭沫若认为，陈端生的确是一位天才作家，她的《再生缘》比《天雨花》好。如果要和《红楼梦》相比，与其说"南花北梦"，倒不如说"南缘北梦"。

两位学问大师推崇若是，一时《再生缘》声名鹊起。它在中国文学史上无可争议的地位就这样奠定了。

这位旷世才女陈端生（1751—约1796年），字云贞，号春田，浙江钱塘（今杭州）人，出生在杭州西湖柳浪闻莺对面的勾山樵舍，一个诗礼官宦之家。1961年，郭老到杭州游览时，还特意跑到陈端生的故居——勾山樵舍探寻，并赋诗一首："莺归余柳浪，燕过胜松风。樵舍勾山在，伊人不可逢。"

她的祖父陈兆仑，号句（勾）山，官至通政司副使，为桐城派古文家方苞的入室弟子，诗文淳古淡泊，曾担任《续文献通考》纂修官总裁，被奉为一代文章宗师，是著名的《紫竹山房文集》的作者。他在当时是一位赫赫有名又很开通的学术权威，主张"妇织之余，浏览坟索，讽习篇章"，特别重视女子的诗教。端生的母亲汪氏也不乏文学素养，能诗，懂弹词。陈端生从小"侍父宦游游且壮"，"慈母解颐频指教"，有深厚的家学渊源。

乾隆三十三年，也就是公元1768年，那是一个秋高气爽、枫叶如火的季节，陈端生在北京开始写作《再生缘》。当时，她才是个18

岁的闺中少女。到她 20 岁那年春天，就已完成了前 16 卷 64 回。其间，还因随父到山东赴任，搁笔了三个月，实际写作时间只有一年半。也就是说，在短短一年半的时间里，她就写完了 60 余万字的韵文！

"惟是此书知者久，浙江一省遍相传。"此书尽管没有完稿，但还是早就以手抄本传抄于闺阁，在民间广为流传，具有叛逆精神的孟丽君形象不胫而走，知者岂止是遍及浙江一省！正如《闺媛丛谈》所云："吾国旧时妇女之略识之无者，无不读此书焉。"

《再生缘》完成 16 卷后，想不到一辍笔，竟是 14 年的光阴逝去了！

先是母亲病逝；继而祖父去世。她 23 岁时，嫁给了读书人范菼（字秋塘），生儿育女，操持家务，无暇顾及写作。到 1780 年，即端生 30 岁那年，梦魇般的大祸临头了。范秋塘应顺天乡试，受到一起考场舞弊案的连累，被指控请人代笔作文，结果发配到新疆伊犁，给种地兵丁为奴。

名声扫地，夫妻生离，这一精神打击非同小可。直到 1784 年，陈端生才在亲友的劝说催促下，重又拿起笔，"重翻旧稿增新稿，再理长篇续短篇"，花了将近一年光景，好不容易续写了第 17 卷的 4 回。

《再生缘》的写法，凡在每一卷的开始和煞尾，作者都写出了自己的身边情况和时令物候，因而明确地保留下了作者写作的年月。第十七卷的调子和前十六卷的确是有很大的转变。一开头作者自述身世的一段表白，声调激越，情感亢扬，前十六卷一首一尾的自白是天真、乐观、轻松、自负的，正如作者自己说过的，那是"髫年戏笔殊堪笑""拈毫弄墨旧时心"。

写第 17 卷的时候，作者由于生活道路突遭变故，深受刺激，情绪变得凄楚起来。《再生缘》第17卷第65回首节历记作者自己的身世和撰著本末，哀怨缠绵。为供阅读和考证的便利，特抄录稍详如下：

搔首呼天欲问天，问天天道可能还？尽尝世上酸辛味，追忆闺中幼稚年。姊妹联床听夜雨，椿萱分韵课诗篇。隔墙红杏飞晴雪，映榻高槐覆晚烟。午绣倦来犹整线，春茶试罢更添泉。地邻东海潮来近，人在蓬山快欲仙。空中楼阁千层现，岛外帆樯数点悬。侍父宦游游且壮，蒙亲垂爱爱偏挚。风前柳絮才难及，盘上椒花颂未便。管隙敢窥千古事，毫端戏写再生缘。也知出岫云无意，犹伴穿窗月可怜。写几回，离合悲欢奇际合；写几回，忠奸贵贱险波澜。义夫节妇情相报，死别生离志更坚。慈母解颐频指教，痴儿说梦更缠绵。自从憔悴萱堂后，遂使芸缃彩笔捐。刚是脱靴相验看，未成射柳美姻缘。庚寅失时新秋月，辛卯旋南首夏天。归棹夷犹翻断简，深闺闲眼复重编。由来早觉禅机悟，可奈于归俗累牵。幸赖翁姑怜弱质，更忻夫婿是儒冠。挑灯伴读茶声沸，刻竹催诗笑语连。锦瑟喜同心好合，明珠早向掌中悬。亨衢顺境殊安乐，利锁名缰却挂牵。一曲惊弦弦顿绝，半轮破镜镜难圆。失群征雁斜阳外，羁旅愁人绝塞边。从此心伤魂杳渺，年来肠断意犹煎。未酬夫子情难已，强抚双儿志自坚。自坐愁城凝血泪，神飞万里阻风烟。遂如射柳联姻后，好事多磨几许年。岂是早为今日谶，因而题作再生缘。日中镜影都成验，曙后星孤信果然。惟是此书知者久，浙江一省遍相传。髫年戏笔殊堪笑，反胜那，沦落文章不值钱。闺阁知音频赏玩，庭帏尊长尽开颜。谆谆更嘱全终始，必欲使，凤友鸾交续旧弦。皇甫少华偕伉俪，明堂郦相毕姻缘。为他既作氤氲使，莫学天子故作难。造物不须相忌我，我正是，断肠人恨不团圆。重翻旧稿增新稿，再理长篇续短篇。岁次甲辰春二月，芸窗仍写再生缘。悠悠十二年来事，尽在明堂一醉间。

可惜可叹的是，从此竟成绝笔！

据陈文述记载，陈端生曾说过："婿不归，此书无完全之日也。"她一心等待遭罪的丈夫从远方边陲回到自己的身边，再继续完成《再生缘》的创作。

在经历了15岁爱女不幸早夭等一连串痛苦磨难之后，日子熬到了嘉庆元年（1796）。皇恩浩荡，大赦天下，流放了16年的范秋塘终于被释放回家。可是，这对患难夫妻还来不及享受破镜重圆的生活，46岁的陈端生就因患严重的肺病，骤然离开了人世，临死之前也未能见到丈夫一面！

现在通行的《再生缘》凡80回，共20卷。后三卷是另一位杭州才女梁德绳于道光年间所续补的；稍后，再由女作家侯芝在此基础之上，"删繁撮要"，加以修改印行。

一部《再生缘》，陈端生创作在前，梁德绳续成在后，继而又经侯芝手订，才得以大功告成，传之于世。这在中国文学史上堪称佳话。

《再生缘》是续《玉钏缘》一剧而作的，是写谢玉辉再世姻缘的，故名《再生缘》。其主要内容是，托名元代昆明才女孟丽君，才高貌美，成为云南总督皇甫家和豪族刘家争聘的对象，她不愿屈服刘家的迫害，大胆抗旨拒婚，女扮男装，离家避难，进京应试，得中状元，官至宰相，在朝中与父兄为同僚，纳丈夫为门生，压倒须眉男子，成为朝廷重臣。后来女扮男装之事暴露，皇帝见她貌美，逼她为妃，孟丽君机智周旋，得以幸免，最终，与皇甫少华成婚，回到闺房，未能跳出封建礼教的樊笼。陈端生塑造了一个具有叛逆性格的孟丽君，表达了在封建秩序和封建伦理道德的束缚压迫下女性要求自由平等的强烈意志和愿望，对扼杀女性才能的封建社会提出有力控诉，寄寓了陈端生的理想和愿望。在艺术上，《再生缘》的艺术成就十分出色，文辞优美，叙事生动，描写细腻；艺术结构独具匠心，情节波澜起伏，引人入胜，线索清晰，首尾贯通。众多人物安排得错落有致，井然有序，尤其在人物心理描写方面，以细致深刻见长，显示出女性阴柔之美，充满了浓郁的浪漫主义情调。陈寅恪说："端生之书若是，端生之才可知，在吾国文学史中，亦不多见。"

后三卷以孟丽君与皇甫少华大团圆为结局，这样的结局，从陈端生的生活经历和作品情节发展逻辑来言，可能有违陈端生的初衷，她的安排当是悲剧的结局。

陈寅恪说："端生再生缘之文如此，则平日之诗文亦非凡俗，可以推见。惜其所著绘影阁集，无一字遗传。"陈端生的诗集《绘影阁集》，著录于《清代闺阁诗人征略》，今确已不见流传，真是可惜极了！

她的妹妹陈长生也是才女，嫁与翰林院编修叶绍楏，是袁枚所称赏的女弟子之一。端生诗集"绘影阁"的取名，显然与"绘影绘声"的成语有关，而长生的诗集名"绘声阁"，即从她姐姐的集名而来。

陈
寅
恪
与
郭
沫
若
：
一
段
《
再
生
缘
》
的
学
缘

杭州西湖柳浪闻莺大门的对面，一个小小山坡上，有一座蔓藤披挂、松竹掩映的雅致小院。这里是清代著名女作家陈端生的出生地，她的祖父陈兆仑故居"勾山樵舍"的遗址。

"勾山樵舍"的旧主人陈兆仑，号勾（句）山，桐城派古文家方苞的入室弟子，曾任《续文献通考》纂修官总裁，著名的《紫竹山房文集》的作者，当时被奉为一代文章宗师。这位勾山先生恐怕做梦也不曾想到，他的长孙女陈端生，一个闺中少女（开始创作时她还只有 18 岁），一部长篇弹词《再生缘》的未完之作，经当代最具权威的两位学界泰斗的推崇，便一举奠定了她无可争议的文学地位，其名声与价值竟远在乃祖之上！

1961 年，郭沫若曾特意去探访"勾山樵舍"，并赋诗一首：

莺归余柳浪，燕过胜松风。

樵舍勾山在，伊人不可逢。

这真是一个在中国文学史上难得一逢的旷世才女！可先前，几乎无人识珠，这部弹词杰作一直被冷落。说起孟丽君女扮男装的故事，妇孺皆知；而对原作者陈端生及其长篇弹词《再生缘》，却知之甚少。

郭沫若指出，陈端生《再生缘》之被再认识，首先应归功于陈寅恪。

几十年来，陈寅恪的"《再生缘》情结"一直憋在心里。他感慨地说："陈端生以绝代才华之女子，竟憔悴忧伤而死，身名淹没，百余年后，其实迹几不可考见。"这位远离政治、寂寞蛰居于岭南的一代国学大师为陈端生"彤管声名终寂寂"，而"怅望千秋泪湿巾"。两颗孤独的心终于隔世相遇了。

1953年下半年，双目失明的陈寅恪开始听读《再生缘》，第二年就写下《论〈再生缘〉》，后又将油印稿交由友人带到香港出版。陈寅恪说："荏苒数十年，迟至暮齿，始为之一吐，亦不顾当世及后来通人之讪笑也。"他不怕被人讪笑，竭尽全力推崇《再生缘》的文学价值，称赏其为"叙事言情七言排律之长篇巨制"，认为它是"弹词中第一部书"，"弹词之作品颇多，鄙意《再生缘》之文最佳"，其艺术成就不在杜甫的七言排律之下，甚而可以和希腊、印度著名史诗比美。

1960年12月上旬，郭沫若读到了陈寅恪的《论〈再生缘〉》，对陈寅恪的"高度的评价"感到"高度的惊讶"，他便"怀着补课的心情"读《再生缘》，结果竟使他这"年近古稀的人感受到在十几岁时阅读《水浒传》和《红楼梦》那样的着迷"，"证明了陈寅恪的评价是正确的"。他赞赏《再生缘》是"杰出的作品"，是"无尾的神龙"。

郭沫若盛赞，陈端生的确是一位天才作家，她的《再生缘》比清代另一部有名的弹词作品《天雨花》好。如果要和《红楼梦》相比，与其说"南花北梦"，倒不如说"南缘北梦"。

郭沫若评说，陈寅恪把它比之于印度、希腊的古史诗，那是从诗的形式来说的。如果从叙事的生动严密、波浪层出，从人物的性格塑造、心理描写来说，陈端生的本领比之十八、十九世纪的大作家们，如英国的司考特、法国的司汤达和巴尔扎克，实际上也未遑多让。世人只知道荷马、但丁、莎士比亚、歌德、普希金，而不知道陈端生，是不公平的。

郭沫若同陈寅恪一样，都是把陈端生及其《再生缘》与世界级的大文豪、世界级的文学遗产相提并论的。

不仅如此，郭沫若还立即着手搜求多种抄本、刻本，不惜以数月时间，从错字连篇、脱叶满卷的版本里，精校出陈端生原作的《再生缘》前十七卷。

令人感慨的是，经郭沫若校订完成、陈寅恪与郭沫若共同品评的陈端生《再生缘》校订本，历经 40 年坎坷之后，终于同读者正式见面了。沉埋已久的《再生缘》这才真的再生了！

当然，当年在共识中也有争论。郭沫若当时发表的一系列研究文章，促成了一场学术讨论，让沉埋湮没寂寂无闻的陈端生一时声名鹊起。

在陈寅恪详细考证的基础上，郭沫若对陈端生的生平也做了完整的考订。郭沫若表示"基本上同意他的一些见解"，同时又有新的重大发现。

比如，《再生缘》前十七回的作者究竟是陈端生还是陈云贞，陈端生与陈云贞是否为同一人，学术界一直争论不休。直到郭沫若依据清代人的可靠资料进行详尽的考证，才有了肯定的答案：《再生缘》的作者是陈端生，陈云贞就是陈端生。

又比如，据陈寅恪考证，陈端生的丈夫范菼科场请人代作诗文获罪一案，实是诬枉。郭沫若则进一步证明，范秋塘实在是因其继母控告的"忤逆"罪，才被流放到伊犁的。

总之，自 1961 年 1 月至 1962 年 1 月，一年中郭沫若反复通读《再生缘》四遍，得见三种版本，发表九篇文章，两次拜访陈寅恪，成就一副流传至今的对联："壬水庚金龙虎斗，郭聋陈瞽马牛风。"

两次拜访陈寅恪和这副对联，郭沫若日记中均有记录。

1961 年 3 月 13 日的日记：

> 同（冯）乃超去看陈寅恪，他生于庚寅，我生于壬辰，我笑说今日相见是龙虎斗。伊左目尚能见些白光，但身体甚弱，今年曾病了好久。胃肠不好。血压不大高。

时隔数月，1961 年 11 月 15 日，郭沫若再访陈寅恪，日记中记录了他俩探讨、考证陈端生身世的情事，并记录了这副有名的对联：

> 彼颇信云贞曲之枫亭为仙游县之枫亭。说舒四爷，举出《随园诗话》中有闽浙总督五子均充军伊犁事，其第四子即可谓舒四爷。余近日正读《随园诗话》，却不记有此人。我提到"句山樵舍"，他嘱查陈氏族谱。
>
> "壬水庚金龙虎斗，郭聋陈瞽马牛风。"渠闻此联解颐，谈约一小时，看来彼颇惬意。

"郭聋"，指早年因病双耳失聪的郭沫若；"陈瞽"，指 20 世纪 40 年代中期双目失明的陈寅恪。郭沫若 1892 年（壬辰年）出生，属龙；陈寅恪生于 1890 年（庚寅年），属虎。郭沫若的这副对联，妙手偶得，天作地合，包含着这两位学术大师的生辰、属相、生理特征，也刻下了某些时代烙印，记录了他俩之间一段因《再生缘》结下的学缘，反映了一代文化巨人博大的学术情怀。

陈寅恪"闻此联解颐"，会心一笑，相谈甚欢。这就是两位"道不同"的学术泰斗之间灵犀相通之处，这就是"龙虎斗"碰撞出的精神火花。

陈端生的《寄外》诗

说来这人世间真是有某种机缘。那年我回南昌省亲时偶然翻阅报纸，居然捡了一个意想不到的惊喜。

这是一张《南昌晚报》的"星期天·文化生活"版，日期为 1993 年 5 月 9 日。首先吸引我目光的是我所感兴趣的一个题目：《清代才女陈端生的一组佚诗》。作者署名黎宁，当时已是 76 岁的老人。

黎宁老人也是偶然读到我们写的《中国历代才女小传》（浙江文艺出版社 1984 年）。那本书里介绍过清代弹词杰作《再生缘》原作者陈端生，篇末提到：

> 陈端生的著作，除《再生缘》外，尚有《绘影阁集》。从端生的《再生缘》可以推见她平日的诗文亦非凡俗；只是可惜之至，《绘影阁集》无一字流传。如其尚存一二于天壤间，亦可谓不幸中之大幸也！

另外，为本书作序的陶秋英先生也特别提及：

> 可她的《绘影阁集》却已失传，殊为遗憾，但到底是近在

杭州的书籍，希望能有知之者或得之者提供消息，再传之于世。这岂不也是文化界的功德！

黎宁老人写道，40年代初期，他26岁时，有一位萍乡的朋友送给他一部上下册的《炜彤新咏》，内容也是介绍中国历代才女的事迹和作品。据朋友李百任说，这是他祖父的遗著，只印了200册赠送亲友，他留下两册，将一册送给了黎先生。黎先生的这册书早在新中国成立前丢失了，老友李百任亦不知去向。

酷爱旧文学的青年黎先生，在这册难得的书中读到陈端生的事迹，读到陈端生的诗作，其中寄往伊犁谪贬的丈夫律诗六首，缠绵悱恻，感情真挚，令人十分感动。原书虽然丢失了，但好在他于百十次的高声朗诵中，已把这组诗背得滚瓜烂熟，以至历时50年之久，仍然熟记在胸。整整半个世纪过后，黎宁老先生把"熟记在胸"的这组陈端生诗，根据自己的回忆记录下来，作为史料公之于众。

阅报至此，我的心头泛起一股莫名的感动。真的是应了已故陶秋英先生《中国历代才女小传》序中的那句话语："这岂不也是文化界的功德！"

下面，是弥足珍贵的陈端生《寄外六首》：

搔首云天接大荒，伊人秋水正茫茫。
可怜远戍频年梦，几断深闺九曲肠。
井臼敢云亏妇道，荻丸聊以继书香。
孝慈两字今无负，只此犹堪报数行。

莺花零落懒搴帷，怕见檐前燕子飞。
镜里渐斑新鬓角，客中应减旧腰围。

百年幻梦身如寄，一线余生命亦微。
强笑恐违慈母意，药囊偷典嫁时衣。

十五娇儿付水流，绿窗不复唤梳头。
残脂剩粉鬖丝阁，碎墨零香问字楼。
千种凄凉千种恨，一分憔悴一分愁。
侬亲亦未终依养，似此空花合共休。

当时梦里唤真真，此际迢迢若比邻。
爱写团圆违字谶，偷占荣落祝花神。
那堪失意飘零日，翻得关心属望人。
别有怜才惟一语，年来消瘦恐伤春。

早自甘心百不如，肩劳任怨敢欷歔。
迷离摸索随君梦，颠倒寻求寄妾书。
妆阁早经疏笔墨，箫声久已谢庭除。
谗言休扰离人耳，犹是坚贞待字初。

未曾蘸墨意先痴，一字刚成血几丝。
泪纵能干犹有迹，语多难寄反无词。
十年别绪春蚕老，万里羁愁塞雁迟。
封罢小窗人静悄，断烟冷露阿谁知？

　　只是黎宁老人有所不知，关于这组《寄外六首》诗，郭沫若曾在《再论〈再生缘〉的作者陈端生》一文中有过考证。原诗出处，取自清光绪三十三年（1907）会稽钱锡强编选的清代女诗人选集

《妆楼摘艳》。诗作者原署陈云贞。郭老认为这个"陈云贞"就是陈端生。黎宁的贡献，是为此提供了一个重要的佐证。经比照，发现除个别字句有出入外，黎宁的回忆记录同上面所引的这组原诗基本相吻合。这样，我们就更加相信郭老的考证是可信的了。

陈端生写作这组《寄外》诗时，他们夫妻生离已逾十年，诗人当在 41 岁左右。她的丈夫范葵（秋塘）因受到一起考场舞弊案的连累，被指控请人代笔作文，发配到新疆伊犁，给种地兵丁为奴。

"封罢小窗人尽悄，断烟冷露阿谁知？"小窗前，她将写给丈夫的诗及书信封好，将生活途中的种种磨难、自己内心的深深苦痛、对丈夫的痴情思念和坚贞不移，也一并封存，准备捎寄远方。夜深了，她怅然倚窗，环顾四周。烟火熄灭，冷露降临。死一般的沉静，死一般的冰冷。女诗人的孤苦凄凉，究竟有谁能体会？

被冷落达百余年的清代弹词杰作《再生缘》，前十七回的作者究竟是陈端生还是陈云贞，陈端生与陈云贞是否为同一人，学术界一直争论不休。直到郭沫若先生从清代人的可靠资料进行详尽的考证，才有了肯定的答案：《再生缘》的作者是陈端生，陈云贞就是陈端生。

据清人俞蛟的《梦厂杂著》记载，范秋塘为继母控忤逆，谪戍伊犁。陈句山的族孙、诗人陈文述《西泠闺咏》则说是"以科场事，为人牵累谪戍"。据陈寅恪先生考证，范葵科场请人代作诗文获罪一案，实是诬枉。

俞蛟的《梦厂杂著》卷二"春明丛说"记载了陈端生的事迹并保存了她的书札及诗歌作品。

金坛人于时和于乾隆四十五年九月发往伊犁服苦役。而此时陈端生的丈夫范秋塘也发配伊犁，恰巧同于时和"时相过从"，范秋塘私下将妻子的手札出示给他看，于时和便偷偷将这些书札抄录下来。嘉庆元年，于时和遇赦，将这些书札频频示人。山阴文人俞蛟等正是从于时和那里得到了陈端生的第一手资料。

俞蛟所记录云贞致夫书，是陈端生写给被流放于万里之外的丈夫范秋塘的家书，其中记述了创作的艰辛，"缠绵哀怨，如不胜情"。"一时都下传录，几于纸贵"。云贞致夫书后附有七律四首，被评说为"宛丽清和，真扫眉才子所不如者"。记录者俞蛟"惜其才，悲其遇"，故而"记之，以广其传"。陈端生的佚作全赖此得以流传至今，实为"不幸中之大幸"！

[附录] 清人俞蛟著《梦厂杂著》卷二《春明丛说》中有《记录云贞致夫书》一则云："范秋塘，淮南诸生也。早失怙恃，倜傥不羁，恃才桀傲。继母某氏，素悍。秋塘不能供子职，遂以忤逆呈当事，谪戍伊犁。其妻云贞，淑而多才，擅长笔札，工吟咏，恒致书万里外，与秋塘相问答。金坛相国犹子（时）和，同在戍所，时相过从。秋塘每出妻手札以示。于君叹服，录藏箧底。遇赦来京，以札示同人，约（二千）四百余言。缠绵哀怨，如不胜情。书后复缀七律四章，亦宛丽清和，真扫眉才子所不如者。一时都下传录，几于纸贵。余惜其才，悲其遇，因记之，以广其传。"书后所抄七律四首，与《妆楼摘艳》陈端生《寄外六首》中的四首字句上互有异同。兹录以备考：

莺花烂漫斗芳菲，底事伤心泪暗挥？
镜里渐凋双鬓角，客中应减旧腰围。
百年幻梦身如寄，一线余生命亦微。
强笑恐违慈母意，竹笥偷典嫁时衣。

十五年华付水流，绿窗不复唤梳头。
残脂剩粉擎丝阁，碎墨零笺问字楼。
千种凄凉千种恨，一分憔悴一分愁。

侬亲亦未终侬养，似此空花合罢休。

当时画里唤真真，岂料追随若比邻。
每祷团圆礼绣佛，尝占荣落祝花抻。
堪嗟失意飘零日，翻得关心属望人。
倩我怜才频寄语，年来消瘦不关春。

早自甘心百不如，肩劳任怨敢欷歔？
课儿夜半烧残烛，奉母春寒剪嫩蔬。
岂有余暇弄笔墨，偶因定省过庭除。
蓁斐休更萦怀抱，犹是坚贞待字初。

随园女弟子中的「最佳辩手」

清代乾、嘉年间，反抗封建礼法的思潮激荡一时，女子学习诗词蔚为风气。女诗人、女词人之多，超过先前任何一个时代，有诗文集问世的就有三千多。应该说，女性文学发展到如此盛况，离经叛道的袁枚首倡的功劳不小。

然而，这位开风气之先的诗坛盟主、论诗创性灵之说的袁枚，却是一个备受争议的人物，正像郭沫若在《读随园诗话札记》中说的："宠之者奉之为'诗佛'，恨之者欲火焚其书。"

袁枚于1752年退居南京随园，作文讲学，开了招收女弟子的先例，门下桃李竞发，据说"广收女弟子三十余人"。他编辑的一部《随园女弟子诗》，共有6卷，入选的有28人。在"女子无才便是德""男女授受不亲"的封建社会里，公然招收女弟子、支持妇女作诗的随园先生，怎能不被道学家目为伤风败俗的"异端"，成为树大招风的攻击目标呢！

正统学者章学诚在《丁巳札记·妇学篇》中极力反对女性诗人与男性文士的交往。他的话说得很厉害：

近有无耻妄人，以风流自命，蛊惑士女，大率以优伶杂剧所演才子佳人惑人。大江以南，名门大家闺阁，多为所诱；征诗刻稿，标榜声名，无复男女之嫌，殆忘其身之雌矣。此等闺娃，妇学不修，岂有真才可取！而为邪人播弄，浸成风俗，人心世道，大可忧也。

章学诚的这篇《妇学》，其中心意思无非是说，妇言、妇德、妇容、妇功，才是妇人的"正学"；而做诗作文，对妓女来说倒还情有可原，对良家妇女来说，"内言且不可闻阃外，唱酬此言，何为而至耶？"《妇学》篇出后，不久即翻刻数版，流传极广。

针对章学诚等人"女子不宜为诗"的陈腐之见，离经叛道的袁枚搬出儒家经典《诗经》加以驳斥："陋哉言乎！圣人以《关雎》《葛覃》《卷耳》冠三百篇之首，皆女子之诗。"只此一剑，就足可封喉了。

对于与男性文士的正常交往，女性诗人们已有了相当的自觉和勇气；面对来自传统旧势力方面的流言蜚语，女诗人们并不畏缩，有的甚至挺身而出，据理力争。随园女弟子骆绮兰就是其中的一个代表。

骆绮兰，字佩香，江苏句容（属镇江）人。她少时从父学诗；出阁后，家道中落，废吟咏而谋生计；后又孀居，独撑门户，靠卖诗画为生。著有《听秋轩诗集》四卷。并编有《听秋馆闺中同人集》，收录十八姐妹唱和之作及书札；所编《听秋轩赠言》则收录了106位文士的题赠唱和之作，其中包括毕沅、赵翼、姚鼐、法式善、吴锡麒等大名士。她与袁枚、王昶、王文治"三先生"更是诗赠往来，关系密切。她的诗得到了诸多诗评大家的激赏。

可是，就因为女诗人"与大江南北名流宿学觌面分韵"，却横遭非议，被人指责为"无复男女之嫌"，"与三先生相往还，尤非礼"。骆绮兰不可忍受这"非礼"的帽子，于是慷慨陈词，理直气壮地给予辩驳：

> 随园、兰泉（王昶）、梦楼（王文治）三先生苍颜白发，品望之隆，与洛社诸公相伯仲，海内能诗之士，翕然以泰山北斗奉之。百世之后，犹有闻其风而私淑之者。兰深以亲炙门墙，得承训诲，为此生之幸。谓不宜与三先生追随赠答，是谓妇人不宜瞻泰山仰北斗也。为此说者，应亦哑然自笑矣。

她针锋相对，宣称："以亲炙门墙，得承训诲，为此生之幸！"说什么不宜与先生们追随赠答，那岂不等于说"妇人不宜瞻泰山、仰北斗"吗？"为此说者，应亦哑然自笑矣！"这番话说得多么痛快淋漓！

骆绮兰痛感"女子之诗，其工也，难于男子；闺秀之名，其传也，亦难于才士"。她在《听秋馆闺中同人集》的序中坦言辩护，自己编集绝不是为了"标榜声名"，而是感于才女之难上加难，感于才女之间的心有灵犀。她深情道来：

> 毁誉之来，颇淡然于胸中，深悔向者好名太过，适以自招口实。但结习未除，每当凉月浸帘，焚香默坐，时于远近闺秀投赠之什，犹记忆不能忘。披诵一遍，深情厚意，溢于声韵之外，宛然如对其人。因衷而辑之，以付梓人。使嚣嚣者知巾帼中未尝无才子，而其传则倍难焉。彼轻量人者，得无少所见多所怪也。

随园之后，女诗人层出不穷。女士们照样争先恐后地征诗刻稿，丝毫不为所动。看来，青山遮不住，毕竟东流去，社会历史的潮流是难以阻挡的。

面对传统旧势力的攻击，袁枚始终不为所动，照样我行我素。他写过这样的诗句："他生愿作司香尉，十万金铃护落花。"发誓来生都愿做个"护花使者"，表达他对女性的爱护和尊崇之情。

他不独编辑了《随园女弟子诗选》，一部《随园诗话》，也博采闺秀之作，其中选录了不少女弟子的佳作和警句。

在随园的入室女弟子中间，席佩兰算是一个佼佼者，深得袁枚的赏识，被引为"闺中三大知己"之首，"推尊本朝第一"。《随园诗话·补遗》中说："余女弟子虽二十余人，而如（严）蕊珠之博雅，金纤纤之领解，席佩兰之推尊本朝第一：皆闺中之三大知己耶。"

以"博雅"著称的严蕊珠，字绿华，江苏元和（今吴江）人，著有《露香阁诗存》。

以"领解"见长的金纤纤，名逸，江苏长洲（今苏州）人，她嫁诗人陈竹士秀才，著有《瘦吟楼诗稿》四卷，年二十五而亡。袁枚为她撰墓志铭；陈文述撰写小传。

"推尊本朝第一"的席佩兰，名蕊珠，字月襟，又字韵芬、通华、浣云。因善画兰，自号佩兰。江苏昭文（今常熟）人。她自幼颖悟能诗，后成为袁枚的高足。她的《长真阁诗集》中好诗很多，随园老人在诗稿前写的小序中评价说：

> 字字出性灵，不拾古人牙慧，而能天机清妙，音节琮琤。
> 似此诗才，不独闺阁中罕有其俪也。其佳处总在先有作意而后
> 有诗，今之号称诗家者愧矣！

《随园女弟子诗选》也把席佩兰作为第一入选的作者。

席佩兰于乾隆四十一年（1776）冬季与诗人孙原湘结为夫妇，
为"一时佳偶"，闺中唱和，岁无虚日。孙原湘，字子潇，嘉庆进
士，官至武英殿协修，也是昭文（常熟）人，著有《天真阁集》。其
七律《病起》末二句云："赖有闺房如学舍，一编横放两人看。"他
把"闺房"当作"学舍"，夫妇俩同看横放着的一卷书，真正是"闺
房之乐"更"甚于画眉"了。原湘又有七律《叠韵示内》云：

> 闺中一笑两忘贫，歌啸能全冻馁身。
> 赤手为炊才见巧，白头同梦总为新。
> 图书渐富钗环减，针黹偏疏笔砚亲。
> 还恐不穷工未绝，开樽劝我典衣频。

这一对夫妇甚至卖去钗环，购买图书，典质衣裳来买酒咏诗，
不愧是忘贫爱读的闺中知己！

对于佩兰，袁枚开始不太相信她的清妙诗才，甚至怀疑其诗是
她丈夫孙原湘代作。其实，据孙氏在《天真阁集》自序中坦陈，他
"十二三岁时，不知何为诗也"，自从与佩兰结合之后才"始学为
诗"。哪有丈夫代作的道理！

有一年春天，袁枚亲自到虞山登门拜访。佩兰拿出一张小照，

请袁枚题诗。袁枚将小照置于袖中，立即与原湘同到一个朋友家去饮酒。这边小饮片刻，太阳还未落山；那边，佩兰磨墨题笺，当即呈上将赠袁枚的三首律诗。作者对先生自然不无谀颂之辞，同时对自己的才华也充满自信。其中一首写道：

> 深闺柔翰学涂鸦，重荷先生借齿牙。
> 漫拟刘公知道韫，直推徐淑胜秦嘉。
> 解围敢设青绫障，执贽遥裹绛帐纱。
> 声架自经椽笔定，扫眉笔上也生花。

袁枚读完这些"细腻风光"的诗，"方知徐淑之果胜秦嘉"。他又见佩兰的小照幽艳，相形之下，自己不免有迟暮之感，因此不敢贸然落笔，带回杭州后，转交给世交孙春岩观察的姬人王玉如处理，由孙的两个女儿孙云凤、孙云鹤题了诗词。孙云凤《题席佩兰女史拈花小照》其二写道：

> 天然小像写丰神，国色无双四座春。
> 夜笑西湖诗弟子，从游不及画中人。

可见，在孙云凤这样的同辈女诗人心目中，也把席佩兰推为随园女弟子第一人，对她是内心折服的。

席佩兰一生中最大的悲哀，无过于死神连续夺走了两个幼子。她的爱子文奎，五岁便能背诵很多唐诗，据说，他父亲曾出对语：水如碧玉山如黛；文奎应声对道：云想衣裳花想容。被人目为"奇儿"。可惜，他死于庸医的误诊。紧接着，"十日前才断乳来"的幼子禄儿，又不幸死了。佩兰有哭儿的《断肠辞》十五首，最后一首是这样写的：

　　　　一杯凉酹奠灵床，滴向泉台哭断肠。
　　　　谁是酒浆谁是泪，教儿酸苦自家尝。

　　面对儿子的灵床，想到平时教诲儿子的千辛万苦，望儿成龙的
迫切心愿成为泡影，能不肝肠寸断吗！

随园姊妹花

在随园女弟子中，格外引人注目的是，仁和（今杭州）人孙春岩（嘉乐）一家门里出了三位优秀的女诗人，都是随园女弟子。

首先一位是孙云凤，字碧梧，孙嘉乐（春岩）的长女，诸生程庭懋之妻。

云凤自幼聪颖，八岁读书时，有客人出一对语："关关雎鸠。"她即应声答道："邕邕鸣雁。"她的父亲大为惊奇。她日渐工诗善画，"逸情高致，旷世无俦"。袁枚同云凤的父亲孙嘉乐交往密切。云凤早就对随园先生崇拜得五体投地。她曾和袁枚《留别杭州》诗四首，其中一首是这样写的：

> 扑帘飞絮一春终，太史归来去又匆。
> 把菊昔为三径客，盟鸥今作五湖翁。
> 囊中有句皆成锦，闺里闻名未识公。
> 遥忆花间挥手别，片帆天外挂长风。

另一首写道：

未曾折柳倍留连，纵得重来又隔年。
远水夕阳青雀舫，新蒲春雨白鸥天。
三千歌管归花县，十二因缘属散仙。
安得讲筵为弟子，名山随处执吟鞭。

此后，她便受业于袁枚。在随园女弟子中，孙云凤的地位仅次于"推崇本朝第一"的席佩兰。

又有一次，云凤留随园先生在家中吃便饭。袁枚看碗里的米饭粗糙，一打听，米价却很昂贵，显然，云凤是受人欺骗了。袁枚回到家里，适逢有人送来白花花的大米，于是量出五斗遣人送给云凤。不料云凤坚辞不受，匆匆回信说："来意已悉。"袁枚殊觉扫兴，当即在她的信尾题诗一首：

一囊脱粟远相贻，此意分明粟也知。
底事坚辞违长者？闺中竟有女原思。

云凤得讯，赶紧寄《贺新凉》一词来向先生表示歉意，词是这样写的：

傍晚书来速，道原思抗违夫子，公然辞粟。已负先生周急意，敢又书中相渎。况赞礼未修一束。我是门墙迂弟子，觉囊中所购非常禄。不敢受，劳往复。

寸笺自悔忽忽肃，或其间措辞下笔，思之未熟。本借湖山供笑傲，何意翻多怒触。披读处，难胜踧踖。无赖是毫端，今以前愆，仍付毫端赎。容与否？望批复！

这是他们师生关系间一个富有人情味的小插曲。

在袁枚女弟子中，孙云凤的诗名列前茅，而词更胜于诗。著有《香筠馆集》，其中诗词各二卷。她的词清新婉约，"佳者绝似北宋人语"。郭麐（频伽）为她的词集作序，说她二十年中，徘徊身世，于家门之荣落，骨肉之聚散，人事之变易，尽寓于词。她的诗笔苍老，也受人推崇。梁德绳的丈夫许宗彦为她的诗集作序。

云凤曾跟随父亲到过四川。长江三峡风光，尽收于她的眼中和笔端。她所作的两首题为《巫峡道中》的五言律诗，是她的有代表性的作品：

> 蜀门西望处，直是上青天。
> 路出重云处，人来夕照边。
> 秋风三峡水，暮雨百蛮烟。
> 丞相空祠在，千秋一黯然！
> 秋江木叶下，客子独徘徊。
> 瘴起浓云合，滩鸣骤雨来。
> 凄凉庾信赋，寂寞楚王台。
> 俯仰乾坤里，悲歌亦壮哉！

又作有《出峡》七绝：

> 两岸啼猿厌客闻，西风霜叶晓纷纷。
> 橹声一夜出巫峡，十三碧峰空白云。

此外，她的《汉阳诗》中写道："半帆云梦雨，一片洞庭波。"《道中》："晚风牛背笛，残雨马头云。"都有受人称道的名句。时人评论她的诗"不减唐人"，看来并非虚誉。

孙家第二位优秀的女诗人是云凤的妹妹云鹤。孙云鹤字兰友，一字仙品，嫁县丞金玮为妻，夫妻感情不和，生活境遇多有坎坷，故作品中多有幽怨之语。

当时，杭州城里发生了一起令人震惊的梁祝式爱情悲剧，因受到袁枚等人的同情和宣传，而广为流播。

一位姓高的姑娘与邻居中一位姓何的男青年私下相爱，以身相许，可是女方家长却将她许配给了人家。眼看明天就要成为别人的新娘了，这天，姑娘约情人外出相会，共订海誓山盟。回去之后，姑娘在无望之中悬梁自尽。男青年见心上人以死相殉，悲不可遏，也自杀了。两家父母对子女这种"越礼"的"不肖"行为恼羞成怒，居然都不肯收尸。这事惊动了仁和县县宰唐柘田。这位开明的县太爷主动出资买棺，把这对殉情的男女合葬了。在唐县令和随园先生的倡导下，城中雅士及才女们公然为此事赋诗咏叹。袁枚本人也就此题作诗，只感到褒贬两难，无从下笔。在那么多的同题诗篇中间，随园先生觉得"独女弟子孙云鹤诗最佳"：

> 由来情种是情痴，匪石坚心两不移。
> 倘使化鱼应比目，就令成树也连枝。
> 红绡已结千秋恨，青史难教后代知。
> 赖有神君解怜惜，为营鸳冢播风诗。

也许是云鹤对封建婚姻更有切肤之痛的缘故吧，她在诗中直言不讳，赞扬了这对为自由爱情献身的青年和那位富有同情心的县太爷。

云鹤善诗工词，并擅长骈体文，与云凤齐名。她的《宝剑篇》

中有"恩仇千古事，湖海一生心"之句，可以想见其风标。著有《听雨楼词》二卷，据其自序，"次卷庚申（1800）后作，多伤离念远、抚今追昔之言"。据载还有《春草闲房》和《侣松轩》两部词集，"取法南宋，风韵萧然"。她的词风秀浑可读。入选《全清词钞》的《点绛唇·草》，是她的一首感时伤怀之作：

> 酥雨匀来，萋萋先遍江南地。杏花风细，漠漠和烟翠。
> 燕子归时，休向高楼倚。斜阳里，天涯无际，离恨年年起。

她的《送伯兄东归》诗也很有名，其中一首写道：

> 登高兼送远，客泪一沾裳。
> 归棹随流水，乡心带夕阳。
> 秋高山落木，风急雁分行。
> 丛菊何情绪，篱边依旧黄！

诗的风格雄健，语言清新凝练，不在云凤之下。特别是她的五律《宝剑篇》，慷慨豪爽，更值得一读：

> 宝剑遗编在，挑灯击节吟。
> 恩仇千古事，湖海一生心。
> 气逼秋霜冷，光腾夜月沉。
> 从军应有愿，慷慨答知音。

正如清女作家沈善宝在《名媛诗话》中所说："碧梧妹兰友（云鹤），诗格不让乃姊，可称闺阁二难。"

云凤、云鹤以下的几个姐妹，分别叫云鸾、云鸿、云鹄、云鹇，也全都能诗善画。一门之盛，简直可以同唐代的宋若莘、若昭姊妹媲美。陈文述有诗赞道："翠翠红红映碧纱，莺莺燕燕语兰芽。闺房儿女皆千古，眷属神仙在一家。画舫同游云合队，琼楼联唱月生华。天香国色群芳谱，都是春风姐妹花。"

孙家的第三位随园女弟子是王玉如。孙嘉乐在云南任按察使的时候，娶王玉如为妾，她也是这个风雅家庭中一位善画工诗的才女。袁枚说，王玉如与女公子云凤、云鹤姊妹"闺房唱和，在林下风"。她的《喜弟自滇至》诗写道：

> 既见翻疑误，凝眸各审详。
> 九年云出岫，一夕雁成行。
> 别后沧桑换，途中岁月长。
> 旧容惊半改，乡语叹全忘。
> 对月秋垂泪，听猿夜断肠。
> 逢人问消息，觅便寄衣裳。
> 剪烛心方慰，回头意转伤。
> 自余离故土，赖尔奉高堂。
> 感逝餐应减，思儿鬓恐霜。
> 弟能支菽水，妹可护温凉。
> 闻已调琴瑟，曾无弄瓦璋。
> 当年送我处，今日遇君场。
> 彼此皆如梦，依依两渺茫。

袁枚推许说："此诗，置白太傅集中，几不可辨。"话虽说得过头一些，但也无可否认，她的诗是有那么一股白居易遗风。

孙嘉乐，又名孙令宜，字春岩，与袁枚为世交。乾隆五十七年（1792）清明，袁枚回故里杭州扫墓时，寓居在西湖孤山旁的孙氏别业宝石山庄。这位年近八十岁的老人在此举办了第一次宝石山庄湖楼女子雅集诗会。《随园诗话》中有记述：

> 闺秀吾浙为盛。庚戌春，扫墓西湖。女弟子孙碧梧邀女士十三人，大会于湖楼，各以诗画为贽。余设三席以待之。

受孙云凤之邀，包括袁枚最推重的席佩兰、金逸在内的女弟子13人前来湖楼"请业"，参加随园女弟子诗会。袁枚当即自费请画家尤诏、汪恭画下随园教授女弟子的盛况，作为永久的纪念。就是有名的《随园十三女弟子湖楼请业图》。

时隔三年，袁枚旧地重游，再次举行宝石山庄女弟子诗会。此时金逸已病逝，但新增骆绮兰等三人前来"请业"。袁枚特地请他的画家朋友崔君补画了这三位新人的雅集像，然后他让人把上次的请业图与补画的雅集图合裱成一幅长卷。

随园三妹

随园家族女诗人辈出，最知名的有"随园三妹"。

随园三妹，指的是袁枚的三妹袁机（素文）、四妹袁杼（绮文）和堂妹袁棠（秋卿）。袁枚曾编辑她们的诗稿刊行于世，总题为《三妹合稿》。袁枚在《随园诗话》中说："余三妹皆能诗，不愧孝绰门风，而皆多坎坷少福泽。"随园三妹中，袁机遭夫虐待，袁杼早寡，袁棠早逝，都是"多坎坷少福泽"之人。

三妹袁机，是那个"三从四德"礼教社会的一个牺牲品。

袁机自幼跟随袁枚听课，"爱听古人节义事"。袁母章太夫人健在时，袁机寄居在哥哥家里，一面侍养母亲，一面帮着料理家务。每当章太夫人、袁枚生病时，袁机精心照料，讲说各种故事，替他们解闷消烦。因为她才识高明，有许多掌故连袁枚听着都很新鲜，有时便请她代写书简。家里人读书识字也常请教她，因此袁枚以"问字举家师"形容她。袁机生有哑女阿印，带在身边，想方设法教她识字、绘画。

父亲是一位幕宾。早在袁机四岁的时候，袁父就给她与如皋人高绎祖定了亲。高绎祖其貌不扬，性情暴躁狠毒，不走正道。后来高家感到对不住袁家，伪称孩子有治不好的病，商量退亲。袁机却认为女子只能从一而终，表示："疾，我字（嫁）之；死，我守之。"继而夫家再次请人来说，儿子"有禽兽行"，希望袁机不要往苦海里跳，但她"闻如不闻"，还是坚持不退亲。终于，她从沭阳到如皋成了亲，时年 25 岁。

婚后她孝敬婆母，深得婆婆的喜爱。而丈夫却百般残酷地虐待她，她都逆来顺受。丈夫不愿意见她做针线，她就停止女红；丈夫不准她写诗词，并把她的作品毁掉，她则不再吟哦；丈夫赌博，拿她的嫁妆做赌资，输光了，拿棍子打她，拿火灼她，对她拳打脚踢，婆母来阻止，丈夫竟把他母亲的门牙打落。更严重的是，丈夫还要把她卖了抵账。袁机被逼无奈，一面逃到尼姑庵，一面请人报告娘家。她的父亲赶到如皋打官司，判决离异，终于把袁机领回到杭州老家。袁枚定居南京随园后，举家迁徙，袁机也随同到达。不久，高绎祖死了，一年后她也得病亡故，享年 40 岁。袁枚将她葬于上元（南京江宁府属县）的羊山，撰文祭奠，文辞哀婉，情真意切。他的《祭妹文》载于《小仓山房集》，现如今被选入中学语文教材。

她因没有丈夫，几乎按照寡妇的生活规范来生活，穿素色衣服，不化妆，不听音乐，遇到时令节日偷偷地哭泣。不吃荤腥，吃斋，大约这时取别号青琳居士，表示在家修行。袁机携带的两个幼女也都能文工诗。两个女儿，一个早夭，一个是哑巴。她的哑女阿印由袁枚抚养，一直到长大后出嫁。

袁机离异后作诗三十余首，谢世后由袁枚编辑刊刻，题名《素文女子遗稿》，收入《小仓山房全集》中，为"袁家三妹合稿"之一。

试看她的咏物诗《灯》，可以看作是她的自况：

添尽兰膏惜寸阴，煎熬终不昧初心。

孤檠柄曲吹痕淡，细雨更残背壁深。

有焰尚能争皎月，无花只可耐孤吟。
平生一点分明意，每为终风恨不禁。

　　袁机偶尔把自己的凄凉之苦在诗中抒发出来。她的《闻雁》诗
写道：

秋高霜气重，孤雁最先鸣。
响遏碧云冷，灯含永夜清。
自从怜只影，几度作离声。
飞到湘帘下，寒夜尚未成。

《有凤》诗又写道：

有凤荒山老，桐花不复春。
死还怜弱女，生已作陈人。
灯影三更梦，昙花顷刻身。
自伤明镜里，日日泪痕新。

　　尽管袁机在《如皋县志》和《杭州府志》里被立了传，连《清
史稿》也把她写入《列女传》，算是"青史留名"了，但袁枚的弟弟
袁树直言不讳写诗道："纵教青史留遗迹，已负从前金粟身。"袁树
在《哭三姊》中还发出"少守三从太认真，读书误尽一生春"的感
慨。袁枚更是因袁机的不幸，沉痛地说出一针见血的激愤之言："使
汝不识《诗》《书》，或未尽艰贞若是。""斯真所谓女子无才便是福
也！"四妹袁杼也在《哭素文三姊》诗中咏叹："似此才华终寂寞，
果然福命误聪明。"

四妹袁杼（绮文）也很不幸。据《杭郡诗辑》记载，袁杼早寡，只好迁徙随园依附其兄袁枚。她著有诗集《楼居小草》。其《哭儿》诗写道：

> 容易芝兰膝下生，一朝缘尽夜三更。
> 阿娘知汝离骚熟，苦诵招魂坐到明。
> 顷刻书堂变影堂，举头明月望如霜。
> 伤心欲拍灵床问，儿往何乡是故乡？

诗中描写的是儿子执玉死前的情景。执玉 9 岁时能诗，12 岁时入学，15 岁秋试毕得病。病危时，他已瞑目，既而忽强睁眼问母亲：唐诗"举头望明月"的下句是什么？母亲回答是"低头思故乡"。他听了母亲的回答，哭着死去。袁杼的诗句"伤心欲拍灵床问，儿往何乡是故乡"，写的就是这件事。

袁枚的堂妹袁棠，字秋卿，扬州人汪孟翊的妻子。婚后，夫妻和谐，情感甚笃。不幸的是，袁棠因难产而死。

袁棠著有《绣馀吟稿》和《楹书阁遗稿》。其《七夕》诗写得清绝而有韵味：

> 遥见微云海上生，接来一带鹊桥横。
> 几家帘撽针楼月，何处人吹玉管笙。
> 传说女郎今夕会，果然风露此时清。
> 嫦娥似亦怜深意，影照银河分外明。

随园四女孙，即袁嘉、袁绥、袁淑、袁妽，也都是诗人。

袁嘉，字柔吉，著有《湘痕阁诗钞》。

袁绶，字紫卿，著有《簪芸阁诗稿》。

袁淑，字疏筠，著有《剪湘楼遗稿》。

袁姍，字小芬，著有《灵箫阁诗选》。

这是一位清乾隆、嘉庆、道光年间非常活跃的闺秀诗人，她的声名在当时非常响亮。

她，归懋仪，字佩珊，号虞山女史，江苏常熟人。她一生交游甚广，著述甚富，传世作品超过千首。

"乾隆三大家"之一的赵翼为她的诗集题词说："气兼须眉雄，学穷骚雅变。清芬空谷兰，洁白澄江练。"赵翼给她的赠答诗中甚至还有"岂期白首新知己，翻在红颜绝代人"这样的激赏之句。

"乾隆三大家"另一家袁枚是她的老师，称道这个弟子的诗句"雄伟绝不似闺阁语"，"闺阁如卿世所无，枝枝笔架女珊瑚"。

龚自珍则盛赞她的作品："一代词清，十年心折，闺阁无前古。"

看看这几位文坛大家对她的赞誉，足见她在当时所享有的盛名。

袁枚晚年广招女弟子，声名贯于江浙间。归懋仪得到一本袁枚诗集后，作《读小仓山房诗集》以示景仰。后又作《袁太史简斋先生续诗话中采及拙刻赋谢》，诗中说："终期乘画舫，问字绛帷前。"表达了拜师随园的愿望。再后有诗题为《奉怀随园师》，表明归懋仪已如愿拜入袁枚门下。

两人的正式见面在袁枚于嘉庆丙辰（1796）春来沪之时。嗣后两人虽有不少诗文往来，却再也没有见过面。袁枚编《随园女弟子诗选》选录28位女弟子的诗作，归懋仪也列名其中，不过今本有目无诗。因为袁枚很快去世，归懋仪受袁枚直接影响并不多。在随园女弟子中，归懋仪与席佩兰为闺中畏友，互相唱和，传播艺林。

归懋仪丈夫死后家境窘迫，主要的活动范围和生活来源，是在江浙沪一带当闺塾师。

在她的闺塾弟子中，交谊最为深厚者要数龚自璋。龚自璋，字圭斋，一字瑟君。钱塘人。段玉裁的外孙女，龚自珍之妹。著有《圭斋诗词》。龚自璋当初随父上海署中，母亲段驯延请归懋仪为闺塾师。龚自璋以师事归懋仪，归懋仪以妹称之，二人以师徒结缘，后发展为闺中密友，时相唱和。

归懋仪有一首《清平乐·十六夜听雨，次圭斋妹春月之韵》，可以想见她们俩的雅人风致：

> 夕阳西下。月向檐前挂。香霭空蒙花梦惹。此景宜诗宜画。
> 清寒一缕穿帘。夜深沉水添烧。桦烛清尊昨夜，昏灯冷雨今宵。

沈善宝《鸿雪楼诗选初集》有一首诗，题为《瑟君姊以折柳小照属题，图系归佩珊夫人懋仪别后寄者，系诗其上，情致缠绵，读之如见两人交谊。企慕之余，率题三绝》，其三尾句"卷中妙旨诗中意，情较桃花潭水深"原注："乙酉春闻佩珊在杭，欲晤无由，至今怅怅。"据此亦可知，道光五年（1825）归懋仪人在杭州。

俞陛云在《清代闺秀诗话》中以诗一般的文字，描绘归懋仪曾以闺塾师的身份客居杭州西溪、水上观赏芦花的情景：

（归佩珊）负诗名数十年，往来江浙间，为闺塾师。曾客蒋氏蒹葭里，为西溪芦花最胜处。秋容如雪中，扁舟缟袂，出没烟霞间，倚桨吟诗，有绝尘之致。

归懋仪困于生计而奔波的闺塾师生涯，在俞陛云笔下，呈现出水上仙子仙姿绰约的诗境的一面。

作为闺塾师，《法华乡志》给予归懋仪很高的评价，并与袁枚招收女弟子相提并论：

（佩珊）晚年居吴下，为女师，信从者众。随园门下有女弟子著名，而佩珊独为女师著名，非古所谓豪杰者欤？

归懋仪著有《绣馀小草》《绣馀续草》等。她的诗清婉绵丽，斐然可诵。有些作品对自身的女性身份也有所思考，如《旅窗》写道：

十分憔悴苦吟身，刻翠裁红过一春。
世上功名无我分，芸窗也受墨磨人。

身为女性，没有机会去求取功名，只能憔悴苦吟，刻翠裁红，内心是有所不甘的。更有甚者，乃直抒胸臆，表达来世"愿作男儿"的渴望：

湖山佳气付须眉，乞食何须数叹奇。
若使轮回能称意，他生我愿作男儿。

她的内心那一股郁勃不平之气，倾泻在笔端。在这一点上，她与吴藻的心是相通的，并相互欣赏。吴藻的杂剧《饮酒读骚图》有她题的两首七绝：

> 离骚一卷寄幽情，樽酒难浇块垒平。
> 乌帽青衫灯影里，争看不栉一书生。
>
> 换却红妆生面开，衔杯把卷独登台。
> 借他一曲湘江水，描出三生小影来。

道光八年（1828），归懋仪诗集《绣馀续草》刊行。吴藻读后，作《百字令·读绣馀续草题寄归佩珊夫人》。此词写道：

> 似曾探到者，骊珠颗颗、光辉不灭。妙手都从天际得，果是裁云缝月。半面缘悭，千回梦想，一瓣名香爇。惊才觉艳，玉台无此人物。
> 闻道近日宣文，绛纱帷里，弟子红妆列。别有伤心圆缺感，渐渐鬓发如雪。日暮天寒，卖珠补屋，此境和谁说？读君诗罢，为君宛转愁绝。

在与同辈文人的交往中，归懋仪也建立了广泛的交游圈，包括陈文述与其妻妾子媳。碧城女弟子除吴藻之外，如张襄、吴规臣等，皆与之有文字往来。尤其是陈文述，归懋仪与他交往甚密。陈文述推崇她："绝代青莲笔，名媛此大家。"他还曾主动提出帮归懋仪整理、出版诗稿，令归懋仪感念至深。

很多人不解：像陈寅恪先生这样一位学贯中西的学术泰斗，为什么要在晚年历时十多年，几乎花上全部精力，写成洋洋八十多万字的《柳如是别传》呢？

从小处看，他释证"钱柳因缘"的写作出发点，乃是起自钱氏故园的一粒红豆。陈寅恪《柳如是别传》开篇有一首《咏红豆》，诗前小序说明：

> 昔岁旅居昆明，偶购得常熟白茆港钱氏故园中红豆一粒，因有笺释钱柳因缘诗之意。

从大处看，《柳如是别传》的撰述，绝非心血来潮的自娱之作，也不是为历史而历史的等闲之著。陈寅恪先生是深怀民族忧患意识来精心以诗证史的。他是要借"钱柳因缘"的历史际遇，特别是柳如是巾帼不让须眉的品格和气节，来彰显中华民族"独立之精神，自由之思想"。在《柳如是别传·缘起》中，陈先生道出了此中原委：

披寻钱柳之篇什于残阙毁禁之馀，往往窥见其孤怀遗恨，有可以令人感泣不能自已者焉。夫"三户亡秦"之志，《九章·哀郢》之辞，即发自当日之士大夫，犹应珍惜引申，以表彰我民族独立之精神，自由之思想。

陈寅恪在《论〈再生缘〉》的长文中谈到，在弹词女作家陈端生生活的那个时代，中国有智慧、有学识的才女们大致分为三种类型：第一种，是完全服务于家庭的贤妻良母型；第二种，是活跃于社交场合的交际花，即青楼女子；第三种，则是类似陈端生笔下《再生缘》中孟丽君这样的，具有"独立之精神，自由之思想"的女中豪杰。前两种女性，在当时的中国比比皆是；至于第三种女性，陈先生长叹一声说，那恐怕只有端生一人而已！

现在，陈寅恪先生在陈端生之外又发现了柳如是，柳如是也是较早萌生女性觉醒意识，具有"独立之精神，自由之思想"的极少数才女中凤毛麟角的一个。

陈寅恪曾为令人感泣不已的柳如是写过一首诗，也算披露了自己的心结吧：

高楼冥想独徘徊，歌哭无端纸一堆。
天壤久销奇女气，江关谁省暮年哀。
残编点滴残山泪，绝命从容绝代才。
留得秋潭仙侣曲，人间遗恨终难裁。

被陈寅恪誉为"女侠名姝"的柳如是，是三百多年前社会大变动时期一个有独立人格的奇女子。用《柳如是别传·缘起》里面的话来说，她是"出于婉娈倚门之少女，绸缪鼓瑟之小妇，而又为当时迁腐者所深诋，后世轻薄者所厚诬之人"。

她出于污泥，却志存高远。她负绝代之才，却不拘名教礼法。她心高气傲，却又将民族大义看得极重。相比之下，钱谦益等文坛领袖、知识精英们到了国难当头、山河变色之时，却活成一副奴才相，竟不如曾身为烟花女子的柳如是有几分铮铮铁骨。

这，恐怕是陈寅恪先生倾晚年之力研究柳如是的深层原因吧。

《柳如是别传》直抵一代才人的心曲之隐，发前人之未发，将社会变动与个人情感之间的冲突笺释得淋漓尽致。兴亡之感，尽寓其中。它是一部别开生面的历史传记作品，又是一部精到的写心之作。《秦淮旧梦》一书的作者说得好："一位风尘女子的个人遭际与天下兴亡的历史巨变相叠合时，所呈现出来的就不是一个人或几个人的命运悲歌，而是一个民族的血的洗礼！"

《柳如是别传》旁征博引，钩玄发微，考而有据，但绝不像《红楼梦》索引派那样先入为主，猜测比附，炫博逞奇。在这部皇皇巨著面前，那些挖空心思对号入座的猜谜游戏，显得是多么可笑！

早在清代，《红楼梦》一问世，索引派的开山老祖王梦阮就著书立说，猜测"秦淮八艳"之一的董小宛就是林黛玉的原型人物，说什么"小宛名白，故黛玉名黛，粉白黛绿之意也"。

近年来，又有人把猜测的目标瞄准柳如是，说她就是蕉园诗社林以宁之外的林黛玉原型。因为，柳如是先姓杨后姓柳，合起来就是个"林"字，林黛玉的判词中有"玉带林中挂"一句。于是推断，《红楼梦》中的"金玉良缘"，原本就是柳如是与陈子龙和钱谦益之间的三角恋爱故事。柳如是的恋人陈子龙曾写下一首脍炙人口的绝句《春日早起》："独起凭栏对晓风，满溪春水小桥东。始知昨夜红楼梦，身在桃花万树中。"诗中有"红楼梦"三个字，便认定《红楼梦》书名即从此处而来。

怪不得网上有人调侃说，柳如是又号"蘼芜君"，薛宝钗的雅号就是"蘅芜君"，这两者的字面实在是惊人的相似，为什么不说柳如是乃是薛宝钗的原型呢？再者，柳如是又号为"影怜"，正是"英莲"的谐音，不是又有香菱（香菱的原名）的影子吗？柳如是名隐，一说名隐雯，那是不是还和晴雯有关呢？

『女侠名姝』柳如是

柳如是（1618—1664），本姓杨，名爱。后改姓柳，名隐。又改名是，字如是。号河东君，又号蘼芜君、影怜、我闻居士。吴江人（一说嘉兴人）。她原为明末名妓，能画工诗，初嫁云间孝廉为妾，孝廉教她作诗写字，婉媚绝伦。被弃后游吴越间，以文采风流闻名当世。

顾苓《河东君小传》记述了柳如是的外表和性格，"为人短小，结束俏利，性机警，饶胆略"。她并不是以美貌征服身边的众多名士，而是以她的机警和胆略令对方倾倒。

柳如是的择偶标准又是什么呢？她曾自负地说过："惟博古好学，旷代奇才，我乃从之。所谓天下有一人知己，死且无憾。"

她最初相好和选择的对象是张溥和陈子龙，这两人都是晚明党社中举足轻重的风云人物。她与张溥一见倾心，却缠绵而别。陈子龙原是柳如是最钟情的意中人。据说，她曾打扮成儒生，到松江去拜访陈子龙，递上名片，自称"女弟"。但因陈"性严峻，不易近"，这段因缘也没有成就。

士大夫们却为之哗然。一个出身低微的女性，居然蔑视封建礼法，理直气壮地与士大夫平起平坐，这在当时实在是一桩非同小可的事情。

幅巾道服自权奇，兄弟相呼竟不疑。

莫怪女儿太唐突，蓟门朝士几须眉。

这是王国维题柳如是《湖上草》的第三首绝句，称赞的就是她自称“女弟”拜访陈子龙这件事。

据说柳如是登门斥责陈子龙：“风尘中不辨物色，何足为天下名士！”不过陈子龙倒是欣赏她的才学，柳如是的诗集《戊寅草》，陈子龙就曾为其作序，夸奖她：

柳子之诗，抑何其凌清而瞷远，宏达而微恣欤？夫柳子非有雄妙窅丽之观，修灵浩荡之事，可以发其超旷冥搜之好者也……柳子遂一起青琐之中，不谋而与我辈之诗竟深有合者，是岂非难哉！

陈寅恪专从天资与才识立论，解释陈、柳二人的因缘，说：“夫卧子以才子而神童，河东君以才女而兼神女，才同神同，其因缘偶合，殊非偶然者矣。”

据说，陈子龙背着家里人，在松江外一座名叫南楼的小红楼里，和柳如是有过一段同居的生活。柳如是将此楼称为鸳鸯楼，把这段时间写的词集命名为《鸳鸯楼词》。可好景不长，陈子龙的母亲带着他的正妻率家人大闹鸳鸯楼，将这对鸳鸯打散。柳如是很是伤心，一篇《别赋》，被人认作是辞别陈子龙的。两人分手后，柳如是对陈子龙仍“中心藏之，何日忘之”。后来陈子龙抗清失败而死，柳如是伤心欲绝。

柳如是选婿的结果，最后瞄准了当时身为"东林领袖"的钱谦益。据《河东君小传》记载，崇祯十三年（1640），她"幅巾弓鞋，着男子服"，坐船去半野堂拜访钱谦益，"神情洒落，有林下风"。

柳如是当时写了一首诗给钱谦益：

> 声名真是汉扶风，妙理玄规更不同。
> 一室茶香开淡黯，千行墨妙破溟蒙。
> 竺西瓶拂因缘在，江左风流物论雄。
> 今日沾沾诚御李，东山葱岭莫辞从。

钱谦益当即回诗说：

> 老大聊为秉烛游，青春浑似在红楼。
> 买回世上千金笑，送尽生平百岁忧。

钱谦益字牧斋，自号牧斋老人，江苏常熟人，明万历进士，诗文传诵一时。他同柳如是定情于杭州西湖。如是时年24岁，钱谦益已是60岁的老人。

沈虬《河东君传》描述钱、柳初见，颇富于戏剧性，说柳如是见到主盟文坛数十年的名儒钱谦益的诗文，惊叹之余，誓不另嫁，对人说："吾非才学如钱学士虞山者不嫁。"早已听说柳如是才华的钱谦益闻言，大喜过望，说："今天下有怜才如此女子者乎？吾非能诗如柳如是者不娶。"

钱、柳二人相见恨晚，流连相伴。柳如是初访半野堂，钱谦益即建绛云楼"我闻室"供柳如是居住，以迎合其心意。

半年之后，他俩在一艘船上高调举行婚礼。这个"伤士大夫之礼统"的举动，遭到缙绅们的"哗然攻讨"。两岸观礼的人们纷纷向船上投掷石子瓦片，"满船载瓦砾而归"。钱谦益安之若素，怡然自得。

婚后，钱、李偕游苏州等地，谒南宋抗金名将韩世忠与梁红玉的墓，又至京口，吊梁红玉金山擂鼓助战的战场。背后的用心，当是想在天下变乱之际，像梁红玉一样建功立业，青史留名。此后她还真的付之行动，协助钱谦益联络郑成功以及南明永历势力，共商抗清大业，虽以失败告终，却足见其胆识过人。

婚后的柳如是依旧狂放不羁，有时和钱谦益的一班朋友比酒作乐，往往酩酊大醉，钱谦益也毫不介意，反而称赞她"佳人那得兼才子，艺苑蓬山第一流"。

钱谦益绛云楼的藏书当时颇负盛名。这对老少配一度感情较为相投，常在一起博览群书，订讹考异，间以谐谑。钱谦益撰集《列朝诗集》时，柳曾为之勘定《香奁》（闺秀）一集，收集的是明代女才子的文学作品。钱谦益戏称柳如是为"柳儒士"。"争先石鼎搜联句，薄暮银灯算劫棋"，两人诗文相酬，琴棋相娱。钱、柳之间的唱和之作，收入《东山酬唱集》。

柳如是的传世之作，主要有《戊寅草》《湖上草》《尺牍》等，又辑有《古今名媛诗词选》。

她在《古今名媛诗词选》跋语中说：

> 山庄无事，辄亲笔砚，间录古今名媛诗词以遣兴。虽以朝代为标则，而随忆随录，年代之先后，知所不免矣！惟此乃自遣之事，本未欲如彼选家之妄冀传后也。积久得诗一千余首、词四百余阕。历代名媛，聚于一帙，披诵把玩，不啻坐对古人也。

《湖上草》和《尺牍》是她的密友汪然明（汝谦）为她刻印的。汪然明是个移居杭州的徽商，又是一位深通金石音律、多才多艺的文士，经常邀集名流为湖山诗酒之会。他对如是多方照应，平等相待。《柳如是尺牍》一卷，收31帧小札，都是寄给汪然明的。在这些书信里，如是自称为"弟"，而称汪为"先生"。另一位有名的才女林天素在《柳如是尺牍小引》中称道："琅琅数千言，艳过六朝，情深班、蔡，人多奇之。"

　　柳如是集中有一阕《踏莎行·寄书》词，是这样写的：

　　　　花痕月片，愁头恨尾。临书已是无多泪。写成忽被巧风吹，巧风吹碎人儿意。

　　　　半帘灯焰，还如梦里。销魂照个人来矣。开时须索十分思，缘他小梦难寻你。

　　有评论者认为，此词恰好可以作为她的《尺牍》的"代跋"。

　　她写过一首著名的《春日我闻室作呈夫子》诗：

　　　　裁红晕碧泪漫漫，南国春来正薄寒。
　　　　此去柳花如梦里，向来烟月是愁端。
　　　　画堂消息何人晓，翠帐容颜独自看。
　　　　珍重君家兰桂室，东风取次一凭栏。

　　《吴越诗选》之《名媛诗》中，朱朗诣评此诗说："如是骨理皆妍，故是艳宗。"郁达夫在《闲书》中称赞这是一首好诗，并认为"尤以前半截为更有情趣"。郁达夫很喜欢柳如是的诗词，认为堪称"秦淮八艳"之首。

陈寅恪读了柳如是的清词丽句，说自己亦有"瞠目结舌"之感，他最喜欢下面这阕《金明池·寒柳》：

> 有恨寒潮，无情残照，正是萧萧南浦。更吹起，霜条孤影，还记得，旧时飞絮。况晚来，烟浪斜阳，见行客，特地瘦腰如舞。总一种凄凉，十分憔悴，尚有燕台佳句。
>
> 春日酿成秋日雨。念畴昔风流，暗伤如许。纵饶有，绕堤画舫，冷落尽，水云犹故。忆从前，一点春风，几隔着重帘，眉儿愁苦。待约个梅魂，黄昏月淡，与伊深怜低语。

在词和书法方面，柳如是均有胜于钱谦益之处。陈寅恪先生评说："不仅诗馀，河东君之书法，复非牧斋所能及。"他认为，倘若拿钱、柳来比赵（孟頫）、管（道昇），则钱殊有愧于赵。

柳如是的书画也相当了得。她喜欢董其昌的字画，临摹多年，以致能以假乱真。她的画作流传较少，故宫博物院藏有她的《月堤烟柳图》，此图作于崇祯十六年（1643），算来正是和钱谦益结婚不久。图上有钱谦益写的跋："寒食日偕河东君至山庄，于时细柳笼烟，小桃初放，月堤景物殊有意趣，河东君顾而乐之，遂索纸笔坐花信楼中图此寄兴。"故宫现藏的女性画家作品有 300 多件，但一级品只有管道昇的《墨竹图》和柳如是的《月堤烟柳图》。由此可见柳如是绘画成就之高。

若以人格和气节而论，柳如是被陈寅恪先生称为"女侠名姝"，而钱谦益则相形见绌。南明建立政权时，钱上书为马士英歌功颂德，马引他为礼部尚书。这时，他忘记自己曾是"东林党"的骨干，反而力荐阉党，与马士英、阮大铖之辈同流合污，其品格不足为训。

明清易代之际，士大夫都面临一次严峻的政治考验。据《河东君小传》记载，乙酉五月之变，柳曾劝钱投池殉节，钱探手一试，水冷得很，不敢下去。然而，如是则"奋身欲沉池水中"，却被人拉住了。还有野史记述，如是又给钱准备了刀绳，即如袁枚所言："一朝九庙烟尘起，手握刀绳劝公死。"可是，钱谦益终究没有勇气做"忠臣烈士"。清兵南下时，他投降清廷做了礼部尚书。一次，钱、柳在常熟出游"拂水山庄"，看到一处石涧流泉，钱想脱袜洗脚，柳站在一旁冷笑说："北沟渠水岂秦淮河也！"对钱的人格的鄙视，溢于言表。钱暮年很不得意，常悔恨说："要死！要死！"每当此时，柳便当面斥责他："公不死于乙酉，而死于今日，晚矣！"

不久，钱谦益大难临头。一个反清志士江阴人黄毓祺，听说曾经在他家中留宿，他因此被控有"通逆"嫌疑，而锒铛入狱。幸有柳如是为他多方打点，贿赂当局，才无罪释放。这使钱感激不尽，以至吟出"从行赴难有贤妻"的诗句，不顾当时夫人陈氏尚在，而径呼爱妾为贤妻。

钱谦益死后，家族中爆发了一场攘夺家产的斗争，即所谓"钱氏家难"。族人趁家主新丧，大吵大闹，逼迫柳如是交出房产钱财，甚至扬言要把她唯一的女儿以及女婿打出家门。

柳如是来钱家二十余年，一直大权在握，从不曾受人之气。如今，丈夫的尸骨未寒，便遭到无耻小人的当面凌辱，当然咽不下这口气。在进退无门、忍无可忍的情势下，她镇定自若，对朝暮坐逼的族人说："稍候片刻，容我开账。"然后独自登楼，紧闭房门，悬梁自尽了。而在诀别人世前，她已经写下遗嘱，打发长子钱孙爱、女儿和女婿告状申雪。那帮利欲熏心的族人，见逼死人命，知道不妙，仓皇逃窜，终于被抓捕归案。

可以说，这是柳如是对封建桎梏的最后一搏。

王微 『美人学士』

明末有一位江南名妓，不在"秦淮八艳"之列，但论风雅才情，论特立独行的品格，她的名声，她在名士们心目中的地位与分量，绝不在"秦淮八艳"之下。

她名叫王微，字修微，小字王冠。扬州人。后来出家为女道士，自号草衣道人。

王微七岁丧父，流落青楼，眉间常有恨色。她自幼有洁癖、书癖和山水癖，长大后"扁舟载书，往来吴会间，所与游，皆胜流名士"。因有"美人学士"之称。她的名声与经历，只散见于当时一些名士的记述。

王微最初常住的地方是松江，当时叫云间。王微在这里结识了陈继儒、董其昌、李流芳等大名士。我们今天在董其昌的书画题跋和画作中，常可见到"同观者修微王道人也"这样的题款，指的就是王微。董其昌称赞"当今闺秀作者，不得不推草衣道人"。陈继儒称"其诗词娟秀幽妍，与李清照、朱淑真相上下"。

改变她生活的第一个贵人叫作汪然明（汝谦），这是一个土豪级别的名士。他是游走于西子湖畔的名姬才媛们的赞助者、见证者。他在一首感怀述事诗中说自己"犹喜谈诗遇女郎"。诗句自注，说他在杭州昔日有幸遇到王微、杨云友、林天素等才女，后又得遇吴山（字岩子）及其女儿卞梦珏、黄媛介、王端淑诸闺秀。林天素在《柳如是尺牍小引》中记述：

> 余昔寄迹西湖，每见然明拾翠芳堤，偎红画舫，徜徉山水间，俨然黄衫豪客。时唱和有女史纤郎，人多艳之。

陈寅恪先生认为，这里所说的"女史纤郎"，当指王修微而言。

汪然明当时最享盛名的豪举，是在西湖私家特制了一艘超大的画舫，取名"不系园"。厉鹗所辑《湖船录》中记述：

> 是时，湖上诸姬，如王修微、杨云友能诗，林天素能画山水兼能琵琶，王玉烟能走马，吴楚芬能歌。然明招诸名士集湖舫，诸姬必与坐。红袖乌丝，传为胜事。

汪然明遇到了王微，为她赎了身，并在西湖边为她专门建了一所院落居住，取名"净居"。汪然明并没有将王微当作小妾，甚至连情人都不是，只是把她当作一个红颜知己。王微有充分的人身自由，可以外出游览，结交朋友。

其间，王微曾钟情于"竟陵派"创始人之一谭元春（另一位创始人是钟惺）。谭元春对她若即若离，这段长达十年的"苦恋"没有结果。

谭元春曾为王微的诗集《期山草》作序（小引），分别以"湖上人""茗中人""女士""闲人""冥悟人""学道人"和"诗人"来形容诗集的作者。他对王微诗的评价是：

诗有巷中语、阁中语、道中语，缥缈远近，绝似其人。

一个偶然的机会，王微认识了茅元仪，一个忧国忧民的爱国名士。两人一见倾心，不久便成了亲。其实也就是当了茅的小妾，而这时茅元仪家中早有小妾，有多少不知，其中也有一个声名远播的佳人，她叫杨宛。

杨宛是秦淮名妓，字宛叔，工诗词，绘景言情，隽爽柔婉。据时人看，王微诗高于词，杨宛词高于诗。在明代女作家中，这二人皆堪称一流者。在生活中，王微和杨宛共事一夫，按说应该如坊间般争风吃醋，但两人却相互欣赏，情同姐妹，相处融洽，这也算是一桩后人称道的"双绝共夫"的奇事吧。

然而，这"三角恋"的关系，总是有点微妙。王微有《近秋怀宛叔》诗云：

江流咽处似伤心，霜露未深芦花深。
不是青衫工写怨，时见只有白头吟。

不知为何，诗中竟有卓文君式的"白头吟"之叹。不久，王微就离开了茅元仪。

这时，她喜欢上旅行，便布袍竹杖，出外远游。钱谦益在《列朝诗集小传》中说她"游历江楚，登大别山，眺黄鹤楼、鹦鹉洲诸胜，谒玄岳，登天柱峰，溯大江，上匡庐，访白香山草堂，参憨山大师于五乳（指庐山五乳峰）"，大大开阔了眼界，并从此信奉佛教。兴之所至，她还收集历代名山游记约三百六十篇，编撰了《名山记选》二十卷，书前有汤显祖作的序和自己写的小引。

晚些时候，她又回到了西子湖畔，闭门不出，刺血写经，间或读班马史书、读孙吴兵书，没有人能够"狎视"她。

她不避讳死亡，在西湖边择地建造了一座"生圹"，也就是生前墓穴。陈继儒为之撰写《王修微生圹记》。他在这篇记中对王微的"达观死生"大发感慨：

> 常情仕讳归，年讳老，而修微少不讳死，死不讳墓。昔者渊明自祭，乐天自铭，司空图引平时故交，痛饮生圹中。三君子以后，鲜有嗣续高风者。修微达观死生，如昼夜寒暑之序。女史乎？女侠乎？一变至道矣！

话说远游中，她有幸结识了东林党名士许誉卿，原本厌倦世俗不想再婚的王微一时心动嫁给了他。婚后，王微跟随许誉卿去了京城。

许誉卿和钱谦益是好朋友，王微和柳如是亦是闺密，尽管两人的岁数如同母女，说起来王微还是钱柳二人的红娘。当钱谦益在弘光朝依附马阮（指马士英、阮大铖二人）时，五次修书拉许誉卿入伙，都被王微严词拒绝，由此也能看出王微的政治倾向是很鲜明的。

清兵南下，王微与许誉卿及其家人一起逃难，东躲西藏，备尝艰辛。她原本体质孱弱，身体变得越来越差，三年后一病不起。钱谦益《列朝诗集小传》写道：

> 战后，相依兵刃间，间关播迁，誓死相殉。居三载而卒。颍川君（许誉卿）哭之恸。

临终前，王微让家人取出早已准备好的包袱，打开后只见里面是一把剃刀和一套僧衣。她交给丈夫，郑重地叮嘱道："如遇紧急情况，夫君要么自裁，要么出家为僧，你好自为之吧！"然后，含着微笑永远闭上了眼睛。办完丧事后，许誉卿便出家为僧去了。

正因为王微的先见之明，使许誉卿免受清人的招附，从而保持了晚节。反观柳如是的夫君钱谦益，以"水太冷"不愿殉国，结果晚节不保。

王微才情殊众，当时与柳如是齐名。黄宗羲曾说："当是时，虞山有柳如是，云间有王修微，皆以唱随风雅闻于天下。"

钱谦益说："今天下诗文衰熸，奎璧间光气黯然。草衣道人与吾家河东君，清文丽句，秀出西泠六桥之间。"钱谦益很赏识王微的诗才诗风，认为"草衣之诗近于侠"。在赞美自己夫人柳如是（柳隐）的同时，也带上了草衣道人王微，他曾写了一首有名的诗赞美她俩：

> 草衣家住断桥东，好句清如湖上风。
> 近日西陵夸柳隐，桃花得气美人中。

诗的结句"桃花得气美人中"，是借用了柳如是的佳句。王微的诗"好句清如湖上风"，连湖上桃花也沾这两位美人的光了！

王微一生创作颇丰，著作有《期山草》《远游篇》《宛在篇》《闲草》《未焚草》《樾馆诗草》等诗词集。施蛰存先生辑有《王修微集》四卷。

王微在《樾馆诗草·自叙》中有过这样的感慨："生非丈夫，不能扫除天下，犹事一室！惟参诵之余，一言一咏，或散怀花雨，或笺志山水"，"喟然而兴，寄意而止"。王微心怀天下，志在四方，所谓作诗，不过是遣兴消闲而已，而且也仅限于"寄意"而止。

她的人生经历如此丰富，而人生的苦闷却无法排遣。她在《宛在篇·自叙》中发出这样的叹息：

嗟乎！我所感存亡生死之变多矣！造化七尺相拘，而不能捐笔焚砚，忏除绮语之业，犹沾沾向蝉鸣蚓窍中作生活耶？秋水浩淼，风露已盈，苟复有情，谁能遣此？

她的诗词深受选家的重视。钟惺《名媛诗归》选编了她三十二首诗作。周之标《女中七才子兰咳集》辑录了她的诗作近八十首、词作十八首。钱谦益《列朝诗集》选录她的作品，也多达六十首。

施蛰存先生晚年对王微颇有研究，他认为王微的诗词成就在柳如是之上。平心而论，王微的文才至少可与柳如是相颉颃；若论胸襟、胆识和品格，则王微甚至超过柳如是。正如同时代的女著作家王端淑所说："修微不特声诗超群，品行亦属第一流。"然而，在后世，柳如是声名如此卓著，而王微几乎湮没无闻，不禁令人慨叹历史之无常！

顾横波

都因无奈

著名史家孟森曾作《横波夫人考》一文，对龚鼎孳、顾横波这对夫妇的人品很不以为然，认为二人皆是势利无耻之徒、利欲熏心之辈。龚鼎孳另当别论；横波夫人真的就如此不堪吗？这是好些人头脑里的疑问。

那么，就让我们来还原一下这位曾被袁枚誉为"礼贤爱士，侠内峻嶒"的横波夫人吧。

顾横波，本名顾媚，字眉生，上元（今南京）人。曾是秦淮歌妓，才艺名动一时，有"南曲第一"之称。什么叫作"南曲"？就是泛指卖艺不卖身的江南名妓。清末叶衍兰刻《秦淮八艳图咏》，将顾横波列为"秦淮八艳"之一。所谓"八艳"，包括马湘兰、卞玉京、李香君、柳如是、董小宛、顾横波、寇白门、陈圆圆八个名妓。"秦淮八艳"中，顾横波是地位最显赫的一位，受诰封为"一品夫人"，时称横波夫人。

据顾横波的座上客余怀在他的《板桥杂记》里描写，秦淮青楼中的顾媚"庄妍靓雅，风度超群。鬓发如云，桃花满面；弓弯纤小，腰支轻亚"，广受风流名士们的青睐，以致她居住的眉楼门庭若市，几乎宴无虚日。余怀将眉楼戏称为"迷楼"。常得眉楼邀宴者谓之

"眉楼客"，俨然成为一种风雅的标志，而江南诸多文宴酒会，亦每以顾横波缺席为憾。

后来顾横波嫁给龚鼎孳为妾。龚鼎孳当时是明崇祯进士。他以诗名卓著，与吴伟业、钱谦益号称"江左三大家"。婚后两情相悦，他们渴望能够生一个儿子传宗接代，然而却一直没有生育。这是一件至为遗憾的事。顾横波盼儿心切，"甚至雕异香木为男，四肢俱动，锦绷绣袴，雇乳母开怀哺之，保母襄襟作便溺状，内外通称小相公"。这个制作精巧的小木头人，带给他俩一些精神上的安慰。

改朝换代的历史巨变，并没有影响到他俩的甜蜜生活。那时候，龚鼎孳正寓居杭州西子湖畔，常常偕同横波夫人徘徊于山水之间，陶醉于诗酒情话。据徐釚《词苑丛谈》记载，有一天晚上，他们俩泛舟西湖，龚鼎孳作《奴儿令》词四首。在词前小序中，他用生动的文字描述了当时的情景：

> 五月十四夜，湖风酣畅，月明如洗，繁星尽敛，天水一碧。偕内子系艇子于寓楼下，剥菱煮芰，小饮达曙。人声既绝，楼台灯火，周视悄然。惟四山苍翠，时时滴入杯底。千百年西湖，今夕始独为吾有，徘徊顾恋，不谓人世也。酒语情话，因口占四调以纪其事。子瞻有云：何地无月，但少闲人如吾两人。予则谓：何地无闲人，无事寻事如吾两人者，未易多得尔。

两人的生活态度都是及时行乐，而且如此潇洒、浪漫，富于诗情画意；那政治态度却又如何呢？

想当初，李自成攻克北京，龚鼎孳迎降大顺朝；清兵入关后，他又屈节降清，做到了礼部尚书。据说龚鼎孳本来打算要以身殉君，然而为顾横波所阻止。龚常对人说："我原欲死，奈小妾不肯何。"

这就是郁达夫题龚鼎孳《芙蓉斋集》诗中所说"未必临危难授命，都因无奈顾横波"的出典。所传顾横波在改朝换代关键时刻的政治态度，同柳如是劝钱谦益自杀的情形，适成对照，算是明清易代之际屈节文人的两则饶有趣味的轶事。当然，龚鼎孳把责任一股脑儿推到顾横波的身上，其实不过是自欺欺人罢了。

事实上，顾横波也有侠肝义胆的一面，她本人就曾利用清皇朝对她丈夫的宠信，保护过反清爱国的志士、著名诗人阎尔梅（号古古）。阎是明崇祯举人，明朝灭亡后，奔走国事，过着亡命的生活。某次，清朝官吏派人来搜捕，顾横波急中生智，把阎尔梅隐藏在侧室的复壁里，这才幸而脱险。

顾横波与柳如是为姊妹行，都是秦淮名妓，又都是尚书夫人，其出身际遇和平生行事，有许多相同之处。因此，多少年来，人们习惯把她们两人相提并论。查为仁《莲坡诗话》中说："钱虞山之于柳如是，龚合肥之于顾横波同类。"并引时人题顾横波画兰诗说："蘼芜诗句横波墨，都是尚书传里人。"袁枚在《随园诗话》中评论说："明季秦淮名妓，柳如是、顾横波，其尤著者也。俱以色艺受公卿知，为之落籍。而所适钱、龚两尚书，又都少夷、齐之节。两夫人恰礼贤爱士，侠内峻嶒。"袁枚称赞顾横波"礼贤爱士，侠骨峻嶒"，说的就是掩护阎尔梅脱险那回事。

顾横波个性豪爽不羁，有男儿风，与当时名士交游甚广。在秦淮八艳中，她确与柳如是较为相像，名士尝以"眉兄"呼之，颇似柳如是之自称为"弟"。

传说，当时的名士黄道周尝以"目中有妓，心中无妓"自诩，东林诸生乃趁其酒醉时请横波去衣共榻，试试他是否真有柳下惠的本事，结果黄道周真的坐怀不乱，不为所动。顾横波对那些测试者中肯地说："公等为名士，赋诗饮酒是乐而已。为圣为佛，成忠成孝，终归黄公。"这个传闻如果属实，倒可反映出时人眼中顾横波不以世俗礼教为意的行事作风；同时，也表现了她的知人之明。黄道周后来为抗清四处奔走，终被清兵所俘，就义前夕，酣寝达旦。如此从容赴死，绝非常人可以做到。

顾横波是怎样摘取到"一品夫人"的桂冠呢？当初，龚鼎孳把顾横波的地位从妾提为"亚妻"（第二夫人）。龚的原配夫人董氏，在明朝两次被封为孺人。龚入仕清朝以后，董夫人却志行高洁，一直居住在合肥老家，不肯随宦京师。她说："我经两受明封，以后本朝恩典，让顾太太可也。"于是，顾横波便"专宠受封"，坐上了"一品夫人"的位置。

康熙三年（1664）冬，46岁的顾横波一病不起，卒于北京铁狮子胡同龚府，吊丧的车辆有数百乘，备极哀荣。龚鼎孳将她的遗体送回合肥安葬，并在庐州为她设堂祭奠。当时，被顾横波救助的阎尔梅、《板桥杂记》作者余怀以及著名说书艺人柳敬亭等，都赶来参礼。龚鼎孳在北京长俸寺建妙香阁纪念，并为之著《白门柳传奇》流传于世。

顾横波精音律，能诗词，风格幽婉。著有《柳花阁集》。据《板桥杂记》记载，她婚后客人中常有来龚家讨求龚鼎孳的书画的，可是送给客人的画中就有顾横波的手笔。她的山水画天然秀绝，尤以画兰著名。她17岁时所绘《兰花图》扇面今藏于北京故宫博物院中。

董小宛

影梅庵忆

董小宛之死，始终都是文化史上最受争议的谜团。清宫有四大疑案，第一个就是顺治出家，传说顺治出家是为了董小宛，董小宛就是顺治帝的董鄂妃。

为此，学界长期争论不休。仅就近现代介入此事的著名学者而言，就可列出一串名单：孟森、陈寅恪、黄侃、王梦阮、赵苕狂、顾启等诸位先生。翻检这些假说，大致可以分为两类："病死说"与"劫掠说"。主张"病死说"的学者主要是孟森、顾启两位先生。陈寅恪早已明确指出，董小宛并非董鄂妃，只是他也并不认同"病死说"。陈先生认为，冒襄详述董小宛梦境的缘由，是在暗示劫掠的事实，或许是因为政治避讳，而只能以死代之。

翻开《辞海》，里面明白地写道：

> 董小宛（1624—1651年），明末秦淮名妓，名白，后为冒襄（辟疆）妾。清兵南下时，辗转于离乱之间达九年，后因劳累过度而死。辟疆曾著《影梅庵忆语》，追忆他们的生活。有人说她为清顺治帝宠妃，系由附会董鄂妃而来。

显然可以理解为，《辞海》这是为董小宛被附会为董鄂妃的事而澄清，可见这个历史误会是怎样的根深蒂固。

事实上，在冒襄（辟疆）的《亡妾秦淮董氏小宛哀辞》中，明确记载董小宛的死亡时间为顺治八年（1651）正月初二。董小宛死时 27 岁，顺治才 14 岁。说董鄂妃就是董小宛，岂非妄说！

追根溯源，这种传说最初来自《红楼梦》的索引派，其代表人物是王梦阮。他在《红楼梦索引》中说《红楼梦》"全为清世祖与董鄂妃而作"，而董鄂妃"实则人人皆知为秦淮名妓董小宛也"。经过王梦阮的"索引"，顺治帝成了贾宝玉，董小宛则成了林黛玉，说什么"小宛名白，故黛玉名黛，粉白黛绿之意也"，弄得像真的一样。

那么，历史上真实的董小宛是怎么样的一个人呢？

董小宛，名白，一字青莲，别号青莲女史。

据说她出生于苏州城内的"董家绣庄"，这是苏州小有名气的一个苏绣世家。她天资巧慧，容貌娟妍，七八岁时由母亲陈氏教她读书、写字，数年之后，便通诗史，善书画，"针神曲圣，食谱茶经，莫不精晓"。

董小宛成为歌妓后，"才色为一时之冠"，赢得了一些高洁之士的欣赏。之后，性爱娴静的她因厌倦秦淮的喧嚣，离开了青楼，迁居苏州半塘，选择了河滨一处偏僻所在，构筑起竹篱茅舍。每当有人经过她的窗口，时常可以听见她的吟咏声。也只有在这时，人们才知道，原来此中有人居住。

在此期间，董小宛醉心于山水之间，"扁舟游西子湖，登黄山，礼白岳，仍归吴门"。接着，她的母亲去世，自己也抱病在床。她在病中写成《绿窗偶成》一诗：

病眼看花愁思深，幽窗独坐抚瑶琴。

黄鹂亦似知人意，柳外时时弄好音。

病愈，董小宛跟随"四公子"之一的如皋人冒襄，"过惠山，历澄江、荆溪，抵京口，陟金山绝顶，观大江竞渡以归"。

其实他俩的爱情结合也并非投桃报李，一拍即合，而是历尽艰辛，几经周折。会晤之初，董小宛便极愿以身相许，冒襄却有意规避。离开时小宛一直随舟相送，经历了27天，冒公子却拒绝了27次。原因何在？冒襄道出了原委："且姬吴门逋债甚重，金陵落籍，亦费商量。"关键是小宛还债，乐籍中除名，需要一大笔钱。尽管小宛"掩面痛哭失声"，冒公子依然决绝而去。此时的小宛成了冒襄一个大包袱。他坦率地承认："余虽怜姬，然得轻身归，如释重负。"

冒襄金陵应试，小宛孤身与一老姬从苏州坐船赶到南京，途中艰险备尝，几遭不测。接着，冒襄尾随退休的父亲乘船而去，小宛又从桃叶寓馆发舟追来，燕子矶遇风，险些葬身波涛。就这样一直追到冒公子的家乡如皋。这时的冒公子却因为落第而心情恶劣，竟然"冷面铁心，与姬诀别"，把小宛赶回苏州。

就在小宛陷于山穷水尽的绝境的时候，冒襄的友人自筹资金前往苏州救赎小宛，不料因故而搁浅。后来由一代文宗钱谦益鼎力相助，小宛这才得以落籍。终于如愿以偿，她成为冒襄的侧室。

婚后，小宛过上了一段安定生活。她与冒襄在一起泼墨挥毫，作画吟诗，评论山水，鉴别金石，或者赏花品茗，制作美食。她将早年习得的颇具艺术趣味的生活方式带到冒襄身边，令其受用不已。

但像董小宛这样一位超凡脱俗、绝不像风月场中的人物，性格上又带有一定的封闭性，内向而不满自身的处境，内心埋下深深的痛苦而又无法排遣。这就带来西方人所说的"影恋"倾向。冒襄的友人张明弼写有《冒姬董小宛传》，文中对她就有"居恒揽镜"的描述。她常对着镜子里的"我"自言自语："吾姿慧如此，即诎首庸人妇，犹当叹彩凤随鸦，况作飘花零叶乎？"

清兵南下时，她跟随冒襄渡江避难，辗转于离乱之间，过着颠沛流离、疲于奔命的生活，达九年之久。董小宛写给冒辟疆的一首诗，记录了一段战乱遇险的经历，并道出了同丈夫生死与共的心声：

> 事急投君险遭凶，此生难期与君逢。
> 肠虽已断情未了，生不相从死相从。
> 红颜自古嗟薄命，青史谁人鉴曲衷。
> 拼得一命酬知己，追伍波臣做鬼雄。

冒襄字辟疆，号巢民，是当时的大名士，与方以智、陈贞慧、侯方域四人合称为复社"四公子"。此人颇有骨气，明亡后隐居不仕，屡次拒绝清朝官吏的举荐。在逃难江南时，董小宛耳闻目睹扬州十日、嘉定三屠等血腥暴行，对清朝统治集团的民族屠杀政策十分痛恨。在盐官照料被惊吓而病重的冒襄时，她说："异日幸生还，当与君敝屣万有，逍遥物外，慎毋忘此际此语！"劝导冒襄在任何情况下都不应跟清朝贵族合作。董小宛的言行，对冒襄本人一生义不降清，应该说影响不小。

冒襄一生潜心著述。董小宛也竭尽全力，日夜协助丈夫查阅资料，抄写图书。在避难盐官期间，她本人专门荟萃闺阁杂事，编著《奁艳》三卷。

董小宛与顾横波等人为挚友。顾横波曾远道而来，向她借阅《奁艳》书稿。有一年中秋佳节，冒襄夫妇在各地的同社诸友，前来秦淮聚会。同人们有感于董小宛不辞风波之险，同冒襄患难与共，因此特地在桃叶水阁置酒设宴，表示祝贺。顾横波、李夫人等女友也都赶来相庆。冒襄后来追忆当时的情景说：

> 是日，新演《燕子笺》，曲尽情艳，至霍华离合处，姬（指董）泣下，顾、李亦泣下。一时才子佳人，楼台烟水，新声明月，俱足千古。至今思之，不异游仙枕上梦幻也。

董小宛积劳成疾，一病不起。她早逝后，冒襄葬爱妾于园内影梅庵。他饱蘸深情的笔墨，写下有名的《影梅庵忆语》，洋洋二千四百言，细致入微地记叙了他们往日的生活点滴，哀思绵绵，缅怀无已。

对于董小宛的不幸早逝，同人中哀词甚多，一时名士无不赋诗以赠。其中著名诗人吴梅村（伟业）为悼念董小宛所作的十首绝句，最为出色。其中有一首写道：

> 珍珠无价玉无瑕，小字贪看问妾家。
> 寻到百堤呼出见，月明残雪映梅花。

"珍珠无价玉无瑕。"这是对董小宛超人的文华才情和高尚的品格情操的最好评价。她虽然出身"微贱"，生命短暂，但是，把她比作一颗无价的明珠，一块无瑕的白玉，她是当之无愧的。

李因的『诗画配』

　　究竟是什么样的女子值得著名思想家黄宗羲为她作传呢？李因，就是这样一个格外值得铭记的女子。

　　黄宗羲在《李因传》中指出："当是时，虞山有柳如是，云间有王修微（即王微），皆以唱随风雅闻于天下。是庵（即李因）为之鼎足。"也就是说，在明清易代之际，李因是与柳如是、王微鼎足而立的一位名闻天下的女诗人兼女画家。

　　李因，字今是，号是庵，别号龛山逸史、海昌女史，晚号今生，会稽（今绍兴）人，一作钱塘（今杭州）人。她虽出身贫寒，但资性警敏，耽于读书、练字，常常"积苔为纸，扫柿为书，帷萤为灯"；虽生而韶秀，却不爱用脂粉打扮自己，只要一有闲暇，就以作诗绘画为乐，终于勤奋结果，苦学成才。

　　一次偶然的机会，海宁人葛征奇得见李因一首《咏盆梅》诗，其中有"一枝留待晚春开"之句，不禁为这句"诗谶"怦然心动，于是纳为侧室。葛征奇字无奇，号介龛，崇祯初进士，官至光禄寺少卿。他也是一位诗人，著有《芜园诗集》。

　　结婚以后，随着葛征奇职务的不断变动，李因也跟着一起到处奔波，十五年中，他们先后"溯太湖，渡金焦，涉黄河，泛济水，达幽燕",几乎跑遍了半个中国。她的诗集《竹笑轩吟草》及其续集,所收入的数百首诗词,大多数是旅途中的作品。

李因生活的中后期,适逢战乱。有一次,他们夫妇乘舟途经宿州,正值兵变猝起,矢石交加。旅客们惊慌错愕,互不相顾,如鸟兽散。李因虽然身体中箭,创伤特甚,却依然手抱诗稿,奋不顾身,独越数舟,追寻丈夫的踪迹。夫妇相见时,她尚不自觉痛,且讯且慰。尽管行李和首饰丧失殆尽,可是呕心沥血的诗稿却安然无恙,这是她最为庆幸的事。

宦游期间,浪迹萍踪。他们夫唱妇随,自为师友,阄韵赌诗,以为笑乐;一起品赏奇书名画,摩玩古器唐碑,好似李清照与赵明诚再世。每遇水木明瑟,风日清美,李因便泼墨作山水,或花鸟写生,画成便由丈夫加以题识,在画上钤以"介庵"的印章。"介庵",是分别从葛征奇和李因的字号"介龛""是庵"中各取一字而成,可见其琴瑟和鸣。葛征奇把他们俩的画做了个比较,他对人说:"山水,姬不如我;花鸟,我不如姬。"《杭郡诗辑》评她的画:"洒然落笔,则花竹之夭斜,禽鸟之飞跃,高淡生动,净洗铅粉妍媚之习。"李因对自己的画作雅自珍惜,然而脱手即便流传。她晚年以作画为生,据说海宁一带模仿者竟达四十余人。

李因早年创作的一幅《荷鸳图》,葛征奇题四言诗一首:"芰荷为衣,芙蓉为裳。双飞者翼,相与徜徉。"这是李因夫妇恩爱情笃的诗画合璧之作。

在绘画上,她崇尚隽雅,山水画学习宋人米芾、米友仁父子,多用水墨点染,即米芾所谓"以烟云掩映树石"。花鸟画则师法明代画家"白阳山人"陈淳。她专门"刻沉香为像,以奉白阳山人",足见她对这位画家是多么崇拜!

清顺治二年(1645),葛征奇因明亡而忧愤郁结逝世。李因时年

35 岁。在此后的四十年中，她独居故园，自甘岑寂，一直过着穷困凄凉而又孤芳自赏的生活。四壁萧然，有时甚至不能举火。她便靠纺织与卖画维持生计，"冰雪贞操，四十年如一日"。稍有空闲，她还坚持读书吟咏，一如既往。

她终生以明人自居，画中从不署清代年号。她"扼腕时事，义愤激烈，为须眉所不逮"。看到晚明的战乱，她慷慨写道："徒怀报国惭彤管，洒血征袍羡木兰。"为人称道"有古闺侠风"。

李因曾在自己所作的一幅《莲鸭图》上题诗说：

> 皎镜方塘绝点尘，水宫仙子晓妆新。
> 画家不著胭脂染，想见蛾眉淡扫人。
>
> 芜园风景迥超尘，好鸟名花异样新。
> 不画并头与交颈，自伤身是抱衾人。
>
> 晚春句好笔无尘，泼墨秋塘格更新。
> 若信三生因果事，前身应是辋川人。

这三首题画诗，可说是作者性格、身世、才情三方面的自我写照。

"想见蛾眉淡扫人"——画家不正是一个"耻事铅粉"的女子吗？

"自伤身是抱衾人"——作者身为侍妾，社会地位低下，伤感之情，油然而生。

"前身应是辋川人"——李因在这里自比"诗中有画，画中有诗"的"辋川人"王维，可见，她又是何等的自负！

她在一则诗前小序中说，自从丈夫逝世后，"余独居竹笑轩，手植梅花，到时今又数寻矣。昔人有云：白杨作柱，红粉成灰；树犹如此，人何以堪！"她写道："白发蓬松强自支，孤灯独坐苦吟诗。"风烛残年的女诗人，抚景凄然，只有在诗里寄托自己的哀思和愁绪了。

　　她的诗也像她的为人一样"无铅粉之饰"。崇祯十六年（1643），葛征奇为李因的诗集作序，称她的作品"清扬婉妩，如晨露初桐，又如微云疏雨，自成逸品，绝去饾饤习气，即老宿巨公不能相下"。她的后期作品入世较深，诗的格调更加深沉，正如评论者所说，"沉郁抗壮，有烈丈夫所难为者"。

黄媛介的三种"姿态"

明清易代之际，江南才女结社联吟蔚为风气。高彦颐将闺秀才媛群体分为三种"姿态"：家居式、社交式和公众式。他的《闺塾师》一书重点谈到一位集三种"姿态"于一身的女诗人黄媛介。

书中说，黄媛介是一位职业艺术家和作家，漫游于江南的城镇中，在其时一流男性和女性文学之士的社交圈中，她集中三类女子的"姿态"——沈宜修的家居式、商景兰的社交式和柳如是的短暂公众式，在所有三种"姿态"中都如鱼得水。

黄媛介，字皆令。嘉兴人。她以诗、文、书、画名于一时，被称为"四绝"，受到文坛大家的赞赏。明末著名散文家张岱曾在《赠黄皆令女校书》诗中赞道："未闻书画与诗文，一个名媛工四绝。""巾帼之间生异人，何必须眉而冠帻。"

黄媛介早年许配给士人杨世功。纳聘后，杨世功家道衰败，一贫如洗，无力娶亲，后流落吴门（苏州），久客不归。父兄屡次劝说媛介改嫁，她都执意不从。

黄媛介诗名日高，有富豪人家托人登门说亲，愿以千金聘礼，娶她为妾。这一次，不用说遭到她本人的断然拒绝，就是她的兄长也坚决不肯。吴梅村（伟业）有一首诗说"不知世有杜樊川（杜牧）"，即是指的这件事。据说，复社领袖张溥当时正值青春年少，他闻说黄媛介的诗名，也曾前来求婚。媛介一听大名鼎鼎的张溥找上门来，顿时为好奇心所驱使，于是约定某日，设一屏障，让她能够看他一眼。看罢之后，媛介对父兄说："我以张公名士，欲一见之。今观其人，有才无命，可惜也。"所谓"有才无命"云云，恐怕只是一种托词。因为她本无诚意，不过只是想借此一睹大名士的风采而已。

最终她还是不改初衷，嫁给了他乡归来的落魄游子杨世功。

后来，满清入关，在 1645 年这场改朝换代的战乱中，黄媛介被清兵或强盗绑架。获释后，她游历于江苏吴县和江宁，然后归隐于邻近的镇江县金坛一位地方士绅之家的别墅中。

《丙戌清明》一诗寄托了她怀恋故国的情怀。此诗写作于清世祖顺治三年，明室新亡，父母离散，作为前朝"遗民"，媛介总是不能释怀。正值清明时节，凝望故乡，国恨家仇，纷纷向诗人心头袭来。她写道：

> 倚柱空怀漆室忧，人家依旧有红楼。
> 思将细雨应同发，泪与飞花总不收。
> 折柳已成新伏腊，禁烟原是古春秋。
> 白云亲舍常凝望，一寸心当万斛愁。

再后来，她短暂定居于杭州的西子湖畔，曾经在断桥边租一间小屋，靠卖画谋生。一旦稍有余钱，便不再卖画。一首《夏日纪贫》，就是她僦居杭州时贫苦生活的实录。诗云：

> 池塘水涨荇如烟，燕啄萍丝翠影悬。

高壁阴多能蔽日，新荷叶小未成莲。

著书不费居山事，沽酒恒消卖画钱。

贫况不堪门外见，依依槐柳绿遮天。

一介妇人，独力支撑生活的重担，萧然寒素之身，可想而知。论者称道："其所记述多流离悲戚之辞，而温柔敦厚，怨而不怒。"

在这种病苦穷愁的境地中，媛介亦常怀济民之心，她在一首五绝诗中写道：

倾橐无锱铢，搜瓶无斗升。

相逢患难人，何能解相救？

《玉镜阳秋》中评此诗说："家无儋石，而心存济物，襟情尤不凡。"

她的另一首五绝云：

一日饥寒见，三年感愧深。

君看水流处，一折一回心。

这首诗被人评为："困心衡虑之言，殊有学问之气。"

当她的声望到达京城后，黄媛介受邀赴京为一位官员之女做塾师，加入了数量日增的巡游之师的行列中。

她儿子的溺死，不久之后女儿的亡故，打断了黄媛介在北方的塾师生涯。不到一年，她便返回了江南，很快便患病逝世。

黄媛介一生，创作颇丰，所著《南华馆古文诗集》《越湖草》《湖上草》《如石阁漫草》以及《离隐词》等，今已不可得。即便如此，她还是留传下了超过一千首诗，成为诗坛当之无愧的杰出女诗人。

她与文学家吴梅村（伟业）、王渔洋（士祯）等亦有交谊，多所唱和。吴梅村曾为她的诗集作序，对她的艺术成就倍加赞赏。黄媛介的赋在当时很受人称道，特别是《闲思赋》和《竹赋》两篇。王渔洋说她"作小赋颇有魏晋风致"。

媛介与吴梅村可以称为文字友，两人时相唱和。她曾和吴梅村《鸳湖闺咏》七律四首，皆是当时生活的自况，体现出一份耽于清贫的闲淡。其中第三首写道：

> 石移山去草堂虚，漫理琴尊茸故居。
> 闲教痴儿频护竹，惊闻长者独回车。
> 牵萝补屋思偏逸，织锦成文意自如。
> 独怪幽怀人不识，目空禹穴旧藏书。

可以看得出来，作者是一位玉洁冰清、胸襟不凡的女诗人。此诗既出，和者甚众，不过"妆点闺阁，过于绮靡"，不值一提。当时有人对媛介做了一个实事求是的评价，认为她"德胜于貌"。吴梅村觉得"此言最为雅正"。诚然，他对这位女诗人的人品毕竟是了解的。

黄媛介曾为渔洋先生作画一幅，自题诗一首，可谓"画中有诗，诗中有画"：

> 懒登高阁望青山，愧我年来学闭关。
> 淡墨遥传缥缈意，孤峰只在有无间。

在当时的社会环境中，她像一座孤峰，能跻身于社会名流的文化圈子，实属不易，但毕竟不能像男性作家那样干预生活，唯有借助画纸笔墨，才能隐约寄托自己的胸襟抱负。

有很长一段时间，她客居在虞山柳如是的绛云楼中，两位女诗人在一起讨论文字，切磋学问，成了一对闺阁挚友。因柳如是的关系，钱谦益与媛介亦交往密切，他曾经为媛介作诗序，有今昔之感。他评媛介的一首小诗："灯明惟我影，林寒鸟稀鸣。窗中人息机，风雪初有声。"说："再三讽咏，凄然诎然，如霜林之落叶，如午夜之清梵，岂非白莲、南岳之遗响乎？"

黄媛介与"家居式"女子社群的代表人物沈宜修早就建立了友谊关系。后来，她又结识了"社交式"女子社群的领袖人物商景兰，成为其座上宾。

商景兰有一首《赠闺塾师黄媛介》的诗作，表达了对这位闺塾师才艺的高度赞赏：

> 门锁蓬莱十载居，何期千里觏云裾。
> 才华直接班姬后，风雅平欺左氏馀。
> 八体临池争幼妇，千年作赋拟相如。
> 今朝把臂怜同调，始信当年女校书。

除柳如是、沈宜修、商景兰之外，黄媛介同女诗人吴岩子（吴山）、卞元文母女也是很要好的朋友。吴岩子的诗集为《青山集》，邓汉仪为之题词："江湖萍梗乱离身，破砚单衫相对贫。今日一灯花雨外，青山自署女遗民。"她也同黄媛介一样历经乱离，居无定所，一样深怀遗民之感、故国之思，可谓心心相印的患难之交。

黄媛介的姐姐黄媛贞，字皆德，为知府朱茂时继妻，也是一位女诗人，著有《卧云斋诗集》。

沈宜修和她的天才女儿们

明清两代，出现了许多文学世家。一家之中，祖孙、母女、婆媳、姊妹、姑嫂、妯娌，均系诗人、词人、文学家。这种文化现象在明清两代的江南尤为多见，往往是一门风雅，作家辈出。

最著名的自然要数明末清初吴江叶氏午梦堂，一门珠联，相映生辉。这个家庭式的女性文学群体，以沈宜修为首，以她和她的三个爱女为轴心。

沈宜修，字宛君。沈家本为吴江望族，沈宜修工诗词，是吴江女性诗坛的中坚人物。据她的丈夫叶绍袁的回忆文章说，宜修"浓眉秀目，长身弱骨，生平不解脂粉，家无珠翠，性亦不喜艳妆，妇女宴会，清鬓淡服而已。然好谈笑，善诙谐，能饮酒。"

吴江人叶绍袁，是明朝天启进士，工部主事。沈宜修与叶绍袁结婚后，生有五女八男，均有文采。著名的诗论家叶燮就是她的第六子。长女叶纨纨、次女叶小纨、三女叶小鸾、五女叶小繁、三儿媳沈宪英，还有沈宜修的表妹、弟媳兼一生好友张倩倩，均工诗词，并著有诗集。就连家中的婢女也参与这个家庭式诗群。

叶纨纨、叶小纨、叶小鸾，在古代女性文坛上鼎足而立。有的研究者评价说，这在中国文学史上都堪称绝调。当时就有人赞道：

"汾湖诸叶，叶叶争辉，连枝竞艳，幼最娥眉。"

"幼最娥眉"，指的就是叶小鸾。

叶小鸾（1616—1632），字琼章，一字瑶期。出生六月，即抚养于舅家。舅母张倩倩是小鸾母亲沈宜修的表妹，因儿女早亡，便把小鸾当作女儿。小鸾四岁时，舅母便教她《离骚》和古今诗词。

十岁归家，正值秋末冬初，清灯夜坐，门外风竹潇潇，帘前明月如昼。其母偶出一联：桂寒清露湿；小鸾当即对道：枫冷乱红凋。母亲欣喜异常，认为小鸾有谢道韫"柳絮因风"的才思。

十二岁时，小鸾吟成《春日晓装》一绝：

揽镜晓风清，双蛾岂画成？
簪花初欲罢，柳外正莺声。

十四岁时，能弈。十六岁时，有族姑善琴，略微指教，即通数调，清泠可听。家有画卷，能摹写，虽无师传授，然所作落花飞蝶，甚有风雅之致。

小鸾喜幽静，每日临王献之《洛神赋帖》或怀素草书。不分寒暑，静坐北窗，一炉幽香，与琴书为伴。她长得很美，但不喜欢人称赞。一次，她父亲开玩笑说她有绝世之姿，她不高兴，说："女子倾城之色，何所取贵？父何必加之于儿！"

小鸾与昆山张立平订婚，临近婚期，其父因家贫，无所措办，焦虑不安。

小鸾则说："荆钗布裙，贫士之常，父何自苦为？"

这样一个天生丽质、才思敏捷、品性高雅的好女子，想不到离婚期只有五天便病逝了，年仅17岁。

小鸾作为昙花一现的冰封雪冻闺阁作家，堕迹尘寰虽只有短短的 17 年，可是她的艺术才华却崭露头角，文学作品也很丰富。著有《返生香》，又名《疏香阁遗集》。她的诗词清新淡雅，同她的为人一样无妖艳之态，无脂粉之气。比如《春日送蕙绸姊》一绝：

> 丝丝杨柳拂烟轻，总为愁人送别情。
> 惟有流波似离恨，共将明月伴君行。

又如《浣溪沙·春闺》词：

> 曲榭莺啼翠影重，红妆春恼淡芳容。疏香满院闭帘栊。
> 流水画桥愁落日，飞花飘絮怨东风。不禁憔悴一春中。

明末著名女诗人黄媛介（皆令）读叶小鸾遗集后，被深深打动。她在一首和诗中这样写道："当年若见黄皆令，深怨深愁应自消。"似乎有一种移情代入的感觉。她对叶小鸾的诗词作品给予很高的评价："诗则与古人相上下，间有差胜者；词则情深藻艳，婉约凝修，字字叙其真愁，章章浣其天趣，成风散雨，出口入心，虽唐宋名人，亦当避席。"

小鸾的散文也有较高的造诣。《玉镜阳秋》说她"骈俪之文，涉笔便工。《秋思》一序及《连珠》数篇，并为妍妙；《汾湖石记》意颇仿欧，虽小用传奇体，然潆洄秀复，不可一读而置，尤是佳文。"

沈宜修的大女儿叶纨纨，字昭齐。此女相貌端妍，金辉玉润，德性俭勤，识见超旷，深有幽娴肃穆的风度。据说她三岁便能背诵白居易的《长恨歌》，十三岁已能作诗填词。《玉镜阳秋》称她的诗"七绝及诗馀诸调，殊有清丽之词"。书法遒劲，有晋人风致。

叶纨纨嫁袁氏为妻，"空婚"后七年悒悒不得志，因而"无一时不愁，无一语不愁"。著有《愁言》。叶绍袁在为《愁言》写的序中，总体描绘了她的诗词集里"愁"的题材。这个形象化的概括在才女们的作品中随处可见：

> 睹飞花之辞树，对芳草之成茵，听一叶之惊秋，昭半床之落月，叹春风之入户，怆夜雨之敲灯，悲塞雁之南书，凄霜砧之北梦，泣芙蓉之堕落，怨杨柳之啼莺，怅金炉之日暖，泣锦字之晨题，愁止一端，感生万族。

崇祯五年秋，小鸾将嫁之时，纨纨正为小妹作催妆诗，诗成而噩耗传来。她因归家哭妹，悲恸过甚，发病而死。

沈宜修的二女儿叶小纨，字蕙绸，嫁诸生沈永祯为妻。她独精于曲律，不但诗词清丽秀美，而且还是一位难得的女戏曲家。正如她的舅父、戏曲家沈自征所说："词曲盛于元，未闻擅能闺秀者。蕙绸出其俊才，补从来闺秀所未有。"

姐妹死后，小纨哀伤不已，因作杂剧《鸳鸯梦》以寄哀思。剧中假托蕙百芳、昭綦成、琼龙雕三书生结拜为兄弟，实际上即是她们姊妹三人的化身，名字各占一字，年龄也正相合。开始从西王母因三侍女尘缘未断，谪罚三人降生松陵地方、汾水之滨写起。全剧共分四出：第一出写中秋佳日，三友同游凤凰台；第二出写第二年中秋节，蕙百芳（作者自指）苦苦思念昭綦成、琼龙雕二友；第三出写家童飞报琼龙雕昨夜病逝的噩耗，蕙百芳赶去吊丧，正在抚棺恸哭，家仆又来报知，昭綦成因闻琼氏死讯，一恸而亡；第四出写琼、昭二友相继死后，蕙氏"遂悟生死靡常"，从此"逍遥云水，访道寻真"，经八仙之一的李纯阳指点，醒悟到"人生聚散，荣枯得失，皆犹是梦"，终于"回头"，重新与昭、琼相聚一处，同到瑶池为西王母献寿。

小纨借《鸳鸯梦》追念不幸死去的姐妹，沉痛悱恻，甚具真情，词曲亦楚楚动人。有人评论此剧，以为"殊清警拔俗"。

这是中国文学史上保存下来的女性写的第一个完整的剧本，尤其值得珍视。

玉女双摧，明珠两失，相隔仅70天。沈宜修在暮年接连失去了两个姿才过人的爱女，其悲哀伤痛之情真是"肝肠裂尽，血泪成枯"。她把满腔的哀思寄托于诗词之中。她在《哭季女琼章》诗中写道："抚持深闺十七年，幽兰明月可方妍。""折玉碎珠何太早，魂返无术心空捣。""恨极江淹亦未闻，哀多庾信难堪诉。"她的《哭长女昭齐》诗之四写道：

> 东风吹不到泉台，姊妹长眠甚日开。
> 微雨池塘春索莫，暮云烟树影徘徊。
> 半生只与愁为伴，七载尝从闷里催。
> 赴唁归宁伤竟夭，可堪哀处更添哀。

又如《忆秦娥·寒夜不寐》词：

> 西风冽。竹声敲雨凄寒切。凄寒切。寸心百折，回肠千结。
> 瑶华早逗梨花雪。疏香从远愁难说。愁难说。旧时欢笑，而今泪血。

沈宜修所作的《季女琼章传》，琐琐写来，一字一泪，至情动人，更是令人不忍卒读。

爱女连丧后，沈宜修一面编辑女儿们的遗诗，一面又搜集当时名媛诗文，编为《伊人思》一卷。她的目的，不光是为了女儿，还要为后世保存尽可能多的才女文字，以免散佚。她在向丈夫请求帮助时慷慨陈词：

> 女虽亡，幸矣天下奁香彤管，独我女哉？古今湮没不传，寂寥罕纪者，盖亦何限，甚可叹也！

爱女连丧后不到三年，不幸的命运有加无已，聪敏好学的次子叶世偁又一病不起。沈宜修夫妇叩天祈祷，以至于额膝俱肿。接二连三的打击，使沈宜修神伤心死，幽忧憔悴，不久也离开了人世。

叶绍袁在编辑出版了其妻女的生前作品后，被孤独和悲伤深深压倒。他写道：

> 我内人沈宛君，夙好文章，究心风雅，与诸女题花赋草，镂月裁云，一时相赏，庶称美谭。而长女昭齐，逾二十以忧死；季女琼章，方破瓜以仙死。今宛君又以孝慈感悼，短算长徂，流水无归，彩云去远。遗文在箧，手泽空悲，珠玉停辉，琼瑶陨色，甚矣！才之累人矣！令宛君与两女未必才，才未必工，何至招殃造物，致忌彼苍！

沈宜修著有《鹂吹》集二卷，《梅花诗》一卷。她的《鹂吹》集里的作品，沉着老成，清绮流丽。《玉镜阳秋》评说："叶夫人诗，绮缛有余，微乏清峭，精掇数篇，颇殊世赏。"比如她的五言律诗《金陵秋夜》一组四首，可谓"弹丸脱手"。仅录一首如下：

> 促织叫声怨，颓垣彻夜幽。

古窗留月照，寒柏森荒湫。

乡异愁无异，江流恨亦流。

闲云空渺漠，飞影日悠悠。

又如七言律诗《立秋夜感怀》：

凉夜悠悠露气清，暗虫凄切草间鸣。

高林一叶人初去，短梦三更感乍生。

自恨回波千曲绕，空馀残月半窗明。

文园多病悲秋客，摇落西风万古情。

论者以为，"高林一叶人初去，短梦三更感乍生"一联，足为高亮之词。另一首七律《忆君庸弟》中"遥思羌笛吹残月，此际寒光下落霜"一联，也不乏清遥之思。这些，都是她诗中的警句。

沈宜修和她的女儿们确实个个都有文学才华。《列朝诗集》称赞叶氏三姊妹是"兰心蕙质"的"天人"，又说她们家的文学气氛"不逊谢家"。当时，她们母女之间，题花赋草，镂云裁月，唱和极富，艺林传为美谈。下面录一组她们母女间唱和的《水龙吟》词作，以见其家学之一斑。

沈宜修的《水龙吟》词，有一小序说："丁卯，余随宦冶城，诸兄弟应秋试，俱得信晤。后仲韶迁北，独赴燕中。余幽居忽忽，恍焉三载。赋此志慨。"

砧声敲动千门，渡头斜日疏烟逗。莲歌又罢，芰房将采，愁凝翠岫。巫峡波平，蘅皋木脱，粉云凉透。叹无端心绪，台城柳色，难禁许多消瘦。

古道长安漫说，小庭闲昼应怜否？红绡雨细，碧栏天杳，三更银漏。塞雁无书，清灯空蕊，但馀绿酒。想当年白傅青衫，不倩泪留双袖。

叶纨纨《水龙吟》词前有小序说："次母韵，早秋感旧，同两妹作。"

萧萧风雨江天，凄凉一片秋声逗。香消菡萏，绿摧蕙草，烟迷远岫。浪卷长空，云轻碧汉，薄罗凉透。恨西风吹起，一腔闲闷，那胜镜中消瘦。

寂寂文园秋色，这情怀问天知否？檐铃敲铁，琅玕折玉，听残更漏。淡月疏帘，小庭曲槛，且还斟酒。算从来千古堪悲，何用空沾衫袖。

叶小鸾《水龙吟》词也有小序说："秋思，次母忆旧之作，时父在都门。"

芭蕉细雨潇潇，雨声断续砧声逗。凭栏极目，平林如画，云低晚岫。初起金风，乍零玉露，薄寒轻透。想红头木叶，纷纷落尽，只馀得青山瘦。

且问沉寥秋气，当年宋玉应知否？半帘香雾，一庭烟月，几声残漏。四壁吟蛩，数行征雁，漫消杯酒。待东篱绽满黄花，摘取暗香盈袖。

沈宜修和她的女儿们的作品后由叶绍袁纂辑，合刻为《午梦堂全集》。叶绍袁在《午梦堂全集》的序中说"丈夫有三不朽，立德、立功、立言；而妇人亦有三焉，德也，才与色也，几昭昭乎鼎千古矣！"他将女性的德、才、色三者并举，这也代表了男性士人心目中理想女性的标准。

从沈宜修和她的女儿们的才情及诗词作品而言，虽然大抵是"莺花写闷，雁影离愁"之作，但她们不喜作艳语，脱去脂馥香腻的闺阁习气，对当时被封建礼教禁锢、素来与文学隔绝的妇女，产生了磁石一般的吸引力。

正如钱谦益所说："于是诸姑伯姊，后先娣姒，靡不屏刀尺而事篇章，弃组纤而工子墨。松陵之上，汾湖之滨，闺房之秀代兴，彤管之诒交作矣。"对于汾湖才女群的形成，其影响是不可忽视的。

　　17 世纪下半叶，明清易代的社会大变动之际。一些世家大族在兵荒马乱中受到劫掠而一落千丈。越中才女王端淑终于走出闺房，成为一名职业的、独立的著作家和艺术家。

　　王端淑，字玉映，号映然子，又号青芜子。山阴（今浙江绍兴）人。明代著名学者、作家王思任（季重）的次女。生卒年待考，大致生活在清顺治年间前后，卒年八十余岁。

　　王端淑从小聪敏好学，酷爱读书，学问渊博，能明大义。经史子集，无不浏览；对于史学，尤其精通；又立志博采众长，诗文诸体，靡不涉笔；与人论文，终日不倦。据说，她的父亲王思任对这个女儿爱有独钟，曾抚摸着她的头，向人夸赞说："身有八男，不及一女！"家学渊源加上自身努力使得端淑才华出众，她也颇以才情学问自负。

　　成年后，王端淑与钱塘诗人丁圣肇（睿子）结为伉俪。婚后的家庭角色是完全颠倒的，她成为丈夫的代言人，以丈夫的名义，撰写诗歌、书信、挽歌、传记和墓志铭。她写下了 15 位明末忠贞志士的传记，包括记载自己的父亲、曾任明朝礼部右侍郎王思任拒食清朝之谷绝食而死的事迹。

后来她又自掏腰包为丈夫买了一个妾，虽然对两人的亲密她也会有所不满，但当这位妾生下一双儿女过世之后，她还是以丈夫的名义写了一首悼亡诗。

她甚至抛头露面，代替丈夫出现在文人诗社的酒会和赛诗会上。

对于王端淑现身于社交界，走上职业作家之路，她的兄弟们不能理解并试图劝阻。她却以后蜀假扮男子为官的黄崇嘏自居，写诗安慰他们不必多虑，说："诸兄阿弟幸无虑，当年崇嘏名最著。"她为自己辩护："舌耕暂生为，聊握班生笔。"意思是说，她只能以教书和写作为生。

丁圣肇同著名学者毛奇龄（大可）的交往应该是密切的。端淑有《代外赠别毛大可》一律：

> 西泠月落板桥霜，衰柳长堤只自伤。
> 几日穷愁兼别怨，一帆秋色带斜阳。
> 浮云影逐离亭路，归雁声凄夜梦床。
> 学采芙蓉江上去，黯然回首恨茫茫。

这是她的一首佳作。其诗端庄娴静，饶有高致，评论者说她"诗诸体并有胜处"，又说她"得风人之旨"、有"闺阁雄风"。如古诗《咏蔺相如》："七寸小臣刃，五步大王头"；《述言》："举头天地广，居身无一廛"；《题画》："叹息干戈二十年，烟霞板荡无林泉"；律诗《听雁》："戎马今方炽，诗书老未闲"；《漫兴》："五堰几回东越马，三城唯见夕阳樵"；《绝句》："恨无劲弩平潮去，兀坐西陵破酒楼。"这些都是她的诗中有代表性的警句，反映了长歌当哭、"闺阁雄风"的一面。《宫闺氏籍艺文考略》引《神释堂脞语》说："诸如此例，当其兴酣落笔，真忘其身落帘箔间矣。"其他如五言"寒虫依石井，落叶下江楼"，七言"花气轻红上酒台"的诗句，皆可想见其丽情逸韵。

可是，不知什么缘故，毛奇龄编选《浙江闺秀诗》，竟独独遗漏了她的诗，王端淑不免有些愤愤不平，于是献诗讥讽说："王嫱未必无颜色，争奈毛君笔下何！"自比王昭君，而把毛奇龄喻为笔下作弊、美丑不分的毛延寿，"一藏其名，一切其姓"，用典切合，气势逼人，一时传扬很广。因此有人说："西河展阅此诗，能无汗颜？"

现代评论者认为，从王端淑身上也可看出明清知识女性对其文学才能的自信和强烈的传播欲。而这恰恰是女性的自尊、自强意识在文学观念上的反映。她们有能力评判自己的文学作品并冀求其广泛传播，以至流传后世。在中国女性文学史上，除了李清照等个别女性作家外，还很少有女性在文学创作上有这样的勇气和自信，这一点是很值得我们珍视的。

其实，毛奇龄对王端淑的身世经历倒是相当的了解，对她的诗文才学也推崇备至，曾在诗中给予过很高的评价：

> 江南女士一代稀，王家玉映声先知。
> 著书不数汉时史，织锦岂怜机上诗。
> 清晖阁中父书在，落笔争开写眉黛。
> 吟成细雨滴口脂，行即青藤绕裙带。
> 风流遗世姿独殊，猗嗟四壁贫无知。
> 牵萝补屋愁不耐，天寒袖薄侵肌肤。
> 只今兵革满涂路，欲走西陵过江去。
> 崎岖宛转进退难，只恐行来更多误。
> 昨宵行李隘巷宿，绣帙香奁解书轴。
> 今朝寂历风雨来，令我停弦抚心曲。

梧宫木落无复愁，清溪桃叶今难留。

君行渺欲向何所，长江浩浩还东流。

崇祯十七年，明朝覆亡，举家南归，端淑随夫颠沛流离，先归隐于彭山，一度住在家乡绍兴城里的徐渭故居"青藤书屋"里，继而寓居杭州的吴山。夫妻俩潜心于吟诗作画，著书立说，过着清贫而恬静优雅的生活，但并不是与世隔绝，常与四方名流相唱和，对客挥毫，同堂切磋。

端淑擅长书画，长于花草，风格疏落苍秀。清代著名女词人顾春（太清）有一首《题王端淑碧桃翠禽》的七绝，写道："风前玉蕊蒙蒙写，天际浮云澹澹遮。小鸟枝头相睡稳，月明初上碧桃花。"

顺治年间，清世祖闻知王端淑的才名，曾经准备"援曹大家（即班昭）故事"，把她也召入宫中，教授诸位嫔妃公主。然而，这个"宫廷教师"的职务，对她毫无吸引力。在王端淑的婉言谢绝下，清廷这才取消了原先的打算。

王端淑把主要精力放在著作事业上，一生著述宏富。据王士禄《然脂集》著录，有《吟红集》《玉映堂集》《史愚》诸集。

不过，她本人的文集今天都已不可得见，文章几乎尽失。仅存《然脂集》稿本中收录的三篇小赋，即《秋虫赋》《荷赋》《菊赋》，赖此以传。

所著《吟红集》三十卷，现存作品有诗74首，多为乱离之作，乃为了"不忘一十载黍离之墨迹也"。

极不寻常的是，有一份名为"同秋社盟弟"的集体署名，表明有47位浙江文人资助王端淑诗集《吟红集》的出版。其中就有大名鼎鼎的作家张岱（陶庵）。

王端淑最重要的贡献在于对女性文学作品的编选和评价。其所编撰的《名媛诗纬》《名媛文纬》两书，收录了各朝历代身份不同的闺媛才女的诗文作品，开了中国文学史上女性作家选编女性作品专集的先河。不仅收选内容丰富，而且对入选各作者及其作品进行点评，更借《名媛诗纬》《名媛文纬》两书揭示了她对诗文品评的主张与看法。

她说，"予品定诸名媛诗文，扬烈节，然后爱惜才华"。除了广收闺秀名媛之作，其他如"狐绥桑濮者""青楼终不自振者"，也都在收录之列。

王端淑对女性的才情十分自信，认为女性诗歌置于号称"才高八斗"的诗坛中，毫无愧色，甚至可以目空一切。她在《名媛诗纬》"杜琼枝"条中说得痛快淋漓：

> 寥寥天地，才情本少。今之诗八斗挥千言者，皆姓名簿、酒肉账，古人残羹冷炙而已。女人直可斩将擒王，攻城略地，目无全垒矣！何独琼枝，天下大抵如是。

由其选诗的标准亦可得知，王端淑认为诗作应兼具性情与格调、气韵与意趣、平淡与自然，应"去除脂粉气"。她还提出，唐朝各期诗皆有可取之处，不必独取盛唐的选诗标准。

在当时，端淑的姐姐静淑与她诗画齐名，可谓"双秀"。王静淑字玉隐，号隐禅子。早年守寡。著有《清凉集》和《青藤书屋集》。她的词幽娴挺秀，有"孤云出岫、野鹤横空"之态。姐妹俩的情趣有相通之处。只是，比起妹妹端淑来，静淑更有不食人间烟火味。

方维仪的家居式诗群

从明末起，结社的风气勃然兴起。谢国桢先生《明清之际党社运动考》中说："结社这一件事，在明末已成风气，文有文社，诗有诗社，普遍了江浙、福建、广东、江西、山东、河北各省，风行了百数十年。大江南北，结社的风气，犹如春潮怒上，应运勃兴。那时候，不但读书人要立社，就是女士们也要结起诗酒文社，提倡风雅，从事吟咏。"

桐城"名媛诗社"，学界往往视之为明末女子结社的一个标本。但与同时代其他才媛诗社相比较，这个家庭型才媛群体虽然有文学交流活动，但缺乏组织性，并没有结成正式的诗社，"名媛诗社"是外加的称号，称为"家居式诗群"恐怕更准确些。

这个"家居式诗群"的"群主"，当然是方维仪。

方维仪，名仲贤，一说字仲贤。桐城（今属安徽）人。明大理寺少卿方大镇之女。方维仪的身世是凄苦的。她17岁时与姚孙棨结婚，当时姚孙棨已经患病六年。在丈夫病中，她亲自"扶起居，倍汤药，挥蚊蝇，据痰唾，左右周旋"，头不安枕。不久丈夫病故。生下一个遗腹女，才抚养了九个月便夭折了。她在《未亡人微生述》中嗟叹说：

万物有托，余独无依，哀郁交集，涕泗沾帷；自今已往，槁容日益朽，气力日益微。

　　这种身世之感，在她的一些诗中也有反映。《死别离》即是有代表性的一篇，诗中写道：

> 昔闻生离别，不闻死别离。
>
> 无论生与死，我独身当之。
>
> 北风吹枯叶，日夜为我悲。
>
> 上观沧浪天，下无黄口儿。
>
> 人生不与死，父母泣相持。
>
> 黄鸟各东西，秋草亦参差。
>
> 余生何所为？死亦何所辞。
>
> 日日复如此，我心徒自知。

　　悲戚的氛围，感伤的色彩，浓重地笼罩其上，读来使人不禁心酸。据方维仪的大姐方孟式说，方维仪的"离忧怨痛之词，草成多焚弃之"。表现伤痛心情的作品，大多随成随弃，留存的只是一小部分而已。

　　她回家寡居后，守志"清芬阁"，孤灯只影，潜心诗画。她与弟妇吴令仪一起，"以文史代织纴"，共同教养侄儿方以智，俨然诲人不倦的家庭教师。方以智后来成为与顾炎武、黄宗羲、王夫之齐名的大学问家，与方维仪对他的早期教育及影响是分不开的。

　　方维仪的著述和作品，有《清芬阁集》。方以智为其《清芬阁集》题跋时感叹："嗟夫！女子能著书若吾姑母者，岂非大丈夫哉！"

方维仪的诗风或细腻，或激昂，或悲楚。沈德潜、周准《明诗别裁集》中收有她的《死别离》《出塞》和《旅秋闻寇》三首诗。

《出塞》诗是一篇反映边塞生活的作品：

> 辞家万里戍，关路隔风烟。
> 赋重无馀饷，边荒不种田。
> 小兵知有死，贪吏尚求钱。
> 倚赖君王福，何时唱凯旋。

她在反映北方战事的《老将行》中写道：

> 绝漠烽烟起戍楼，暮笳吹彻海风秋。
> 关西老将披图看，尚是烟云十六州。

在《从军行》中写道：

> 玉门关外风雪寒，万里辞家马上看。
> 那得沙场还醉卧，前军已报破楼兰。

在历代女作家的诗中，能表现如此博大的忧国忧民思想情怀的作品似不多见。沈德潜在《明诗别裁集》中感叹："如读杜老伤时之作。闺阁中乃有此人！"说她的作品神似杜甫的伤时之作，这是相当高的一个评价。

方维仪的绘画也名于当时。她师法宋代李公麟，尤擅长绘释道人物。特别是白描《观音大士图》，形象生动，神色俨然，与浦江女画家倪仁吉的山水画并称为"妙品"。吴询《题清芬阁白描大士图》

诗有句赞语："墨花寒卷秋潮空，毫端轻染春云笑。"这幅画收藏于北京故宫博物院。

方维仪"家居式诗群"以桐城"方氏三节"，即方氏三姊妹：方孟式、方维仪、方维则，以及弟妇吴令仪为骨干。姐妹们常聚于方维仪的"清芬阁"，吟诗作画，推敲唱和。围绕在她们周围的尚有其亲友眷属多人。

方孟式，字如耀，方维仪的大姐，山东布政使张秉文之妻。她"九岁能文，有咏雪才"。崇祯十三年（1640），她的丈夫守济南，战死在城上。孟式嘱咐侍婢说："事急推我入池水中。"城被清兵攻陷时，她投水自尽。著有《纫兰阁前后集》八卷，《纫兰阁诗集》十四卷。

方维则，字季准，维仪的堂妹，生员吴绍忠之妻。丈夫去世时，她仅16岁，守志不嫁。著有《茂松阁集》。

吴令仪，字棣倩，她的丈夫方孔炤是方维仪的胞弟，做过兵部侍郎。令仪不幸早逝，方维仪搜集她的遗稿传世。

从文学观念来说，方维仪这个"居家式诗群"属于传统的、比较保守封闭的一个群落。

方维仪还是诗歌评论家、文史评论家，所编《宫闺诗史》《宫闺文史》，都划分为《正集》与《邪集》。所谓的"正""邪"是什么意思呢？这是根据作者身份来划分的："正"是指宫闱、闺秀一类诗人；"邪"则是歌妓、女冠、女尼另一类人物。对于这种选编方式，王士禄在他的《然脂集》例言中提出不同看法，认为"实不必然"。

方维仪有才也不愿意显露，作品从不轻易示人。方孟式在《清芬阁集序》中说，她这个妹妹"玉节冰壶，加慧益敏，而不炫其才"。方维仪本人也在给侄儿方以智的书信中嘱咐说："余《清芬阁集》，汝忽漫赠人。余甚不欲人之知也。"

对于其他"外向型"女作家的文学创作与结集出版，圈内人也不免有一些负面议论。比如，方孟式在给妹妹方维仪的信中，谈及同时期著名女诗人徐媛的诗作，不屑地说道："偶尔识字，堆积龌龊，信手成篇。天下原无才人，遂从而称之。始知吴人好名而无学，不独男子然也。"

徐媛，字小淑，长洲（苏州）人，嫁范允临为妻，筑室天平山下，极唱随之乐。徐媛与陆卿子唱和，吴中士大夫跟从，交口称誉，流传海内，与陆卿子合称为"吴门二大家"。徐媛著有《络纬吟》十二卷，《明史·艺文志》著录。陆卿子与其丈夫赵宧光"引合名流，吟咏无间"，时称"高人逸妻"。

商景兰的『梅市唱和』社群

清初闺秀中，商景兰为首的女子唱和群体非常引人注目。高彦颐《闺塾师》认为她们不同于沈宜修的"家居式"，将她们划分为一种空间更广阔的"社交式"社团。

商景兰一家，女诗人共八位，即"二商四女二媳"："二商"指商景兰、商景徽姊妹；"四女"指商景兰与祁彪佳所生三女祁德渊、祁德琼、祁德茝和商景徽之女徐昭华；"二媳"指商祁之两儿媳张德蕙、朱德蓉。商景兰之妹商景徽以及商景徽之女徐昭华，都是负有盛名的才女。

商景兰，字媚生，绍兴会稽人，明吏部尚书商周祚之女，苏松巡抚、反清名将祁彪佳之妻。著有《锦囊集》（旧名《香奁集》），收诗 67 首、词 94 首、补遗诗三首、遗文一篇。陈维崧《妇人集》评曰："会稽商夫人，以名德重一时……故玉树金闺，无不能咏，当世贤媛以夫人为冠。"

与祁彪佳结婚时，商景兰已是一位著名的闺秀诗人。祁彪佳则出身于绍兴山阴一个书香世家，他的父亲是一位藏书家，其创立的澹生堂与宁波的天一阁同样知名。祁彪佳 20 岁就中了进士。他们俩的这桩婚姻，才貌相当，伉俪相重，被目为一对"金童玉女"。婚后

25 年，他俩过着相亲相爱的生活，夫妇共同致力于园艺设计和图书收藏。祁彪佳从北京返回山阴后的一段时间里，经常带商景兰享受愉快的观景旅行，并在梅市一个小山上建造了一座别墅，名为寓山。然而，商景兰有着自己的朋友圈，有着自己的独立的社交空间。当时，江南闺秀诗人到了绍兴，都会慕名去造访。

1645 年南京和杭州陷落后，祁彪佳绝食三日，然后跳入一个池塘殉难。

商景兰最著名的一首诗，就是为以身殉国的丈夫写的《悼亡》：

> 君自垂千古，吾犹恋一生。
> 君臣原大节，儿女亦人情。
> 折槛生前事，遗碑死后名。
> 存亡随异路，贞白本相成。

此后三十余年的孀居生活中，商景兰凭着节妇和祁家大家族家长的威望，成为梅市闺秀唱和群体一个众星捧月的灵魂人物。清代著名学者阮元如此描述：

> 每暇日登临，（商景兰）则令媳女辈载笔床砚匣以随，角韵分题，一时传为盛事。而门墙院落，葡萄之树，芍药之花，题咏几遍。过梅市者，望之若十二瑶台焉。

商景兰的社交朋友圈主要有闺塾师黄媛介，还有男性友人毛奇龄等。商景兰曾邀黄媛介在梅市小山上的寓山别墅住了一年。她们在一起聚会，一起远足，一起唱和，写有大量的诗作，后来被黄媛介的女儿抄录下来，整理出《梅市倡和诗钞》出版刊行。这些交往，说明商景兰在她闺阁以外的世界是十分活跃的。

下面还要特别推介一下商景兰这个才女社群的后起之秀徐昭华。

商景徽之女徐昭华，字伊璧，号兰痴。著有《花间集》《徐都讲诗集》。工楷隶，善丹青。嫁上虞人骆加采。著名学者毛奇龄暮年家居，昭华曾立志要拜在毛奇龄门下，最终经过父亲的斡旋终于如愿以偿，从之学诗，称女弟子。

毛奇龄对这位女弟子很欣赏："吾郡闺房秀，昭华迥出群，书传王逸少，画类管夫人。"并称赞她说："吾门虽多才，以诗无如徐都讲者。"把她称作"都讲"，是什么意思呢？"都讲"原指古代学舍中协助博士讲经的儒生，一般选择高材者担任。毛奇龄认为门下这个高才生配得上"都讲"的称号。

徐昭华的《徐都讲诗集》即由毛奇龄所点定，并附刊于毛奇龄的《西河集》中。据毛奇龄自称，"(《徐都讲诗》)附予杂文后，存出蓝之意"，可见毛氏对这位女弟子十分器重。徐昭华也不负老师厚望，后来终于成为越郡闺秀的领军人物。

『吴中十子』的清溪吟社

乾隆年间，苏州地区出现了一个以张允滋为首、以她的字号命名的"清溪吟社"，声势之大，也只有杭州的蕉园诗社可比。

据《国朝闺秀正始集》介绍：

> （张允滋）与同里张紫蘩（芬）、陆素窗（瑛）、李婉兮（嬂）、席兰枝（蕙文）、朱翠娟（宗淑）、江碧岑（珠）、沈蕙孙（缥）、尤寄湘（澹仙）、沈皎如（持玉）结清溪吟社，号"吴中十子"，媲美西泠。嗣又选定诸作，刊《吴中女士诗钞》，附以词赋及骈体文。艺林传诵，与"蕉园七子"并称。

张允滋字滋兰，号清溪，别号桃花仙子。她嫁给著作家任兆麟后，在吴下虎丘山、东山林屋洞、太湖锄经圃等幽隐胜地留下双栖踪迹，琴瑟唱和，诗学益进。著有《潮生阁集》。

张允滋的从妹张芬是吟社中受到大家推重的骨干人物。张芬字紫蘩，号月楼，著有《两面楼诗稿》。"吴中十子"之一的尤澹仙在《两面楼诗稿叙》中说：

自清溪结诗社，月楼以诗相质，每分题联咏，构一作，侪辈咸推服。

"吴中十子"之一的江珠在《青藜阁诗钞》自序中盛赞"清溪吟社"，这段话说得非常明白、自信、痛快，文采斐然，掷地有声，足可称为一篇"清溪吟社诗启"：

> 闻道香名，人人班、谢；传来丽句，字字徐、庾。薄颂椒文思未工，陋赋茗才华乏艳。于是香奁小社，拈险韵以联吟；花月深宵，劈蛮笺而酬酢。并翻五色之霞，奇才倒峡；互竞连珠之格，彩笔摩空。接瑶席而论文，宛似神仙之侣；树吟坛而劲敌，居然娘子之军。丽矣名篇，美哉盛事！……即使须眉高士，亦应低首皈依；纵有巾帼才人，定向下风拜倒。真闺阁之雕龙，裙钗之绣虎也。

她们或相约在节日（如清明、七夕、端阳）饮酒赏花，或闺中聚首，琴棋书画，或登山泛舟，或出游访古探幽。每次雅集，均有诗词唱和。不同于之前闺阁结社联吟的地方，她们除唱和酬赠外，还有社课和评选活动。

结社联吟，既以交流、竞争为目的，就要有一套特定的组织形式与激励机制。《吴中女士诗钞》附刊《翡翠林闺秀雅集》一卷，便可当作范本。翡翠林雅集以咏白莲花为主题，雅集卷中录入《白莲花赋》八篇，出自八女之手，均由张允滋的丈夫、清溪吟社的风雅主持任兆麟来点评。有趣的是，目录页还开列出评定等次，公之于众。其中"超取四名"，有江珠、沈缠、张允滋、尤澹仙；还有"优取四名"，包括张芬、沈持玉等。由此可知，雅集的形式既有"一题分咏"，也有"数题分咏"；或"即景联句"，或命题填词。定名次有"超取"，又有"优取"，含有竞赛的意味。

"吴中十子"之一、翡翠林（即翡翠楼）主人沈纕，字蕙孙，号散花女史。著有《翡翠楼诗文集》《浣沙词》。其《浣溪沙》词有"听残红雨到清明"的名句，人称"红雨词人"。作为主人，她用充满诗意的文字，描绘了这次非同凡响的雅集：

> 月满花香，夜寂琴畅，珠点夕露，翠湿寒烟。于是衔流霞之杯，倾华嵂之宴，饮酒赋诗，诚所谓文雅之盛，风流之事者也。况夫君子有邻，名流不杂，援翠裙而列坐，俯磐石以开襟。终宴一夕，寄怀千载。是时也，暮春骀荡，初夏恢台之交耳。

除"吴中十子"外，与社中人诗词往还的还有一位女尼王寂居。也许是出家人不便涉身世事，王寂居并未列名诗社。不过，在尤澹仙所作的《怀人十绝句》中，除社中九位同学外，所怀的第十人便是王寂居。任兆麟作《两面楼诗稿叙》，也提到张芬与寂居等人参禅论学事。王寂居又曾为李嬺的《琴好楼诗》题词。主要汇录社中人作品的《翡翠林闺秀雅集》的诗榜上，也有"王寂居（拈华）"之名。凡此种种，均可见这位女尼与清溪吟社的关系之密切。

尽管清代女诗人不乏才情，并结社联吟，颇有声势，但"超轶前代，数逾三千"的清代妇女诗文集，能够流传至今真的很不容易。其中的原因很复杂。当初，随园女弟子骆绮兰就道出了此种心曲："女子之诗，其工也，难于男子；闺秀之名，其传也，亦难于才士。"

清溪吟社的同人江珠也与骆绮兰有诗交。骆绮兰所编《听秋馆闺中同人集》中，便收有江珠的赠诗。

清溪吟社与随园女弟子互成掎角之势，这些女诗人互通声气，以诗会友，对传统世俗偏见形成了有力的挑战。因此有研究者这样评价说，《吴中女士诗钞》与《随园女弟子诗》堪称清代女性文学史上的双璧。

『闺阁女宗』顾贞立

　　一提起"常州词派"，人们自然会想到这个词派的"掌门人"，那位与其挚友纳兰性德一起，合力营救科场案蒙冤被遣戍的好友吴兆骞，而轰动大江南北的词坛大家顾贞观。

　　殊不知，顾贞观的姐姐顾贞立，也是在清初词坛上独树一帜的女词家。她的词婉约而兼有豪气。梁乙真在《清代妇女文学史》中评价她"在清初女性词坛上别开生面，有扭转浙西派时弊的作用"。王蕴章《然脂馀韵》称其"屹然为闺阁女宗"。

　　"有情花月，无端风雨。"有很多女诗人、女词人往往从自己的遭遇出发，进而关联到历史上的其他才女，发现越是"逸韵韶颜"，越是命运坎坷。"红颜薄命"，这似乎是一种逃不脱的宿命。她们只能把命运的不公归咎于老天爷的妒忌，所谓"天妒奇才"。

　　顾贞立，这位名门之后的奇女子笔下，就曾对这种"天公酷妒"的现象发出过带泪的呐喊：

　　　　断肠三峡潺潺水，墨水染云烟。有情花月，无端风雨，俱托毫尖。

　　　　橘笺写泪，银铛煮字，送尽华年。天公何事，从来酷妒，

逸韵韶颜。(《青衫湿》)

顾贞立，无锡人，原名文婉，字碧汾，自号避秦人，生于晚明的一个文学世家。曾祖父顾宪成是明代思想家、东林党领袖。明万历年间，归隐在家的顾宪成赴东林书院讲学，一时门庭若市，被尊称为"东林先生"，留有"风声雨声读书声，声声入耳；家事国事天下事，事事关心"那副名联。

顾贞立的丈夫侯晋是位秀才，到浙江湖州苕溪署中做个底层小吏，俸禄很低，生活贫困，赖顾贞立刺绣做女红度日。顾贞立是位孤傲的才女，她对丈夫的期望自然会相应较高。丈夫的平庸，让顾贞立笔下不免有些"天壤王郎"之憾。她在《寒夜》诗中自比谢道韫，这样写道：

> 泪挂侯门富贵命，云泥悬隔敢相争。
> 十年虚负开炉节，呵冻拈丝到四更。
> 碎恨零愁满绣床，却描荷叶盖鸳鸯。
> 无端惹得青衣笑，空说才高似谢娘。

婚后第二年，18岁的她作《满江红·楚黄署中闻警》。这是她的一首著名的代表作。词中显示其非同一般的"词心"，可以视作"家事国事天下事事事关心"名联的回响。词云：

> 仆本恨人，那禁得、悲哉秋气。恰又是、将归送别，登山临水。一派角声烟霭外，数行雁字波光里。试凭高、觅取旧妆楼，谁同倚？
> 乡梦远，书迢递；人半载，辞家矣。叹吴头楚尾，翛然孤

寄。江上空怜商女曲，闺中漫洒神州泪。算缟綦、何必让男儿，天应忌！

"江上空怜商女曲，闺中漫洒神州泪。"因为从小生长的家庭背景的关系，她的内心有一股不平之气，一种巾帼不让须眉的非凡气概。词的起句"仆本恨人"，引自江淹的《恨赋》，信手拈来，恰到好处。词中借用悲秋、乡思、空怜、泪洒等意象，来抒发心中的故园之思、亡国之痛。

她亲身经历了明亡之痛，作为明代遗民，时常把个人的情感与朝代的鼎革紧密相连。又如她的《虞美人》：

暗伤国亡偷弹泪，此夜如何睡。月明何处断人肠，最是歌舞宴昭阳。

几年尝遍愁滋味，难觅无愁地。欲笺心事寄嫦娥，为问肯容同住广寒么。

郭麐（频伽）在《灵芬馆词话》中评她的词说：

语带风云，气含骚雅，殊不似巾帼中人作者，亦奇女子也。

顾贞立词中还有不少是写到饮酒的，比如："有酒可忘忧，何难饮百瓯"；"痛饮不须醒，帘外轻寒"；"醉来却喜书空字"；甚至有"安得长流俱化酒，千觞，一洗英雄女儿肠"这样的"狂怪语"。在那个时代，女子以饮酒而自豪自遣，正是兼有名士气息、孤傲心情与反叛精神的折光。

今天我们从她留下的《栖香阁词》中，听到的是向往人格独立的劲爽的呼声，很难想象这些词作竟出自清初一位大家闺秀之手，倒很容易使人联想到嘉道时期"饮酒读骚旧生涯"的吴藻和清末"鉴湖女侠"秋瑾的风骨。

顾贞立在经历了国亡之痛，姐妹离别之痛，丈夫与两个儿子先后离世之痛，她的内心无比悲伤。她漂泊异乡，以酒消愁，写下的也只有满纸凄凉。

顾贞立卒于康熙三十八年（1699），终年约77岁。著有《餐霞子集》及《栖香阁词》二卷，中有散曲四支，盛传于世。中岁抑郁愁苦，晚景萧条，贫病交迫，其词风格也一变为悲凉幽怨，少年时的豪情壮志消磨殆尽。

常与顾贞立唱和的有好友王朗。王朗字仲英，号无生子，自称孱提道人，金坛人。她俩当时唱和的《金陵百录》和《竹枝词》激起很大反响，一时世人传赏。

王朗与顾贞立一样，也是少承家学，其父是明末著名艳体诗人王彦泓。王朗诗词俱佳，擅画梅花，尤工于词，著有《古香亭词钞》。梁乙真《清代妇女文学史》称其为"古今绝调"。

明末钱塘著名女才子梁孟昭，字夷素。一说名为夷素，孟昭是她的字。她性格贞静，不苟言笑。诗文自成一家，被誉为"一代作手""女士中之表表者"。绘画和书法也驰名一时，尤工花鸟、小楷。文学家陈继儒称她的画是"天女花、云孙锦，非人间所易得"。

梁孟昭的丈夫茅九仍生在书香门第、官宦世家。九仍的曾祖父茅坤，归安人，明嘉靖进士，还是个有名的藏书家。他的祖父茅瓒是个状元。父亲茅见沧是个修撰官。

孟昭曾随同九仍游金陵，寓居数年，忽感寒疾，临终尚起坐焚香，鼓琴一曲而逝。

她的死，竟是如此的平静、美丽。

梁孟昭是一位杰出的戏曲作家。《曲海》中说："《相思砚》，钱塘梁孟昭撰。中有于（谦）坟祈梦事，又官衔有戎政尚书，乃明世宗时始置，而引小青、胥长公等在内，则更是近人手笔也。"《曲海》作于清乾隆年间，作者当时也不知道梁孟昭的身世详情，故而也只能做出这样的揣测之辞。

梁孟昭所作的杂剧《相思砚》传奇，颇富浪漫色彩。作品借家喻户晓的牛郎织女的故事作为引子，让他俩现身说法，在人间实现团圆的夙愿。剧情的发展也不脱悲欢离合、前世姻缘的旧套，所可注意的是，它以"相""思"两砚来做爱情的枢纽、结合的证物。女主角卫兰森家得宝石一块，上有蝌蚪文的铭文："惟此宝砚，彼相此思。欲偕凤卜，得相始施。"旁边又有兰森的名字。这是思砚。经过一番曲折，后来男主角尤星（字端生）果然得到了相砚，砚上也有铭文说："天降灵宝，曰思曰相。于飞之兆，得思始昌。"这一对青年男女曾经相望一水间，早已心交目许。最后他俩终成眷属，"相""思"两砚始合。

显然，作者其实是主张把爱情作为婚姻的必要条件和基础的，只是她不敢做更明确、更显露的表示，因而用"相思砚"来象征爱情。在这一点上，《相思砚》传奇自有其特殊的意义与价值，比当时许多男性所作的戏曲要高出一筹。清女作家王端淑赞许此剧"深而正，意切而韵"；又推崇说："夷素才敏英慧，女中元（稹）、白（居易）；每拈一剧，必有卓识。"评价如此之高，并非没有来由。

《相思砚》传奇已无传本，只有剧情尚载于《曲海总目提要》中，原稿不知是否尚留人间。梁孟昭其他的戏曲作品，现在也都不可考见。据著录，她的著作除《墨绣轩集》各一卷以及《相思砚》传奇外，还有《山水吟》和《山水忆》，《春湖诗》和《湖晚诗》。她的《遣愁赋》是一篇情辞婉丽、言简意赅的作品。"结忧思兮危坐，独凝涕兮登楼。泪欲饮而眼淬，愁欲散而眉留。"可谓极尽愁思之能事。

梁孟昭的文艺观点也有其独到之处。她曾在写给弟弟的信中，表示过对闺阁诗的见解。她说：

> 我辈闺阁诗，较风人墨客为难。诗人肆意山水，阅历既多，指斥事情，诵言无忌，故其发之声歌，多奇杰浩博之气；至闺

阁则不然，足不逾阃阈，见不出乡邦，纵有所得，亦须有体，辞章放达，则伤大雅。朱淑贞未免以此蒙讥，况下此者乎！即讽咏性情，亦不得恣意直言，必以绵缓蕴藉出之，然此又易流于弱。诗家以李、杜为极，李之轻脱奔放，杜之奇郁悲壮，是岂闺阁所宜耶？

论者认为她"持论绝佳"。梁孟昭站在女性作家的地位，谈论闺阁诗的格法，道其难处，自然更能体会此中的甘苦和局限。对封建的束缚，感受尤其深切。"朱淑贞未免以此蒙讥，况下此者乎！"沉痛斯言！

她的诗自成一格，并不流于纤弱。王端淑评论说："其长短诗歌，皆清新幽异；大小墨妙，远过前人。"阮元《两浙輶轩录》有梁孟昭《题画》诗一首，颇能见其"清新幽异"的风格和放达无忌的个性：

登楼忽见山头白，冰箸如镂挂瑶碧。
晓窗风急唤垂帘，鹤唳一声天地窄。
雪光骋艳斗梅花，逊色输香各自夸。
终日费人评品事，肠枯频唤煮浓茶。

这是经常会有的事：整日里费尽心力，品评书画，有时搜索枯肠也找不到恰如其分的评语。此时，她多么需要提提神。她的魂灵儿陡然从雪里梅花的画面中脱身而逃。只听见她大唤一声侍儿："泡壶浓茶来！"

　　美国学者曼素恩《缀珍录》书末附录的《清代女作家的地域分布》，颇有意思。曼素恩将胡文楷的《历代妇女著作考》中的清代女作家，分地域、按籍贯，列成四张统计表：

　　第一张表，按地域分布，清代女作家人数最多的是长江下游地区，有 2258 人，占全国女作家人数的 70.9%；

　　第二张表，长江下游各府的女作家人数，前四位为：杭州、嘉兴、苏州、常州；

　　第三张表，清代出现过较多女作家的江南诸县，第一位是钱塘县（杭州），出过 276 名女作家；第二位是常州（指府治所在地武进以及阳湖），出过 213 名女作家；第三位是吴县（以苏州为中心），出过 148 名女作家；

　　第四张表，清代据记载诞生女作家最多的诸县，按总数中所占比例排位，第一位是钱塘，占 8.6%；第二位是常州，占 6.7%；第三位是吴县（以苏州为中心），占 4.6%。

　　由此，曼素恩得出一个结论：清代的江南，特别是杭州至常州一带，是诞生女性文学的核心区域。

受常州词派、阳湖文派的熏陶，家学渊源的传承，常州出现一个非常可观的"常州词派"女作家群。中国女性文学史上留下了她们的名字。仅庄氏家族，清代就出过22位女诗人。其中庄盘珠的成就最高。

庄盘珠是"常州词派"女词人中的大家。她的《秋水轩词》传播士林，颇受称赏。

如她的《探芳信·咏络纬》：

冷消息。到晓露墙根，晚烟篱隙。正绣衾梦断，豆花又风急。残灯窗里明还暗，月在窗前白。忽惊猜、巷北街西，那家宵绩。

何日、便成匹。怪响引丝长，缓怜丝涩。静夜寒闺，幽韵杂刀尺。乱愁谁漾千千缕，争把秋心织。便无愁，也自听它不得。

王蕴章《然脂馀韵》赞评此词，说："如率更（指欧阳询）得意书，铁画银钩，力透纸背。"

又如《踏莎行·春答大兄寄示京口怀古词》：

白日西驰，大江东注。朝朝暮暮相逢处。其旁坐老有青山，不愁不笑看今古。

渡口帆樯，波心钟鼓。后人又逐前人去。莫将词句掷寒涛，多情恐惹蛟龙怒。

庄词的豪放颇似东坡。梁乙真《清代妇女文学史》评说此词"豪情壮采，大有关西大汉执铁绰板唱大江东去之概"。

但庄盘珠最引人注目的文学成就，还是她创立了两个"第一"，从而在中国女性文学发展史上享有独一无二的地位。

她编纂的二十卷《国朝闺秀正始集》于1830年刊行，其中选收清代女诗人九百余家，诗三千多首。集名"正始"，显然是取《诗序》"正始之道，教化之基"之意，表示以诗风雅正、发挥诗歌的教化作用为己任。这是我国第一部由女性编纂的清代女作家诗歌总集，第一部附有清代女诗人小传和诗评的诗歌总集。

《正始集》的问世，庄盘珠的儿子麟庆和三个孙女功莫大焉。麟庆既是文学家，又是治河专家，为嘉道时期一代名臣，历官至江南河道总督。他了解母亲从儿时开始，就收集当朝女诗人的作品，就鼓励她镂版付印。庄盘珠明言，此书先有三子插手其间，后有儿媳、女孙相助。她在《国朝闺秀正始集》序中说：

> 丙戌冬，检旧匲所存名媛诗，命三子广为搜集，亲加选定，三历寒暑，始得成书。

从中可知，《国朝闺秀正始集》稿源主要有"旧匲"所存与三子的收集，麟庆所作贡献最大。在历宦皖、豫、黔、鄂的过程中，麟庆奉母命"访求闺中佳作，采辑十五载"，得诗甚多。其幕客们得知此事后，纷纷投赠自家女眷之作。同时，麟庆交游遍天下，友人们闻讯后纷纷出示家中闺秀诗作。在编纂过程中，由盘珠的三个孙女轮流校阅辑注。盘珠病逝后，由其孙女又编成十卷《正始集续集》。

另一项"第一"，是指庄盘珠纂有《兰闺宝录》（1831年刊行），被称作中国第一部由妇女写的妇女史。

庄盘珠这两部作品，成为中外学者研究清代妇女生活的重要史料。《缀珍录》的作者曼素恩就直言不讳地说："本书中大部分证据都取自她的这部诗集（指恽珠编纂的《正始集》），经她仔细选择的妇女的声音告诉了我们那个时代的故事。"

庄盘珠又称完颜恽珠，名莲佩，字珍浦，号星联，自称毗陵（常州旧称）女史，晚年号蓉湖道人。

庄盘珠的出生颇有浪漫色彩。江南地区素有解梦之说，所谓"怀珠抱玉""才由天授"，预示孩子才华出众。据《武进阳湖合志》，因其祖母梦见一老妪送珠于她，故名盘珠。

盘珠出身名门，为阳湖庄有钧（毓秀）之女。其父任直隶肥乡典史时，官眷之间经常往来。一天，索绰罗氏席间出《锦鸡》一题，恽珠不假思索提笔写下《锦鸡》一诗："闲对清波照彩衣，遍身金锦世应稀。一朝脱却樊笼去，好向朝阳学凤飞。"

索绰罗氏赞叹不已，乃三次派人议婚，固请乃许。《清稗类钞》与《名媛诗话》均载有此事。她18岁嫁给一个叫廷璐的完颜部满族贵族，属于满汉联姻。完颜廷璐在山东泰安知府任上去世，时年盘珠将50岁。

据载，庄盘珠生于乾隆三十六年，卒于道光十三年，享年63岁。但《清代毗陵名人小传稿》中记载了她的生平，却说她只活了25岁：

> 盘珠字莲佩，阳湖人关和女，同邑吴轼室。母梦珠而生，故名盘珠。工倚声，幼颖慧，好读书，女红精巧，然辄手一编不辍。尝从其兄芬佩受汉魏六朝唐人诗，因仿为之，辄工，其体多幽怨凄丽之作，大抵似昌谷。嘉庆间卒，年二十有五。

庄盘珠自幼天资聪慧，据载："幼年针黹精妙，为侪辈所推服。

稍长，承外王父（即外祖父）芝堂公指授，博通经籍，兼善诗画，族党间有三绝之称。"恽珠在自叙中说：

> 余年在龆龀，先大人以为当读书明理，遂命与二兄同学家塾，受四子、孝经、毛诗、尔雅诸书。少长，先大人亲授古今体诗，谆谆以正始为教，余始稍学吟咏。

庄盘珠幼时从父学诗，讽咏终日，稍长则诗词益工。学者评价她的诗词，"娣视易安，非寻常闺秀所能"。她的诗取法汉魏，其幽怨凄丽之作大抵像李贺。

应该说，庄盘珠不愧为一个著作家、出版家。她的著作除词集《秋水轩词》、诗集《红香馆诗草》外，还著有《紫薇轩集》、医书《鹤背青囊》等，又助刻《法苑珠林》，刊刻《李二曲全集》《四书反身录》《孙夏峰集》《恽逊庵语录》等书。

她还是一个画家，绘有《百花手卷》《金鱼紫绶图》《锦灰堆图》《多喜图》《海棠蛱蝶图》扇页等。她的绘画，受笔法于族姑恽冰，深得家法。徐世昌《晚晴簃诗汇》中说她："工写生，芊绵蕴藉，用粉精纯，迎日光，花朵灿灼。作已辄题小诗。"

熊琏的才人泪

　　清代乾嘉时期有个著名女词人叫熊琏，以其才慧命舛、苦节一生的身影走进我们的视野。

　　熊琏字商珍，号澹仙，又号茹雪山人。熊琏祖籍江西南昌，祖父来江苏如皋游幕，移家于此。父亲工诗文，早逝。她"弱龄爱书，能文章，胜男子，既长，学益进"。琏自幼许配同邑陈遵，没多少时候，陈遵染病痴呆。据说陈遵之父允许悔婚，而熊琏"坚持不可"，于是"里邻称其贤"。出嫁后，家贫不能自给，依靠母亲和弟弟生活，苦吟终身以自遣。晚年设帐为塾师。其诗词曾通过在书院读书的弟弟熊瑚的抄录而流传于当地。

　　她的著作有《澹仙词话》《澹仙诗话》各四卷，《澹仙赋钞》《澹仙文钞》各一卷。

　　钱泳《履园丛话》援引了熊琏的《澹仙诗话》，表示对她的"诗本性情""诗境即画境"诗论主张的认可：

　　　　（澹仙）尝著诗话四卷，其略云："诗本性情，如松间之风，石上之泉，触之成声，自然天籁。古人用笔各有妙处，不可别执一见，弃此尚彼。"又云："诗境即画境也。画宜峭，诗亦宜峭；诗宜曲，画亦宜曲；诗宜远，画亦宜远。风神骨气，都从兴到，故人谓画中有诗，诗中有画也。"

她的诗词文赋，颇多佳作，只可惜罕为人知。集中屡有惊人之句，然造语过哀，让人读之泪下。其诗切自身世，读之令人神凄骨悲，如闻其声，如见其人。

清代文学家钱泳《履园丛话》中说：

> 澹仙诗词俱妙，出于性灵。《题黄月溪乞食图》云："田园荡尽故交稀，舞榭歌筵一梦非。未必相逢皆白眼，凭他黄犬吠鹑衣。"借题发挥，骂尽世人。

她的诗作《见蝶》《咏萤》被袁枚选入《随园诗话》。《咏萤》是这样写的：

> 水面光初乱，风前影更轻。
> 背灯兼背月，原不向人明。

文才清绝的熊琏是个不幸的女子，然而，她的不幸像野外的萤火虫一样，"原不向人明"，无法向外人道。她的丈夫患有严重的智力残障。出嫁后，她深刻体会到了不幸婚姻带来的内心痛苦：

> 把卷无心读。已拼著、烧琴煮鹤，锄松砍菊。不是才人多挫折，自信生来薄福。更休说、穷途欲哭。昨夜梦中身有翼，聆云边、谁唱飞仙曲。却又是、风枝竹。
>
> 人生到处难求足。最留意、炉香茗碗，山青水绿。长愿避

人归净业，安得三间茅屋。便逃出红尘碌碌。鞠育深恩还未报，频稽首、私向慈云祝。身后事，何暇卜。（《贺新凉·感怀》）

抚琴养鹤，植松赏菊，是文人雅士们高雅情趣的体现。然而熊琏却做出"烧琴煮鹤、锄松砍菊"的大煞风景的举动，也许不如此，就不能表现出她对自己才情被浪费和践踏的痛惜之情。她根本没有可能摆脱这个令她痛苦的婚姻，她只希望躲进"三间茅屋"逃离"红尘碌碌"。

熊琏在对自己命运思考的同时，也同病相怜，将目光投向了她学诗的老师江片石。试看她的题画诗《沁园春·题片石夫子独立图》：

有句惊人，无钱使鬼，与水同清。望长空万里，萧萧暮景；荒原一带，浩浩秋声。胸里奇书，意中往哲，此外何妨影伴形。余何有？有奚囊锦灿，彩笔花生。

词流从古飘零，惟挥洒千言抒不平。叹青云梦冷，才人薄命；红尘福浊，竖子成名。门掩疏灯，村丛黄竹，风冷雷高鹤自鸣。谁堪拟？似苍松独秀，皓月孤明。

古时的读书人要从科举考试中谋取功名，必须经过四次考试，即使场场顺利也要七八年时间，中间若一有曲折，往往埋没终身。"有句惊人，无钱使鬼。""胸里奇书，意中往哲。"图中的片石夫子是她的老师，他就是这样一位彩笔生花却又怀才不遇、穷困潦倒的才子。词中对那个时代下层文人的命运冷落抱以不平，对"红尘福浊，竖子成名"的现实生活表示不满。词人进而将眼力穿越千古，从古才人的"飘零""薄命"来归结历史的不公，安慰"与水同清""似苍松皓月"的才士们的寂寞。

才女们发现，几乎所有有才的红颜多是薄命之身。熊琏也曾在《金缕曲》中为千古红颜掬一把伤心泪：

> 薄命千般苦！极堪哀、生生死死，情痴何补？多少幽贞人未识，兰消蕙息荒圃。埋不了、茫茫黄土。花落鹃啼凄欲绝，剪轻绡、那是招魂处？静里把，芳名数。
>
> 同声一哭三生误。凭无端、聪明磨折，无分今古。玉貌清才凭吊里，望断天风海雾。未全入、江郎恨赋。我为红颜聊吐气，拂醉毫、几按凄凉谱。闺怨切，共谁诉？

历来词论家对熊琏词都评价甚高。晚清词论家况周颐在《玉栖述雅》中称赏说：

> 熊淡仙秉冰檗之贞操，振金荃之逸响，一洗春波绮纨，近于朴素浑坚……清流之笔，雅正之音，自是专家格调，视小慧为词者，何止上下楼之别！

所谓"振金荃之逸响"，"金荃"是指温庭筠的《金荃集》。这是把她当作继承"花间鼻祖"温庭筠词的大家来看待了。

近代学者冒襄（鹤亭）的《龙游河棹歌》赞道：

> 妇人诗话古来无，琏也文章比大家。
> 女是澹仙男冠柳，东皋词学不为孤。

冒诗中的"大家"即曹大家（"家"通"姑"），也就是班固的妹妹、续写《汉书》的班昭。"冠柳"，则是指的北宋词人王观，也是如皋人，著有《冠柳集》，与高邮的秦观并称"二观"。"东皋词学不为孤"，可见对熊琏的词学成就推崇备至。

王凤娴与《焚馀草》

明清妇女作诗结社和结集出版的盛况空前，而"女子无才便是德""内言不出"之类的论调也随之尘嚣四起。

有人责备说："从来妇言不出阃（闺门），即使闺中有此韵事，亦仅可于琴瑟在御时作赏鉴之资，胡可刊版流传，夸耀于世乎？"

总而言之，诗文不是女子分内之事，内言不出才是女子之道。

在这种社会舆论的压力下，甚至有不少名门才女不惜将自己的作品焚毁，就连黄宗羲的夫人叶宝林、俞樾的女儿俞绣孙也不能摆脱焚稿的命运。叶宝林"少通经史，有诗二帙，清新雅丽。时越中闺秀有以诗酒结社者，叶闻之，蹙然曰：此伤风败俗之尤也！即取己稿焚之，不留只字"。俞绣孙在去世前就将自己的诗文稿付之一炬，幸而有俞樾抢救整理，结集刊行，她的遗集就叫《慧福楼幸草》。

一代女诗人王凤娴也正陷于焚稿的彷徨之中。她几度要将自己的诗稿一把火烧掉，天幸她的哥哥王献吉及时加以阻止，不然的话，她的作品也会像历史上绝大多数妇女的作品一样寂寂无闻了。

王献吉劝阻他的妹妹"焚稿"，鼓励她结集出版。他认为，"妇言"一经付梓，就成为后世史家有案可稽的材料。他从儒家经典之一的《诗经》中找到了强有力的精神支撑。后来，他给王凤娴的诗集作序时，道出了此中原委：

> （孺人）俯仰三四十年间，荣华凋落，奄忽变迁，触物兴情，惊离吊往，无不于诗焉发之。孺人亦雅不以屑意，成辄弃去，所存无几何。一日，谓不肖曰：妇道无文，我且付之祖龙。余曰：是不然，《诗》三百篇，大都出于妇人女子……删《诗》者采而辑之，列之《国风》，以为化始。

当王凤娴准备将她的诗稿付之一炬时，幸亏没有擅作主张，而是征求兄弟的意见。王献吉以《诗》三百篇为例，驳斥了"妇道无文"的祖训。王凤娴这才释然地将诗稿付梓刊印，这才得以流传后世。

王凤娴这部幸存的诗稿，就取名叫作《焚馀草》。这是一个常用的女性诗文集名。据有人不完全统计，当时以"焚馀"命名刊印的女性著作，多达 31 种。

王献吉对《焚馀草》的出版给予高度评价，他称赞说：

> 所幸家学一线，得随名媛千秋。

《明诗综》《明词综》和《历代诗馀》均收有她的作品。清人周之标将《焚馀草》辑入《女中七才子兰咳二集》。王凤娴的著作除《焚馀草》五卷外，还有《翠楼集》《贯珠集》并传于世。

《焚馀草》出版后，王凤娴的思想似乎豁然开朗。她读了《焚书》之后，泰然地赞同李贽对儒家传统的激进批判，包括他对女性教育正当性的肯定。《焚书》是著名思想家李贽发出的呐喊。在一首诗中，王凤娴礼赞李贽是"吾师"，《焚书》是治世良方：

> 字字刀圭范世仪，言之水蘖是吾师。
> 禅宗顿解毫端里，正是风旛一转时。

　　尽管诗中有着宗教的顿悟、英雄主义的感伤和对李贽的礼赞，但可能王凤娴并没有意识到，她自己已经逾越了当时社会为女性所设定的边界。

　　王凤娴，字瑞卿，号文如子，云间（松江）人。生卒年均不详，约嘉靖十年前后在世。她自幼聪颖。据载，祖父命对云："秀眉新月小。"她即应声道："鬓发片云浓。"

　　后来王凤娴嫁给进士张本嘉为妻。她出嫁后过了一段夫唱妇随、母吟女和的神仙般生活。

　　张本嘉在江西西部的宜春任职三年后，全家登船顺赣江而下，开始了回家的旅程。王凤娴保留着一本日记，记录最多的不是沿途的风景，而是路上的快乐瞬间。进入江西境内的最后一段航程，比平时更为艰难，但她对自己的耐受力非常自豪：

> 遇浅滩不得过，觅舟盘换就野宿焉。其舟止可容膝，伸立则发系于篷，伸卧则足限于板，梳洗什艰，止以巾束发，盘屈于中，其苦非言可罄。幸余素性不为劳逸所移，惟后长笑耳。

　　王凤娴早年诗词，多清丽明艳，晚年遭际坎坷，亡夫殇女，多幽怨之词。《浣溪沙》一词，是王凤娴早年诗词的代表作，词云：

> 曲径新篁野草香，随风闪闪蝶衣忙。柳絮飞坠点衣裳。

人在镜中怜瘦影，燕翻波面舞春长。小桥古渡半夕阳。

临镜梳妆，女诗人看到自己娇瘦的倩影，虽有淡淡的清愁，但此词"薄言情语，悠悠天韵"，表面看来几乎全是写景，有如俯拾即是，其实匠心独运，犹如大自然的杰作。

丈夫逝世后，艰辛自誓，抚其子女。张引元、引庆两姊妹，也都工于诗词，时常与母亲唱和。长女张引元，字文姝，举止温婉，天资聪颖，相传她六岁能诵唐诗，母亲教读《左传》《国语》《离骚》等，27岁时出嫁。次女张引庆，字媚姝。两姊妹的诗作合为《双燕遗音》一卷，《明史·艺文志》中都有记载。

但不幸得很，自己含辛茹苦养育的两个女儿，都先她而去。王凤娴痛断肝肠，写就《哭女》系列诗篇，道尽了人世间的辛酸。

《哭女》诗最著名的有四首。第四首《燕子楼》是这样写的：

燕子楼头燕子回，何年鹤去见归来。

相思怨结东风泪，洒向残花已剩灰。

论者评说她的《哭女诗》"使味之者无极，闻之者动心"。《玉镜阳秋》评论：《哭女》诸绝，最真挚可诵。人称其"高华绝响"。

张本嘉死后，王凤娴写了一系列悼念亡夫的诗词，其中有一首《临江仙》最为著名，被收录在《明词综》中。这首词写她在某个秋夕的感慨：

珠帘不卷银蟾透，夜凉独自凭阑。瑶琴欲整指生寒。鹤归松露冷，人静井梧残。

天际一声新度雁，翱翔似觅回滩。浮生几见几多欢。三秋今已半，枫叶醉林丹。

　　有研读者注意到，词的全篇以"残"贯之：银蟾西斜，横入珠帘，是月残；夜凉，是夜残；独自凭阑，是人对残景；瑶琴欲整指生寒，是曲残；鹤归松露冷，是更漏残；人静井梧残，是梧残；天际新度雁，声残；翱翔觅回滩，路残；浮生几多欢，意残；三秋已过半，秋残；枫叶醉林丹，绿残。正是残夜之人，面对残景的几多层次，几多心事。此情此景，难怪有人说只能在前人李清照身上寻找知音了。

地球是圆的，今天已是人所共知。而在漫长的古代社会，中国人一直沿袭"天圆地方"之说。

对这一说法，古人也并不是没有怀疑，然而，予以颠覆的却是清代一个闺阁奇女子王贞仪。有意思的是，她在著作《地圆说》中提出"地"是圆球形理论时，并没有现代科学实验条件，而纯粹是从已有的天文知识和数学知识，用逻辑方法推导出来的。这实在是个奇迹。

为了弄清日食和月望是怎么回事，她用灯笼做太阳，把圆桌当地球，把镜子当月亮，通过变动三者的位置的距离，观察研究地球、太阳和月亮的运行规律，终于搞清了月望和日食的关系。并写下了《月食论》一文。

在我国历史上，特别是明清之际，擅写诗词的女才子繁星一般众多，而富于自然科学头脑的女学者、女天文学家却寥若晨星，屈指可数。王贞仪甚至可以说是"唯一"吧。

王贞仪，字德卿，江苏江宁（今南京）人。她出身于官宦之家，自幼好学，酷爱读书，聪颖绝伦。她跟随祖父走南闯北，夜观天象，日算星辰。她的祖父王者辅，字惺斋，曾任宣化府知府，后来因故遣戍，死于吉林。当时王贞仪只有 11 岁，跟着父亲王锡琛和祖母董氏奔丧塞外，从此便客居吉林。祖父遗留的藏书有七十五柜，王贞仪当作遗产继承下来，如获至宝，一一涉猎。

空闲的时候，她还跟着蒙古阿将军的夫人学习骑射。经过勤学苦练，王贞仪不仅打下了坚实的文化基础，而且练就了一身跨马若飞、百发百中的武艺。

16 岁那年，她又回到了江南。随着父亲官职的迁徙，她几乎走遍塞外关内、大江南北。直到 25 岁，才同安徽宣城人詹枚（字文木）结婚。婚后五年，王贞仪就不幸因病早逝，时年 30 岁。

临死时，王贞仪对丈夫詹枚说："君门祚薄，无可为者。我先君死，不为不幸。平生手稿，为我尽致蒯夫人，蒯夫人能彰我。"蒯夫人名叫钱与龄，字九英，浙江嘉兴人钱陈群的孙女，吴江人蒯嘉珍的妻子。蒯夫人能诗善画，信厚明达，无纤媚柔弱之态。她在《自题画帧》诗中说："玉簪堕地无人拾，化作东南第一花。"这一名句为时传诵。当时她也住在江宁，同王贞仪甚为相投。贞仪死后，詹枚按照妻子的临终嘱咐，将书稿全部移交给蒯夫人。

在短促的一生中，她对天文、气象、地理、数学和医学等方面均有研究，编著了《术算简存》《筹算易知》《西洋筹算增删》《象数窥馀》《地圆论》《星象图解》等多部天象、数学研究著作。蒯夫人的侄儿钱仪吉，曾为《术算简存》一书作序，序中说："贞仪有实学，不可没，班惠姬（班昭）后一人而已。"对她的真才实学给予很高的评价。

在文学上，王贞仪也表现出卓异的才能。她的文史著作也颇为可观，计有《德风亭初集》十四卷、《德风亭二集》六卷，《秀帙馀笺》十二卷，还有《文选诗赋参评》《女蒙拾诵》《沉疴呓语》等等，内容包括了诗、文、文学批评、中医学等方面的成果。

《清史稿》说她"为诗文皆质实，说事理，不为藻采"。质实，这便是王贞仪诗文的风格。论者称她的诗，五言古体如《吉林途中》，"颇近选体"：七言古体如《饲蚕词》《捣练图》《枯树叹》，"皆有篇法"；"近体佳句亦多可采"。她的《过潼关》诗写道："重门严柝钥，盘岭踞咽喉。白日千岩俯，黄河一线流。"《登岱》诗中说："谷云蒸万岫，海日浴三宫。"又在《辰沅道中》说："雾气昏崖底，猿声咽树间。"袁枚认为，这些诗句"俱有奇杰之气，不类女流"。

王贞仪一生在探索科学的同时，还批判了宗教宿命论，认为将希望寄予来世是荒谬的。在当时封建专制统治和苛严的礼教束缚下，像王贞仪这样一个文弱女子，敢于大胆追求真理，反对封建迷信，倡导科学文明，是极其艰难的。

她每发表一些见解，社会上就责难不止。什么"诵读非女子事也"，什么"历算之学非闺阁所宜学"，并且有人斥骂王贞仪"幼而无知"，"不以酒食缝纫是务"，是"一味好名的闺中狂士"……面对种种无理责难和中伤，王贞仪只是一笑置之。她豁达地表示："毁我誉我，不妨两任之。"她认为女子应该有入学受教育的权利，在求学与著书立说、研究学问上，男女应是平等的。她在自己的诗作中明言道："岂知均是人，务学成一理。""丈夫之志才子胸，谁言女儿不英雄！"

不过，王贞仪对当时文人才妇好名的现象也持保留态度。她在书信中批评说："大抵今人之弊，最患急于求名，唯恐人不及知。而未定之稿，出以示人，求片言于大老名公以为荣。"

"足行万里书万卷，尝拟雄心胜丈夫。"这个著名诗句，出自王贞仪写的《题女中大夫图》的长诗。这是她的自我写照、自我明志。

然而，在"往往论学术，断不重女子"的封建社会里，她的凌云壮志和真才实学却毫无施展的机会，给我们留下了无限的感慨。

刘淑的传奇

刘淑生于明末清初的动乱之世，经历颇多曲折，充满传奇色彩。

刘淑，或名刘淑英，字静婉，江西安福人，明代扬州知府刘铎的女儿。刘铎因忤触宦官魏忠贤而从容就义，当时刘淑七岁。后来她的父亲得到平反，被谥为忠烈。年仅八岁的刘淑与其母亲这才扶棺南返。

她禀承家教，自幼攻读经史，饱读诗书，在母亲的教育下学会了诗文书画，并为随时报国而学习兵法剑术。

刘淑16岁嫁给同县王蔼为妻。王蔼的父亲王振奇也是一名刚烈之士，他和刘铎一同被魏忠贤列入"东林党"黑名单。清军入关后，王蔼不幸去世。刘淑18岁就守寡了。

1646年，清军攻入江西吉安，当时江南义军纷起。刘淑志在报国，倾尽家资招兵买马，亲自披甲训练义军，扛起反清的大旗。

当时驻军长沙的何腾蛟势力渐大，刘淑准备投奔何，希望能够共同抗清。不料途中先遇驻守永新的南明将军张先璧。张先璧如同变易时代的大多数人一样，对自身进退取首鼠两端的心态和算计，不仅不敢赴敌，还流露出欲娶刘淑入室的意图。刘淑不禁大怒，席间拔剑而起，追逐张先璧，张吓得环柱而走。张的部下如临大敌。

刘淑斥责他们说："汝曹何怯了，怯如是，而能赴汤蹈火乎？此吾自不明，吾自误。吾一女子耳，又安事甲？"

张先璧仗着人多势众，将刘淑关押。刘淑在囚室壁上写下慷慨激昂的诗句："销磨铁胆甘吞剑，抉却双瞳欲挂门。为弃此身全节义，何妨碎剐裂芳魂！"

张先璧慑于刘淑的凛然正气，释放了刘淑，并遣散其部属（一说刘淑自散其部）。

1649年，清军再克江西，残酷杀戮。刘淑携老母稚子，辗转外地避难。流落五年后返回故乡，卜居山间，造一小庵，名之为"莲舫"，归心佛门，自此过着布衣蔬食、贫病交加的清苦生活。

刘淑在庵中表面是侍母课子，参禅礼佛，但伺机报国之心并未泯灭。她曾以尼姑身份溯泸水，出武功，云游四海，到过宜春、仰山以及湖南、广西等地，联络遗民，寻找反清志士。但败局已定，中兴无望，徒劳跋涉。清朝政府曾把她当作要犯，严令缉捕。由于她在民众中声望很高，又结识了许多禅姑道友，因此她安然无恙，隐居在湖南湘潭的深山中。她有一首七律嘲讽清廷对她的追捕：

> 心违词客悲秋赋，身寄羯胡鼎镬间。
> 出袖青莲开法界，穿云铁屐破巇山。
> 生涯落魄长虹敛，时局艰难夕照殷。
> 我自乘飙天外乐，空劳防检设重关。

在血与火的环境下，刘淑放下刀枪，在严重的肺病、疟疾的折磨下，以笔抒怀言志，直到临终时闻雷声而书绝笔：

> 欲雷欲雨清且幽，天公慰我困龙愁。

卿卿莫道归来晚，收拾闲云补衲头。

刘淑遗稿留存诗词作品有近千首，因手稿中多有"伤国难、雪国耻"之作，视清军为仇人，骂作"胡虏""胡鞭"，故她的诗词尽管取得了很大成就，但在整个清代，一直无人敢去刊刻。直到民国初年，才陆续有热心人刊刻为《个山遗集》七卷，以资流传。

一个伟大的诗人，应该是不拘一格。她的词作中以小令居多，多为咏物之作，音韵谐婉，爽朗俊逸；长调则多为感事之作，辞气激越，慷慨豪迈。出兵之前偏于写实，每有生活情趣之作以及离别相思等题材，风格清丽；出兵遇挫之后，流离他乡之时，多为愤激悲郁之作，沉着而又凄恻，其间富于奇特诡谲的想象和比喻，蕴含一股别人所无的不屈与奇气。如她的《喟然》诗，写出了自己作为奇侠女子却报国无望的一腔悲愤：

欲取元珠赤水澜，烟霞无主怅征鞍。
偶驰杨柳楼边马，误却芙蓉镜下冠。
幕府坚城无侠女，未央佩剑少奇男。
藏香隐玉乾坤内，袖里青霓贯斗寒。

易代之痛，有志难申，让刘淑心里积蕴一股沉郁愤懑之情，一份济世报国的激越情怀。此种情怀与品质展现于词中，便使得她的词一洗绮罗纤秾、缠绵哀怨之态，而显示出男子词作中的浑厚激昂与放旷豁达，兼有东坡之旷与稼轩之豪。难怪邓红梅《女性词史》称她为"晚明女性词坛上闪闪发光的作家"。

与她的诗一样，她的词中流淌着的最深悲痛，依然是那无人意会的失败英雄的悲痛。当她面对一些能引起遐想的自然物时，她的余痛往往会因此发酵而变得浓烈。如她的那首在意境营造上富有独创性的咏物词《清平乐·菡萏》，就是如此：

> 几年沥血，犹在花梢滴。流光初润标天笔。聊记野史豪杰。碧笺稿阅千章。拈来无那成行。散作一池霞雾，空馀水月生香。

刘淑的词作如此，其人亦是卓尔不群，侠骨丹心，不愧为一代巾帼英雄。正如王伯秋序言中所说，"文武忠孝，备于一身"，"诚千古仅见之奇女子也"。

附

录

何必厚诬
李清照

话说前些年，一部"戏说"岳飞、赵构、秦桧也"戏说"李清照的电视剧《南宋皇朝》在南宋故都杭州孕育，堂而皇之出版了文学本子，重点立项，成了"五个一工程"作品，列入全国电视剧题材规划。据某网站剧透，《南宋皇朝》电视剧最终在杭州拍成。但笔者孤陋寡闻，好像不见播出。

这个电视剧的主旨据说是宣传"民族融合"，首先把岳飞塑造成从一开始就是赵构的亲信，说他曾在靖康年间为阻止北宋与金国和议，在赵构授意下组织学生暴动，打死力主和议的尚书，这才破坏了宋金和议，发生了靖康之耻。

剧中最为抢眼的情节是，赵构、岳飞共同"暗恋"着和他们的母亲年龄差不多的李清照，而李清照似乎更喜欢岳飞，以至于当她和岳飞在一起谈论赵构表白她很像他的母亲时，暗示赵构像一个有恋母情结的长不大的孩子，结果赵构听了很生气，差点处罚了岳飞；在剧中，岳飞女儿成了秦桧养子秦熺的"未婚妻"，秦桧如何不计前嫌照样为养子讨娶岳飞之女，并请李清照做媒。如此这般云云。

不错，李清照和秦桧的老婆王氏确是表亲关系。鲜为人知，却是有史可查的。王氏出身名门，爷爷是宋神宗时的宰相王珪，这王宰相又是李清照的外公，也就是说，李清照同秦桧老婆王氏是姑表姐妹，李清照还长王氏几岁。只是这对亲戚从来是不相往来的。

李清照在丈夫死后快50岁时被一无赖文人张汝舟骗婚，她觉醒后告发了张汝舟。张汝舟受到法律惩处。但是按照宋朝刑律，妻告夫也要连坐。（李清照晚年改嫁的事，学术上历来多有争议。）据其身后所载，李清照在给赵明诚的远房亲戚綦崇礼的一封信中说："惟智者之言，可以止无根之谤。"当其时，秦桧为相权倾朝野，鸡犬升天，他或王氏一句话就可以帮自己解决一大摊子麻烦事的。但是李清照非但不求助表妹王氏、表妹夫秦桧，反而绕了几个圈子去求助于秦桧的政敌綦崇礼，綦崇礼也实实在在帮助了她。再怎么尽向壁虚构之能事，她又岂能为被岳飞"闹事"打死的王尚书之子，亦是历史上有名的恶少，秦桧的养子秦熺做媒呢！

国破家亡之后，李清照写下不少慷慨激昂的诗篇。

"生当作人杰，死亦为鬼雄。"这是何等忠烈的爱国情操！

"欲将血泪寄山河，去洒东山一抔土。"这是何等凛然的民族大义！

"南渡衣冠思王导，北来消息少刘琨。"对投降派，这是何等辛辣的讽刺；对国家民族的危亡，这是何等透心的关切！

宋末爱国词人刘辰翁读了她的《永遇乐》，曾不禁"为之涕下"，从而激起家国之恨。

终李清照一生，忠奸如同冰炭，爱憎何其分明，非但没有与汉奸勾勾搭搭，反而颇具民族英雄情结。遍观李清照遗著《漱玉词》《李清照集》，看不到一字一句为汉奸鸣冤叫屈的话语，更没流露一点因表妹夫被骂为"汉奸"而兔死狐悲的心态。一世英名，苍天可鉴！

今天，如要高扬"民族融合"之大旗，洗刷秦桧的千古骂名，尽可试着拿新发现秦桧的"政治遗嘱"一类事来翻案，何必挖空了心思，有违于厚道，非得让只沾一点亲戚关系却没有任何干系的李清照来背上黑锅呢！

朱淑真：惊世骇俗第一人

秋雨沉沉滴夜长，梦难成处转凄凉。

芭蕉叶上梧桐里，点点声声有断肠。

这是宋代与李清照并驾齐驱的著名女诗人朱淑真的一首《闷怀》诗。她一生的梦总是在破灭。雨打芭蕉，长夜难眠，点点声声只能触起她的无可言说的伤痛。在她流传至今为数不算少的诗作中，"对景无时不断肠"（《伤别》），粗略算来，起码有十分之一以上的作品直接用了"断肠"的字眼，更不知道她实际上写过多少这样的伤春悲秋、情绪压抑的作品！

春来春去，长年累月，朱淑真几乎都过着以泪洗面、无法排遣的幽怨日子。据沈雄《古今词话》引《女红志馀》记载：

钱塘朱淑真自以所适非偶，词多幽怨。每到春时，下帏跌坐。人询之，则云："我不忍见春光也！"

朱淑真死后，她的作品被父母付之一炬，只有一小部分在民间流传。即便如此，她的诗作经过南宋宛陵人魏仲恭的搜集，到现在还保存了三百多首。魏仲恭将她的诗集题名为《断肠集》，正可以反映出她的不幸生活遭遇，自然是恰当得很。

然而，朱淑真的身世和生平却始终是一团雾。

她生活在什么样的年代？北宋人、南宋人，抑或介于北宋与南宋之间？她出生在一个什么样的家庭？是平民百姓女，还是生于仕宦之家？丈夫是市井小民，还是个市侩式官吏？她只有一次婚姻，或是二次婚姻？有过什么样的婚外恋情？等等。历来都说法不一。

旧说一般以为朱淑真嫁与市井民家，最先见于魏仲恭《断肠诗集序》：

> 早岁不幸，父母失审，不能择伉俪，乃嫁为市井民家妻。

到了清代，词学家况周颐以《断肠集》中的一些诗为根据，对此说进行辩驳，认为她丈夫其实是个庸俗官吏：

> 夫家姓氏失考，似初应礼部试，其后官江南者。淑真从宦往来吴越、荆楚间。

最有说服力的证据是，她的《春日书怀》诗中直接写道："从宦东西不自由，亲帏千里泪长流。"

可惜最初临安王唐佐为她写的传记早已亡佚，我们只能综合各家零星的记载，约略可以知道：朱淑真自号幽栖居士，钱塘（今杭州）人，世居桃村，曾住在涌金门内如意桥北的宝康巷。淑真自幼聪慧，善于读书，博通经史。文章幽艳，才色娟丽，诗词并娴，而且，还能作画，写得一手"银钩精楷"。她一生的婚姻却无疑很不如意，嫁给一个庸俗不堪的怆夫，致使她抑郁寡欢，抱恨而终。

她的死也是一个不解的谜。

现存最早的、最可靠的记载朱淑真的资料，还是魏仲恭为《断肠集》作的那篇序。但关于朱淑真的死，魏仲恭似乎是有意为之避讳，写得曲曲折折，隐隐约约，扑朔迷离，欲言又止：

> 其死也，不能葬骨于地下，如青冢之可吊，并其诗为父母一火焚之，今所传者，百不一存，是重不幸也。呜呼，冤哉！予是以叹息之不足，援笔而书之，聊以慰其芳魂于九泉寂寞之滨，未为不遇也。

从行文中看，朱淑真好像是"水死"，后事似由娘家来料理。人死必葬，入土为安。为什么"不能葬骨于地下"呢？是何道理，她的父母要将女儿的遗诗"一火焚之"呢？无论如何，不合乎情理。于是有些研究者就做出了这样的猜测：朱淑真的"不贞"为其丈夫或父母识破。她忍受不了社会舆论的责难，以致愤然赴水。有的说她的遗体在水中漂没；有的说被她的父母连同诗稿一并火化了。总之，很有可能演出了一幕轰动于当时而湮没于后世的爱情惨剧。

只有她流传下来的作品是真真切切的，作品中表现出来的性格是鲜鲜活活的。

"鸥鹭鸳鸯作一池，须知羽翼不相宜"（《愁怀》），"纵有风流无处说"（《题圆子》），就是她"自伤非偶"的心灵悸动；"但愿暂成人缱绻，不妨长任月朦胧"（《元夕》），"更深露下衣襟冷，梦到阳台不奈醒"，就是她的爱情价值观的真诚流露；"宁可抱香枝上老，不随黄叶舞秋风"（《菊花诗》），则是她不随流俗、洁身自好的人格的写照。至于"女子弄文诚可罪"，"始知伶俐不如痴"（《自责》）的激愤之言，更是无异于向"女子无才便是德"的旧传统奋起抗争。

朱淑真的敢爱敢恨、敢怒敢言，她的思想之开放，言辞之大胆，在宋明理学设置"男女之大防"的封闭时代，恐怕是惊世骇俗的第一人。

看看她的《清平乐》：

> 恼烟撩露，留我须臾住。携手藕花湖上路，一霎黄梅细雨。
>
> 娇痴不怕人猜，和衣睡倒人怀。最是分携时候，归来懒傍妆台。

"娇痴不怕人猜，和衣睡倒人怀。"如此大胆的词句，似乎也只有现当代沉浸在热恋中的女子才会有这么火热的情吧。

再说她的《七夕》诗吧：

> 拜月亭前梧叶稀，穿针楼上觉秋迟。
>
> 天孙正好贪欢笑，那得工夫赐巧丝！

中国式的情人节这天晚上，有"乞巧"的习俗，女子以彩丝穿针，盼望织女赐一根"巧线"，也就是祈求天赐一段良缘。可是，织女会牛郎，一年就这一次牵手的机会，她自个儿正要抓紧时机贪欢，哪里有工夫给你赐什么"巧线"呢！在古代女性创作中，写"七夕"就免不了写拜织女，可是还有谁能像她这样不加掩饰地率直道来？

从明代毛晋将朱淑真的《断肠词》与李清照的《漱玉词》合刻印行时起，人们总喜欢把朱淑真同李清照相提并论，以为她俩遥遥相对，并称双绝。

在爱情路上，虽然朱淑真远没有李清照幸运，但她俩的词风颇为相近而思想息息相通。同是抒写愁绪，李清照有个"载不动、许多愁"的名句；朱淑真的句子"可怜禁载许多愁"，虽不那么有名，但两者如出一辙，以致有人叹道："岂女辈相传心法耶！"然而，同是描摹女儿情态，如果说李清照的"眼波才动被人猜"是一种矜持，拘谨得逼真；那么，朱淑真的"娇痴不怕人猜"则是一种放诞，大胆得可爱。

细心的香港女学者黄嫣梨也发现，在表达愁情、描绘意境甚至于遣词用句方面，这两位伟大的才女之间有惊人相似的痕迹：

李清照说，"绿肥红瘦"；朱淑真说，"绿肥红浅"。

李清照说，"试灯无意思，踏雪没心情"；朱淑真说，"写字弹琴无意绪，踏青挑菜没心情"。

李清照说，"又是寒食也，秋千巷陌人静，皎月初斜，浸梨花"；朱淑真说，"寒食不多时……闲却秋千索……寂寞梨花落"。

李清照说，"非干病酒，不是悲秋"；朱淑真说，"非干病酒与悲秋"。

朱淑真的生活年代究竟是在李清照之前还是之后，其实后人的考证各执一词，难以确定，因而也就难以确认究竟是谁影响了谁，谁师承了谁。不过依照一般的观点，朱淑真应生在李清照之后，相隔时间不会太长。李清照的词名在当时已相当显赫，晚年又卜居杭州，朱淑真熟读李清照的诗词，受其影响，且有意仿效和吸收，可能性似乎要大些。

黄女士还有一个有意思的发现，那就是南宋孝宗时著名词人张孝祥不光是对朱淑真有影响，而且很可能与她有过交往。朱淑真《雪夜对月赋诗》中有一句"看来表里俱清澈"，就是用了张孝祥《念奴娇·过洞庭》词里"素月分辉，明河共影，表里俱澄澈"句。张孝祥《浣溪沙》词有云："绝代佳人淑且真，雪为肌骨月为神，烛前花底不胜春。"把朱淑真的名字嵌进去了。又《鹧鸪天》词云：

"涌金门外小桥东。行行又入笙歌里，人在珠帘第几重。"这里又提到朱淑真的居处。从这两首词来猜测，他很有可能与朱淑真互有唱酬，当然这也难取得确证。

朱淑真的作品构思新鲜活泼，语言明快优美，风格委婉蕴藉，往往"临风对月，触目伤怀"，内容多抒写个人爱情生活的郁闷，不免流于感伤。不过也有例外，比如那首有名的描写杭州郊外农忙生活的《东马塍》诗，读来也清新可喜：

> 一塍芳草碧芊芊，活水穿花暗护田。
> 蚕事正忙农事急，不知春色为谁妍？

她的《苦热闻田夫语有感》《喜雨》等农事诗，一扫闺阁脂粉气，历来受人称道。钟惺在《名媛诗归》中赞叹说：《喜雨》诗若出女子口中，不过衣袂生凉、纱橱湘簟等语尽矣；却写农夫喜雨一段实情，局理高浑，非他可及也。

说来，她的一组写秦汉著名人物的咏史诗，赞颂"盖世英雄力拔山"的项羽、"男儿忍辱志长存"的韩信、"功成名遂便归休"的张良、"一言请削独干诛"的晁错，其中所表现出来的学养和识见，那也是"非他可及"的哦。

《阳春白雪》词作者吴淑姬

宋代词苑的女作家中，真正以作品著称的，除了李清照、朱淑真，还有吴淑姬和张玉娘，被人称为四大女词家。

宋代四大女词家中，竟有三个属浙江籍：朱淑真，临安（杭州）人；张玉娘，浙江松阳人：吴淑姬，浙江湖州人。至于李清照，南渡时也流寓浙江，在临安度过了她的晚年。

吴淑姬一般不为人所知，她的生卒年月也不详，大约北宋与南宋之交的时期在世。她的词中有"断肠遥指苕溪路"之句，可见她生活在鱼米之乡的苕溪岸边。

宋代四大女词家中，吴淑姬的作品流传最少。南宋词人黄昇在《唐宋诸贤绝妙词选》中收录吴淑姬词作三首，介绍说："淑姬，女流中黠慧者，有《阳春白雪》词五卷，佳处不减李易安。"黄昇称吴淑姬为"女流中黠慧者"，"黠慧"二字颇值得玩味；并认为她的《阳春白雪》词"佳处不减李易安"，评价甚高。只是很可惜，《阳春白雪》词集中的佳作，流传至今的仅存三首。但就是硕果仅存的三首作品，便奠定了她在女性词史上不可撼动的地位。

关于吴淑姬的婚姻，《词林记事》以及《中国人名大辞典》都说她嫁给士人杨子治。除此之外，她的生平历史几乎不可考知。

《诚斋杂记》中有一条记载说：

> 吴淑姬未嫁夫亡。未亡时，晨兴靧面，玉簪坠地而折；已
> 而夫亡。其父欲改嫁之，女誓曰：玉簪重合则嫁。居久之，见
> 士子杨子治诗，心动，启奁视之，簪已合矣。遂结为夫妇。

所谓"玉簪重合"的说法，显然是无稽之谈。不过，从中大约
可以想见：杨子治也是一位足以令人折服的作诗高手。看来吴淑姬
嫁人的标准，重在对方的文采。

吴淑姬是一个有故事的人。南宋洪迈的《夷坚志》里也有一
则关于吴淑姬的记载，却与《诚斋杂记》所载大相径庭。据《夷坚
志·支志》记载：

> 湖州吴秀才女，慧而能诗词，貌美家贫，为富民子所据。
> 或投郡诉其奸淫。王龟龄（即王十朋）为太守，逮系司理狱。
> 既伏罪，且受徒刑。郡僚相与诣理院观之。仍具酒，引使至席，
> 风格倾一座。遂命脱枷侍饮，谕之曰："知汝能长短句，宜以一
> 章自咏，当宛转白待制为汝解脱。不然危矣！"女即请题。时冬
> 末雪消，春日且至，命道此景作《长相思》令。捉笔立成，曰：
> 烟霏霏，雨霏霏。雪向梅花枝上堆，春从何处回？
> 醉眼开，睡眼开。疏影横斜安在哉？从教塞管催。
> 诸客赏叹，为之尽欢。明日，以告王公，言其冤。王淳直，
> 不疑人欺，亟使释放。其后无人肯礼娶。周介卿石之子买以为
> 妾，名曰淑姬。王三恕时为司户摄理，正治此狱，小词藏其处。

明代王世贞的《艳异编》和冯梦龙的《情史》，也记载了这个故

事。这些记载同前面所引的《诚斋杂记》记载迥然不同。有人因此怀疑，也许当时有两个吴淑姬。但是，两书所载有一点是一致的，都载有吴淑姬的《祝英台近》一词。《词林记事》的编纂者张宗橚也觉得"此甚不可解，惜无从订正"，只好将两说并存。今人谭正璧先生考证，认为《诚斋杂记》中的吴淑姬，乃汾阴人，与湖州之吴淑姬为二人。

吴淑姬才貌双全，当时颇有名气，曾引动一些风流才子的追逐。他们赏识她，并不因为她是一个天才卓异的作家，而是可以当作他们的风雅玩物。在这种诱惑下，她开始了同这班男子此唱彼和的浪漫生活。蛾眉见嫉。才高得谤。她引起了他人的嫉妒，招来了社会的非议，终于被人加上"奸淫"的罪名，告发到官府，吃了一场官司。由于自身的"黠慧"，才得以幸免徒刑之苦。结果，她因为被"正人君子"视为荡妇淫娃，只好卖给人家做妾。这时才改名叫淑姬。

绝世的天才，往往与不幸的身世结缘；唯其遭遇不幸，反过来倒进一步调动了创作的天才，增加了作品的内容，提高了它的艺术价值。倘若单纯地吟风弄月，或者无病呻吟，那是终究立不起文学的声誉的。

《唐宋诸贤绝妙词选》保存下来的吴淑姬三首词，都不失为艺术的珍品。她的《小重山》词题作《春愁》：

> 谢了荼蘼春事休，无多花片子，缀枝头。庭槐影碎被风揉。莺虽老，声尚带娇羞。
>
> 独自倚妆楼。一川烟草浪，衬云浮。不如归去下帘钩。心儿小，难著许多愁！

严次山评此词说："如怨如诉，诵之有难以为情者，匪直深于意态也。"《古今词统》有个眉批："竹浪、柳浪、麦浪与草浪而四。"

即指吴淑姬自创新词"草浪"，直可与前人所创"竹浪、柳浪、麦浪"相媲美。

另一首《惜分飞》词，题作《送别》：

> 岸柳依依拖金缕，是我朝来别处。惟有多情絮，故来衣上留人住。
>
> 两眼啼红空弹与，未见桃花又去。一片征帆举，断肠遥指苕溪路。

还有一首《祝英台近·春恨》词，尤其为人称赏：

> 粉痕消，芳信断，好梦又无据。病酒无聊，欹枕听春雨。断肠曲曲屏山，温温沈水，都是旧看承人处。
>
> 久离阻，应念一点芳心，闲愁知几许。偷照菱花，清瘦自羞觑。可堪梅子酸时，杨花飞絮。乱莺闲，催将春去。

如同其他闺阁作家一样，吴淑姬也在词中借景抒情，抒写春天的惆怅、离别的愁恨。然而，像她这样清丽婉转的词采，如此鲜明动人的形象，绝不是无病呻吟者所能写出来的。她的作品，自有其实际的生活做背景。仅就她幸存的几首词来看，确有独到之处，不乏别出心裁的警句。比如：《小重山·春愁》中"心儿小，难著许多愁"，正与李清照《武陵春》中的名句"只恐双溪舴艋舟，载不动许多愁"有异曲同工之妙。此外，如"惟有多情絮，故来衣上留人住。"（《惜分飞·送别》）"断肠曲曲屏山，温温沈水，都是旧看承人处。"（《祝英台近·春恨》）比之《漱玉词》，正好似春兰秋菊，各有千秋，在古典词苑中，各有其独特的芬芳和灿烂的姿色。

宋代四大女词人，李清照、朱淑真人所共知，吴淑姬可能也有耳闻；至于张玉娘，知道的人就不多了，甚至可以说寂寂无闻。

张玉娘著有《兰雪集》，可是，文学史上从未见过她的名字。清代《词综》也不见有《兰雪集》的作品。《兰雪集》的命运，同作者一样不幸，隐埋了数百年之久。

直到一位周姓女士"爱读此集，兼景慕其为人，怂恿付刊，并任刊资"。如果没有这位女士的热心赞助，没有其他刊刻者的努力，即使《浙江通志》中有她的名字，《松阳县志》中有她的小传，人们也无从知道宋代女子诗词集，除李清照的《漱玉集》、朱淑真的《断肠集》外，还有张玉娘的《兰雪集》。这样珍贵的宝藏，说不定将永远掩埋在历史的长河底下。

张玉娘，字若琼，自号一贞居士，浙江松阳人。生卒年月不可考知。她的生活年代有宋、元两种说法。《浙江通志》以及胡文楷《历代妇女著作考》把她作为宋人。《四库全书总目提要》作元人。邓红梅《女性词史》称她为"元代第一女词人"。准确地说，她应该是生活在宋末元初的时代。

她的父亲张懋，做过推举官；母亲刘氏，善于治家，年将五十，始生玉娘。玉娘既很美丽，又聪慧异常，因此益为父母所钟爱。她家世代书香，积有不少藏书。玉娘自幼耽好文墨，不独熟习女红，而且能写文章，尤其擅长诗词。当时人将她比拟为曹大家（班昭）。

她有侍婢两人，名叫紫娥、霜娥，都有才色，亦善文墨；又养了一只鹦鹉，能知人意，因而称作"闺房三清"。

张玉娘有表兄叫沈佺，是北宋徽宗时状元沈晦的后代，丰神翩翩，才思俊逸，不同于一般的纨绔子弟。他们因为中表的关系，时常有会面的机会，于是彼此有了爱慕之意，继而订了婚约。后来不知什么原因，玉娘的父母忽然反悔起来。可是，她决意不从，矢誓终身，从此开始坠入愁网。正当事情还没有了结的时候，沈佺又随父游于京师，双方鱼雁浮沉，消息断绝。生离的痛苦，更使玉娘愁肠百结。她所作的《双燕离》词就是这种愁绪的真实写照：

> 白杨花发春正美，黄鹤帘垂低。燕子双去复双来，将雏成旧垒。秋风忽夜起，相呼度江水。
>
> 风高江浪危，拆散东西飞。红径紫陌芳情断，朱户琼窗侣梦违。憔悴卫佳人，年年愁独归。

过不多久，沈佺因"积思于悒"，外感寒疾，缠绵病榻。当沈佺病危的时候，玉娘私自遣使问候，往来不绝于道。她与沈佺感情日笃，互相递信赠诗，以死相誓。她在写给沈佺的信上发誓道："生不偶于君，死愿以同穴！"沈佺答赠玉娘五律一首："隔水度仙妃，清绝雪争飞。娇花羞素质，秋月见寒辉。高情春不染，心镜尘难依。何当饮云液，共跨双鸾归！"

沈佺终于在忧悒和疾病的煎熬下与世长辞，年仅22岁。玉娘悲痛欲绝,作诗哭道:"中路临长别,无因复见闻。愿将今日意,化作阳台云。"发誓要像阳台云那样永远伴绕着他。另一首《哭沈生》诗写道:"怅恨生死异,梦魂还再逢。""素情无所著,怨逐双飞鸿!"意中人虽已生死永诀,怅恨的心绪、怀念的情感是难以排遣的。

父母看她终日郁郁寡欢,打算给她另觅佳偶,这更增她内心的伤感和烦怨。她对父母说:"女所以不死者,因有双亲耳!"

这一年元宵之夜,父母家人都出去观灯了。玉娘托病独坐灯下,伤心流泪,神情恍惚。忽然烛影晃动,她依稀看见沈佺站在面前,好像还听见他的声音。玉娘又惊又喜,去抓他衣服,却若即若离,不禁凄然泪下。接着,定神一看,便看不见他的影子了。她大声呼叫:"沈郎舍得抛下我吗?"又有一天晚上,玉娘梦见沈佺驾车相迎,醒来便披衣起坐,对侍女说:"我的决心已定!"于是绝食,憔悴而死。逝世时才28岁。

她的父母得知女儿是为沈佺而死的,在征得沈家的同意后,特地将她与沈佺合葬一处。玉娘死后一个多月,侍女霜娥为此忧病而亡,紫娥接着自缢而死。连玉娘平时心爱的鹦鹉,也在悲鸣中死去了。父母将两个侍女连同鹦鹉一起殉葬。人们都将这座墓称为"鹦鹉冢"。

这是一出在封建婚姻制度下演出的真实的爱情悲剧。它同传说中的祝英台与梁山伯的故事一样感人肺腑,闻者无不唏嘘叹息。明末清初作家孟偁舜曾为之募捐,修墓立祠纪念,还为此谱写了四折杂剧。唐圭璋在《宋代女词人张玉娘》一文中指出:"我们觉得她短促的身世,比李清照、朱淑真更为悲惨。李清照是悼念伉俪,朱淑真是哀伤所遇,而她则是有情人不能成为眷属,含恨千古。"

玉娘生于官宦之门,书香之家。一部《兰雪集》,除少数篇章之外,大多是抒写个人心情,特别是倾诉爱情上的不幸。她的诗词留存一百余首。这些作品大致可分为两个时期，呈现出两种不同的色彩：一是她的少女黄金时期，这一时期的作品是清丽优雅的；一是她陷于爱情悲剧的时期，这一时期的作品是大量的，无处不流露出作者愁苦凄凉的情怀。前期作品如古诗《采莲曲》：

> 女儿采莲拽画船，船拽水动波摇天。
> 春风笑隔荷花面，面对荷花更可怜。

又如古诗《牧童辞》：

> 朝驱牛，出竹扉，平野春浓草正肥。
> 暮驱牛，下短坡，谷口烟斜山雨微。
> 饱采黄精归不饭，倒骑黄犊笛横吹。

此外，前期代表作品尚有《秋江辞》《池边待月》等诗。几乎每一首古诗都是一幅美妙的乡村图画。《玉镜阳秋》评论说："其拟乐府及古诗，间有胜语。"文史学者陶秋英在《中国妇女与文学》中也说："张玉娘的诗，绝少闺阁气，她最擅长古风，简直没有一首不显露一幅好图画呢。"

还有一篇令人称道的《山之高三章》，可以视为她对沈佺的誓约：

> 山之高，月出小；月之小，何皎皎！
> 我有所思在远道。一日不见兮，我心悄悄。
>
> 采苦采苦，于山之南。

怆怆忧心，其何以堪！

　　汝心金石坚，我操冰雪洁。
　　拟结百岁盟，忽成一朝别。
　　朝云暮雨心去来，千里相思共明月。

　　这里，"兴"的手法运用得非常新巧、自然，有独到之处，不是泛泛者所能及。据说元代欧阳玄读诗至此，不觉抚几惊叹，认为可与《诗经》中的精华部分"国风"比美。刘杰《一贞居士》诗中也说："兰雪新诗手编成，山高月小传好句。"因而有人这样推崇她："敏慧绝伦，作为文章，蕴藉若文学高第；诗词尤得风人体。"张玉娘的文章现已不传，以诗词而论，这种评语是恰当的。她的遗集传到京师后，曾得到元代著名学者、诗人虞集的赏叹。虞集读到她的五律《暮春夜思》的末句："此景谁相问，飞萤入绣床。"拍案叫绝：这岂是妇人所能写得出的！

　　《兰雪集》中共有词16阕，差不多首首臻于妙境，典雅可诵。有人认为，其清丽绝俗之气并不亚于《漱玉词》；也有人称之为"《漱玉词》后第一词集"。比如，抒写哀愁的《苏幕遮·春晓》，便是一首清丽、隽美之作：

　　月光微，帘影晓。庭院深沉，宝鼎余香袅。浓睡不堪闻语鸟。情逐梨云，梦入青春杳。
　　海棠阴，杨柳杪。疏雨寒烟，似我愁多少！谁唱竹枝声缭绕？□□临风，自诉东风早。

　　有人读她的《苏幕遮·春晓》词后，题诗称赞说："寒烟疏雨愁多少，似是千秋幼妇辞。"这确是一首绝妙好词：语言浅显，形象生动，含不尽之意见于言外，令人一唱三叹。这样的例子比比皆是。

还有些作品，表现出作者的爱国主义热忱。当时，民族矛盾异常尖锐，蒙古贵族的兵马正大举入侵，南宋王朝岌岌可危，有志之士奋起抗敌。时局的动荡，国家的危亡，不能不对张玉娘有所影响。可歌可泣的抗元斗争事迹，也多少使她受到感染。《兰雪集》中有《王将军墓》一诗，诗前小序说："宋王将军，名远宜，松阳人。宋亡，与元兵战于望松岭，死之，遂葬于此。"诗是这样写的：

> 岭上松如旗，扶疏铁石姿。
> 下有烈士魂，上有青莵丝。
> 烈士节不改，青松色愈滋。
> 欲试烈士心，请看青松枝。

这是一首情感真挚、格调悲壮的烈士赞歌。诗人虽然深居闺阁，心却与遗民相通。在此之前，她一直注意着前线的动态，关心着国家和民族的命运。比如她所作的《凯歌乐辞》之一《塞下曲（横吹曲辞）》：

> 寒入关榆霜满天，铁衣马上枕戈眠。
> 秋生画角乡心破，月度深闺旧梦牵。
> 愁绝惊闻边骑报，匈奴已牧陇西还。

《凯歌乐辞》共有四首，大体富有悲壮之气，更不像女子手笔。

作者在《凯歌乐辞》诗注中说："丈夫则以忠勇自期，妇人则以贞节自许，妾深有意焉。"张玉娘的作品，多是贞节自誓之词。就连

《兰雪集》的题名，也是寓有作者深意的："古人以节而自励者，多托于幽兰白雪以见志，因名之曰《兰雪集》。"这就涉及"贞节"的观念，是否可以这样说：所谓"贞"，正反映了她对爱情的忠贞不渝；所谓"节"，也表现了她对富于民族气节的英雄烈士的赞颂和向往。

南宋旧宫女诗人的亡国恨

在南宋末年杭州的女诗人中，有一位曾以自己的作品震撼过伟大的爱国者文天祥的心，她就是宫廷昭仪王清惠。

度宗朝中，贵为隆国夫人的王清惠，曾是皇帝身边的红人。当时受宠的东宫四夫人，分别以春、夏、秋、冬命名，王清惠小名就叫作"王秋儿"。但她不仅仅是以色事君，更因其通经史，能属文，才学出众，尤其受到宠信。批阅奏章，起草圣旨，皇上都让她来代劳。正像流传的一首《宫词》中所说的："黄封激进升平奏，直笔夫人看内批。"《宋史·江万里传》中有一处从侧面提到过她：

> 帝在讲筵，每问经史疑义及古人姓名，（贾）似道不能对。时王夫人颇知书，帝语夫人以为笑。

这是《宋史》中唯一提到她的地方。

宋恭帝德祐二年（1276），元兵长驱直入，南宋京城临安（杭州）陷落。宋恭帝、太皇太后谢道清、全太后和宫妃嫔娥们全都成了俘虏，被送往大都（今北京）。王清惠作为宫中的一名重要女官，也在被遣送之列。

风云骤变，山河改色。昔日蒙受君主宠爱的嫔妃，转眼间竟成阶下囚。历史的反差竟如此悬殊！在烟尘滚滚的北上途中，王清惠思潮起伏，感慨万千。这天夜晚，行至汴京（今河南开封）附近，驻宿于夷山驿馆。她在睡梦中惊醒，抑不住满腹愁恨，挥泪写下了一首《满江红》词，留在驿馆的墙壁上：

　　太液芙蓉，浑不似、旧时颜色。曾记得、春风雨露，玉楼金阙。名播兰簪妃后里，晕潮莲脸君王侧。忽一声、鼙鼓揭天来，繁华歇。

　　龙虎散，风云灭。千古恨，凭谁说！对山河百二，泪沾襟血。驿馆夜惊尘土梦，宫车晓碾关山月。愿嫦娥、相顾肯从容，随圆缺。

作品虽然不像李清照的"生当作人杰，死亦为鬼雄"那么慷慨激烈，但也在一定程度上反映战乱给人们带来的苦难，倾注了对故国河山无限眷恋的情感。这种亡国之恨，同南宋千千万万人民的思想情绪是相通的。

三年之后，杰出的民族英雄文天祥抗元失败被俘，在解送北上的途中，也曾在夷山驿馆住宿，读到了王清惠这首传颂中原的词作，深深地为她表达的诗情所感动，但读到最后一句时，见有些无奈、幸免甚至苟安之意，不禁叹息道："惜哉！夫人于此少商量矣。"于是，他提笔用王清惠的《满江红》原韵，代填一首词：

　　试问琵琶，胡沙外、怎生风色？最苦是、姚黄一朵，移根仙阙。王母欢阑琼宴罢，仙人泪满金盘侧。听行宫、半夜雨霖铃，声声歇。

彩云散，香尘灭。铜驼恨，那堪说！想男儿慷慨，嚼穿龈血。回首昭阳辞落日，伤心铜雀迎新月。算妾身、不愿似天家，金瓯缺！

文天祥题写完毕，再三吟诵，觉得意犹未尽，又和了一首：

燕子楼中，又捱过、几番秋色。相思处、青年如梦，乘鸾仙阙。肌玉暗消衣带缓，泪珠斜透花钿侧。最无端、蕉影上窗纱，青灯歇。

曲池合，高台灭。人间事，何堪说！向南阳阡上，满襟清血。世态便如翻覆雨，妾身原是分明月。笑乐昌、一段好风流，菱花缺。

文天祥的这两首词，既是呼应了这位旧宫女诗人的亡国之恨，又是对她的题驿壁词的补正，更主要的是借此抒发那种"凛烈万古存"的爱国气节和浩然正气。是一种自誓，也是一种共勉。文辞的精神状态、思想境界，自然高出于王清惠的原词，这是不消说的。

不过，对王清惠这样的旧宫贵夫人，似也不必苛求。后人也曾为她题壁词中的"少商量"处辩护过，说："然则昭仪女冠之请，与丞相黄冠之志，后先合辙，从容圆缺语，何必遽贬耶？"这话说得有点辣。所谓"黄冠之志"，是指文天祥被俘后，面对元朝当局的再三劝降，他有一番委婉的回答：国家灭亡，我只有以死报国了，倘若因为元朝皇帝的宽容，使我能够出为道士，重归故土，往后以方外之人的身份，成为皇帝的顾问，这还说得过去。假如立即委官职，不仅亡国的士大夫们不能兼容，也把自己平生的志向和事业全部抛弃了，那重用我这样的人还有何用处呢？所谓"女冠之请"，是指王清惠到了元都后，"即恳请为女道士"。为了摆脱自己的痛苦心境，她决意改换成一身道家装束，号为冲华，表示自己是世外之人。其实这也是曲折地表明了她不愿屈节事北的志向，与文丞相的"黄冠之志"岂不如出一辙！

无独有偶。另一位南宋爱国诗人汪元量，也曾作有两首和王昭仪韵的《满江红》。这里仅录其中的一首：

> 天上人家，醉王母、蟠桃春色。被午夜、漏声催箭，晓光侵阙。花覆千官鸾阁外，香浮九鼎龙楼侧。恨黑风、吹雨湿霓裳，歌声歇。
>
> 人去后，书应绝。肠断处，心难说。更那堪杜宇，满山啼血。事去空流东汴水，愁来不见西湖月。有谁知、海上泣婵娟，菱花缺。

被誉为"诗史"的宫廷琴师汪元量，曾在宫中为王昭仪弹过琴，有过唱酬奉和。当时他也随同三宫北上，同她们一起度过了漫长的流放岁月。也许是因为地位不同的关系吧，后来，经过汪元量三次上书恳求，元世祖终于放了他一马，不仅准许他做了道士，而且让他回到南方故土。据传，临别之际，王清惠等十四位旧宫人斟酒城隅，为汪元量饯行，并以"劝君更尽一杯酒，西出阳关无故人"分韵，赋诗相赠。王清惠作为第一人得"劝"字。云云。这恐怕是误传或后来好事者的加工创作。实际上，汪元量南归话别时，王清惠已不在人世。"吴国生如梦，幽州死未寒。"有汪元量《女道士王昭仪仙游词》为证。

王清惠客死幽州约在公元1286年。她在北方至少滞留了十年光景，一度随旧宋宗室及宫人被遣送到新疆。同是天涯沦落人，何况曾是旧相识。王清惠只要一见到汪元量的面，便情不自禁，相对涕泣，常有诗词唱和，于寂寞凄凉中相互慰藉，成了生死之交。

幽州秋日，月满关山，昔日的宫廷琴师倒来聆听王清惠为之抚琴弹奏。"弹到急时声不断，曲当终处意亦奇。"一曲终了，只有默默无言的相对，满腹的愁绪，又如何能排遣！此时，无声才是最高境界的相通。正如汪元量诗中所说："羁客相看默无语，一襟愁思自心知。"

天山雪飘，羁人断炊，饿着肚皮的汪元量应邀做客。王清惠手持铁刀，欣然割骆驼肉招待，令难友觉得"一饱死亦足"。

秋夜，她在寄给汪元量兄弟的诗中写道：

> 万里倦行役，秋来瘦几分。
> 因看河北月，忽忆海东云。

原本属清瘦型的她，吃尽流离颠沛之苦，此时在望乡的煎熬中显得更其瘦弱。这首怀念故土的诗歌，在当时也传唱甚广。

另一首《李陵台和水云韵》表明了同样的心迹："客路八千里，乡心十二时。"结句笔锋一转，则以几分嘲讽、几分无奈的口气说："忽报江南使，新来贡荔枝。"

客路遥遥，乡心不变。她的一颗故国心，是无时不在，至死不移的。同"侍臣已写投降表"、惶惶然如丧家之犬的太皇太后谢道清之流相比，王清惠毕竟要算是鹤立鸡群了。

谁是中国历史上第一位女诗人？第一个"候选人"应是涂山
氏女。

涂山氏女是谁？就是大禹的妻子。刘向《列女传》称她为"攸
女"；也有叫她做"女娇""涂娇"的。据载，她创作了可能是中国
最早、也是最短的诗歌，歌词只留下了四个字的《候人歌》：

　候人兮，猗！

《吕氏春秋·音初篇》记载说：

　禹行功，见涂山之女，禹未之遇，而巡省南土。涂山氏之
女乃令其妾候禹于涂山之阳，女乃作歌，歌曰：候人兮，猗！
实为南音之始。

就是说，这是有史可稽的中国第一首南方民歌，也可说是汉语
爱情诗的最初篇章。

涂山氏女的情况，历史上语焉不详。至于当时涂山氏究竟所在何地，长久以来更是众说纷纭，莫衷一是。《史记》记载，夏禹曾娶涂山氏之女为妻。所谓"涂山氏"，根据过去学者的考据，很可能是上古时期一个部落诸侯的名称。据《列女传》中说：大禹治水路经涂山时，与涂山氏部落的攸女联姻。新婚三天，恩爱夫妻相离别，一个去勘察天下地形水势，一个留下来打理家园。攸女思念丈夫，常到涂山之阳翘首远眺，信口吟唱出这首《候人歌》。《吴越春秋》中也说：禹三十岁了还未娶妻，感到岁数大了，有点焦急。于是，就在治水的途中，顺便娶了涂山氏之女。《尚书》有条注说：娶涂山氏，甫及四日即往治水。

新婚燕尔，丈夫就忙着治水去了，这样一位妙龄女子，独守空房，焉得不愁肠百结，诗情勃发！这就是她所以能发出荡气回肠的歌声的缘由。诗者，志之所至，在心为志，发言为诗。言为心声，诗为心声，诗歌最初是情感和心志的表达，这便是有力的证据。

苏辙有一首《涂山》诗，写道："娶妇山中不肯留，会朝山下万诸侯。古人辛苦今谁信？只见清淮入海流。"大禹治水功成，分天下为九州，利在千秋。这光耀千古的功劳中，涂山氏之女也应占上几分的吧。大禹同涂山女生下的儿子就是启，启登帝位，开创中国第一个王朝夏朝四百余年天下。神话传说中的启曾上天偷《九天》《九辩》之乐，并亲自指挥演出。想来，启可能具有较高的音乐天赋，这恐怕也是"有其母必有其子"。

涂山氏不仅功在家国，而且功在音乐和文学。这首《候人歌》虽然只有四言一句，却在中国诗歌史和中国音乐史上占有一定的地位。它保留的是夏代诗歌的遗文，是最早的南音作品。因此有人说，涂山氏攸女为南方文化（主要是指音乐和诗歌）的发展铺下了第一块基石。

四言诗句中最后的"猗"字，是古代的叹词，相当于现代语的一声"啊！"一个"猗"字，包含着丰富的情感，提供了想象的空间，呈现了一个伫立山坡，翘首期盼，望而不见，无可奈何，长吁短叹，泪流满面的多情女子的形象。诗贵含蓄，这是中国诗歌的宝贵传统。四言诗句中还使用了长江文化所独有的地域方言"兮"字。拖长的句式，蕴含着对亲人执着的眷恋与思念之情。感情纯真，自然质朴。可见，"兮"字的浓郁地域色彩及其灵活运用，并非屈子的首创。

谁是中国历史上第一位女诗人？第二个"候选人"是庄姜。

据朱熹的考证，中国历史上第一位女诗人应该是庄姜。他认为《诗经》中《邶风》前五首都是庄姜的作品。但此说历来备受争议，并没有得到学术界的认同。

庄姜是春秋时齐国的公主，卫庄公的夫人。相传，《诗经》里被后代诗评家推为"万古离别之祖"的《燕燕》，《邶风》中第三首诗，是她的代表作：

> 燕燕于飞，差池其羽。
> 之子于归，远送于野。
> 瞻望不及，泣涕如雨。
> ……

如果朱熹的考证成立的话，庄姜可谓《诗经》时代美女文学的代言人。她是最早出现在《诗经》里的一位大美人。《诗经·卫风·硕人》中描写美人的名句："手如柔荑，肤如凝脂，领如蝤蛴，齿如瓠犀，螓首蛾眉，巧笑倩兮，美目盼兮。"就是描写庄姜的。当时卫国人惊叹于庄姜出嫁时的美貌与高贵气质，作了这首《硕人》来称颂她。清人由衷感叹："千古颂美人者无出其右，是为绝唱！"可是，这样一位"巧笑倩兮，美目盼兮"的绝代佳人，却嫁给了昏庸、无情的卫庄公。《左传·隐公三年》记载了庄姜"美而无子"，却贤德贞淑。《毛诗序》的诠释更详尽些："《硕人》，闵庄姜也。庄公惑于嬖妾，使骄上僭，庄姜贤而不答，终以无子，国人闵而忧之。"

卫庄公脾气暴戾，另有所欢，借口庄姜不能生育，对她非常冷漠。夫妻不和，感情不合，婚姻不幸，庄姜的内心非常痛苦。整个卫国也都为庄姜感到不平！据考证，《邶风》中的第一、二、四首诗，描写的正是她的宫中处境和忧伤心情。

《邶风》第一首诗是《柏舟》，据说写的是卫庄公长期疏远庄姜而起的幽怨。

> 泛彼柏舟，亦泛其流。
> 耿耿不寐，如有隐忧。
> ……

这是一首公认的情文并茂的好诗。按朱熹的观点，女诗人是以"柏舟"自比，"以柏为舟，坚致牢实，而不以乘载，无所依薄，但泛然于水中而已"。柏木之舟的质量是坚实细密的，比喻作者才貌出众，然而却只是漂荡水中、无所依傍的一叶孤舟。"我心匪石，不可转也；我心匪席，不可卷也。"庄姜的苦闷与隐忧无法排解。她也想主动改善和庄公的关系，"薄言往诉"，却"逢彼之怒"。"忧心悄悄，愠于群小"，丈夫既对她恶言相向，身边那些小人也一齐落井下石，她的好心不得好报，泪只能往心里流。"静言思之，不能奋飞"，她默默地仰望天空，恨不能像小鸟那样自由飞翔。

《邶风》第二首诗《绿衣》，也是一首在中国文学史上有较大影响的作品：

> 绿兮衣兮，绿衣黄里。
> 心之忧矣，曷维其已！
> ……

翻成白话是这样的：

> 绿衣裳啊绿衣裳，绿色面子黄里子。
> 心忧伤啊心忧伤，什么时候才能止！
> ……

朱熹认为："庄公惑于嬖妾，夫人庄姜贤而失位，故作此诗，言'绿衣黄里'，以比贱妾尊显，正嫡幽微，使我忧之不能自已也。"但在有的专家看来，这其实是一首睹物伤怀、悼念亡妻的诗。

第四首是《日月》：

> 日居月诸，照临下土。
> 乃如之人兮，逝不古处。
> 胡能有定，宁不我顾。
> ……

高亨《诗经今注》认为："这是妇人受丈夫虐待唱出的沉痛歌

声。"而朱熹说得更为具体:"卫庄姜伤己也,遭州吁之难,伤己不见答于先君,以至于困穷之诗也。"认定这诗是庄姜的自伤之作、"困穷之诗"。

另从年代先后来考量,公认为中国第一位爱国女诗人的许穆夫人,她作名篇《载驰》(《左传》闵公二年)要比庄姜写诗(《左传》隐公三年至四年)大约晚了一个甲子,那么,中国女性第一位诗人的桂冠,似乎就要落在美女诗人庄姜的头上了。

谁是中国历史上第一位女诗人？第三个"候选人"是许穆夫人。

《左传·闵公二年》记载：许穆夫人赋《载驰》。许穆夫人是中国文学史上第一位有确切姓氏可考、青史留名的爱国女诗人。她的《载驰》等诗是中国现存最早的诗歌总集《诗经》三百篇中唯一可以确定作者的女性作品。

许穆夫人，姬姓，春秋时卫宣公之女，有名的亡国之君卫懿公的妹妹。她于周庄王七年（公元前690年）出生在卫国都城朝歌，长大后嫁给许国国君许穆公，人称许穆夫人。

许穆夫人嫁到许国后，无时无刻不在怀念自己的祖国。当时，她的哥哥卫懿公嗜好养鹤，不理朝政，百姓怨声载道。她在《竹竿》和《泉水》两诗中都写到"驾车出游，以写我忧"，表达了对故土关切与怀念的真情。

闵公二年（公元前661—前660年），许穆夫人刚好30岁。正当她忧心忡忡思念祖国的时候，突然得知消息，北狄侵卫，杀懿公，攻入朝歌，国破君亡。许穆夫人悲痛欲绝，向许穆公提出援助卫国的要求。许国君臣胆小怕事，唯恐引火烧身。许穆夫人和自己身边随嫁的姬姓姐妹，毅然决然驾车奔卫，以共赴国难。不料一些许国大夫竟然驾车追赶，半路上阻拦夫人。激愤之余，许穆夫人写下了《载驰》一诗，慷慨陈词，斥责来者：

> 载驰载驱，归唁卫侯。
> 驱马悠悠，言至于漕。
> 大夫跋涉，我心则忧。
> 既不我嘉，不能旋反。
> 视而不臧，我思不远。
> 既不我嘉，不能旋济。
> 视而不臧，我思不閟。
> 陟彼阿丘，言采其蝱。
> 女子善怀，亦各有行。
> 许人尤之，众稚且狂。
> 我行其野，芃芃其麦。
> 控于大邦，谁因谁极。
> 大夫君子，无我有尤。
> 百尔所思，不如我所之。

有人将它翻成白话诗，是这样的：

> 驾起马车快快走，回国吊唁我卫侯。
> 挥鞭赶马路遥远，终于看见漕城头。
> 许国大夫跋涉来，阻我行程令我愁。
> 纵然不肯赞成我，我也不会掉回头。
> 比起你们无良策，我的计划近可求。

既然不肯赞同我，绝不渡河再回头。
比起你们无良策，我恋祖国志不休。
登上那个高山岗，采摘虻草治忧伤。
女子虽然多想家，自有道理和主张。
许多国人责难我，实在幼稚又狂妄。
走在祖国田野上，苗壮麦苗如碧浪。
求助大国来救亡，诚心请托定有帮。
许国大夫君子们，不要怨我个性强。
你们思前又顾后，不如我亲自跑一趟。

那些目光短浅的大夫们无言对答，无地自容，只得灰溜溜地回去了。

经过四五百里路的长途跋涉，夫人从许国回到卫国，即大声疾呼，向齐国求援。齐桓公答应了卫君的请求，帮助卫国收复了失地。两年后，卫国在楚丘新建了都城。从此，卫国又复兴起来了，恢复了它在诸侯国中的地位，一直延续了四百多年之久。

许穆夫人的《载驰》等三首诗后来都收录进了《诗经》里，数千年来，一直为人们传颂不已。我们现在一般认为，爱国主义文学传统的先驱是屈原，其实，在屈原之前三百多年，就诞生了《载驰》这样一首充满拳拳爱国情怀且付之于拯救祖国实际行动的伟大诗篇。如此说来，中国文学的爱国主义传统也应该首先推许穆夫人为代表。

据说许穆夫人也是迄今为止发现的世界上最早的一位女诗人。那么，把她选为我国历史上第一位女诗人，应该是当之无愧的吧。

陶秋英：《中国历代才女小传》序

自有人类以来，自人生开始以来，人就没有一个不爱美的。不，不仅是人，整个宇宙体，就是一团"美"！有日月之美，天地之美，山川之美，动物之美，植物之美；人以女性为美，动物以雄性为美，植物以花朵为美，山川以动静为美，天地包罗万象，日月光明普照！在其中，你能说哪一个人：他爱丑，不爱美！

人能表达，能运用，于是把美提炼出来，为文学、艺术。包括诗、词、歌、赋、书、画、音乐、戏剧；亦流露于形体生活方面，为衣饰、房屋、起居、体态、性情……都无不有美的表现和美的内涵。

在这里，于是有人才。才，即是人之美者！

而人才之间，为什么要写女才子传呢？这就是因为历史上有光明面、阴暗面。有压抑人者，有被压抑者。最显著突出的史料，就是中国数千年来封建制度下的女与男的区别，高低贵贱之分。当然，世界各国也是如此，但尤以中国为甚！

但，不平则鸣！女人是人，也就能表达其才，运用其才。于是就要喊出呼声，以反抗旧时代的压抑，旧制度的桎梏！这呼声发之于诗、文、书、画等等，都是无声之鸣，才之爆发，心情之倾吐。

总之，有才则要发出来。纵观千百年众多的女作家，有怀才不遇，有家国之痛，有反抗社会，有幼而习武，有宫廷禁锢等等奇女子，这些都是对时代拘囿的不平之鸣，当然佳作不少，读之回肠荡气；也有姐妹唱和，师生酬答，母女雅致，夫妻拈韵，乃至生离死别，这属于闺阁笔墨，但锦心绣口，吟咏其味，断非男子所及。津津口颊间，简直爱不忍释。这令人感到天地之灵气，何以独钟？读者不信，请反复回诵，当知我言之不谬，并非特为女性而骄傲！

历代作家及作品之传不传，名不名，也有幸不幸。这为文人墨客所公认。过去也有过很多各种各样的闺阁诗文集、清闺唱咏集行世。搜集这类作品的文人，大体有两种心情：一是好奇，以为"女子而有此"，这仍不免有潜在的封建意识；二是以男性而赏识女性之作，爱其才，几乎有类于男性爱女性之貌的意识。

瑞芳、民繁两同志选集这部历代女才子传，一扫此等流风，而是以社会意义及历史辩证的观点作出发点，是有深心的。（藉此而传者，何其幸运！）他俩对这工作，取材审慎，搜集广博，用功精勤。每一人的传记，必求资料的可靠；作品的分析，又精心取其每首或每篇的突出之点，不使其有雷同之感。这是不容易的，令我们读了，都可有贴切的印象和体会。在评论方面的观点，也不偏不倚，而能显出原作者之长。或有两个、三个作者的比较和联系，犹可使读者有贯通和联想之得。至于取材于故实之处，又颇饶趣味，可以更增此书的优美。当二位在写作、修改和我阅读的同时，我并知道他俩对掌故和史实及专家材料的考核，是较为认真的，那更是对工作的谨严态度。

所以，这部传记，不仅对历代女性之有学有才者，功德不少；亦且是对社会、历史的一个贡献。这是值得我们注意而赞赏的。

顺便一提，书中所写清代女作家陈瑞生，她的弹词小说，向不为士大夫阶层所垂青，竟为一代大师陈寅恪先生给以详尽的考证，使《再生缘》这部作品身价顿增，而作者身世及夫婿冤情都得昭然于世；可她的《绘影阁诗集》却已失传，殊为遗憾，但它到底是近在杭州的书籍，希望能有知之者或得之者提供消息，再传之于世。这岂不也是文化界的功德！

是为序。

秋　英　一九八三年初

（《中国历代才女小传》 江民繁 王瑞芳编著　浙江文艺出版社1983年4月第1版）

明清盛产才女，才女大半在江南。

江南才女曾经创造了文学史上一项"世界奇迹"：明清时期，江南地区涌现了庞大的女性写作群体，有著作可考的女诗人就多达 3000 多位。

据统计，施淑仪《清代闺阁诗人征略》收录女诗人1263人，其中浙江 524 人，江苏 465 人，合为 989 人，占总数的 78.37%。胡文楷《历代妇女著作考》中收录的明清才女著作有 3885 家，清代达 3684 家之多。其中江苏、浙江两省的才女就达 2461 人，占这部著作收录的才女总数的 63%，远超其他省份的总和。而江浙两省的才女主要集中在苏州府、松江府、常州府、嘉兴府、湖州府、杭州府这六府，即俗称的"江南"。

（一）唐代四大女诗人之一、"女中诗豪"李冶

李冶，字季兰，唐代吴兴乌程（今属湖州）人。唐代女冠（女道士）诗人中的风云人物，茶圣陆羽、诗僧皎然以及诗坛名流刘长卿、朱放、韩揆等都和她有过密切交往。她与薛涛、鱼玄机、刘采春并称唐代四大女诗人，被誉为"女中诗豪"。《全唐诗》存诗16首，

《四库全书》有《薛涛李冶诗集》二卷。她在暮年曾被召入宫中为操琴乐妓，因上诗叛将朱泚，最终招致杀身之祸。

（二）唐代四大女诗人之一、"选词能唱《望夫歌》"的刘采春

刘采春是唐代越州（绍兴）乐妓，江苏人。她与薛涛、鱼玄机、李冶并称唐代四大女诗人。大诗人元稹任越州刺史、浙东观察使时，喜欢同她唱和，对她极为赏识。元稹《赠刘采春》诗说她"选词能唱《望夫歌》"。《望夫歌》即《罗唝曲》。《全唐诗》录存刘采春《罗唝曲》六首。她的女儿周德华也是一名才女。

（三）"劝君惜取少年时"的金陵女杜秋娘

中晚唐时期负有盛名的金陵女杜秋娘，原籍镇江，十五岁时被镇海节度使纳为侍妾，以唱《金缕衣》而名噪一时。著名诗人杜牧写下名篇《杜秋娘诗》，诗序中介绍了她沉浮悲欢的身世。《资治通鉴》《旧唐书》称她为杜仲阳。

（四）宋代与李清照齐名的"断肠"女诗人朱淑真

朱淑真，钱塘（今杭州）人。以劫后余篇《断肠诗集》名世。在古代文学史的星空中，她与李清照可说是交相辉映的"双子星座"。明代以《漱玉》《断肠》二集合刊。相传婚嫁不得意，丈夫是文法小吏，志趣不合，夫妻不和，最终抑郁早逝。淑真过世后，父母将其生前文稿付之一炬。即便如此，她还是唐宋以来留存作品最丰盛、最为人称道的女作家之一。历代女性诗人中，唯有她的诗作收入《千家诗》。

（五）宋代四大女词家之一、《阳春白雪》词作者吴淑姬

吴淑姬，湖州人。父亲是个秀才，家境贫寒，慧而能诗词，为宋代四大女词家之一。除李清照之外，宋代四大女词家，三个（朱淑真、吴淑姬、张玉娘）都是浙江人。吴淑姬最不为后人所知。她著有词集五卷，题名为《阳春白雪》，可惜不传。她的词被选入《唐宋诸贤绝妙词选》。南宋黄昇《花庵词选》评价她的词"佳处不减李易安"。

（六）宋代四大女词家之一、《兰雪集》作者张玉娘

张玉娘，宋末元初浙江松阳人，出生在仕宦家庭。宋代四大女词家之一。著有《兰雪集》，留存诗词100余首。时人将她比作曹大家（班昭）。她15岁时同青梅竹马的表兄沈佺订婚，后因沈氏家道中落，张玉娘的父亲有了悔婚之意，张玉娘竭力抗争，从而上演了一出"梁山伯祝英台"式的真实版爱情悲剧。她仅活到28岁。除县志外，《浙江通志》中也有她的记载。

（七）元代著名女书法家、画家管道昇

管道昇，元代吴兴人，嫁大书法家赵孟頫为妻。赵孟頫入翰林院，管道昇先后封为吴兴郡夫人、魏国夫人，世称管夫人。管道昇幼习书画，精于诗。笃信佛法，曾手书《金刚经》数十卷，赠名山寺。她的艺术才华主要表现在书画上。管道昇的书法，被誉为"卫夫人后第一人"。元仁宗曾命管道昇书写《千字文》一卷。她尤擅画墨竹梅兰。晴竹新篁，为其首创。存世的《水竹图》等卷，现藏北京故宫博物院，《竹石图》藏台湾故宫博物院。

（八）元代女诗人中的佼佼者郑允端

郑允端，元末吴中平江（今江苏苏州）人，出生在一个儒学世

家。其夫亦儒雅之士。夫妻相敬如宾，吟诗自遣，然题材甚广，不止闺情。她的古风写得最好，为人所称道。诗歌创作上她主张"铲除旧习，脱弃凡近"，有感而发，以警世人。其文学批评和创作成果皆十分可观。有诗稿流传。

（九）明代杰出的戏曲作家梁孟昭

梁孟昭，字夷素，明代末期钱塘（今杭州）人。诗文自成一格，被誉为"一代作手""女中元白"。她是一位颇有成就的戏曲作家，"每拈一剧，必有卓识"，代表作有杂剧《相思砚》，已无传本，剧情载于《曲海总目提要》。她的绘画和书法也驰名一时。文学家陈继儒称她的画"非人间所易得"。著有《山水吟》等集。她对于闺阁诗的见解，颇有独到之处。

（十）明代"名媛诗社"发起人方维仪

方维仪，安徽桐城人。著名学者方以智是她的侄儿，由她教养成长。方维仪的著述和作品，据《明史·艺文志》著录，有《清芬阁集》八卷。又辑历代妇女作品为《宫闺诗史》。方维仪和她的姐姐方孟式、妹妹方维则，以保持名节著称，人称"方氏三节"。方维仪发起组成桐城"名媛诗社"，就是以"方氏三节"为骨干，成员还有方维仪弟媳吴令仪、吴令则姊妹等亲友眷属多人。

（十一）明代著名女诗人朱妙端

朱妙端，自号静庵，明代浙江海宁人。出身书香门第，博览群书。著有《静庵集》，驰名于当时的诗坛。她的诗清新流丽，词气平和，亦不乏忧国忧民、慷慨激昂之作，在女性文学史中占有一定的地位。《海宁州志稿》中有她的生平记载。

（十二）明代"吴门二大家"徐媛和陆卿子

徐媛，明代长洲（苏州）人，嫁范仲淹后裔范允临为妻，筑室同居天平山下，极唱随之乐。传世的著作有《络纬吟》十二卷，《明史·艺文志》著录。她与另一位苏州女诗人陆卿子时相唱和，流传海内，并称为"吴门二大家"。

陆卿子十五岁嫁给太仓人赵凡夫，后来夫妇一起在寒山隐居，引合名流，吟咏无间，被人称为"高人逸妻"。著有《云卧阁稿》等。

（十三）自出新意的女画家文俶

明末女画家文俶，长洲（今江苏吴县）人。她的娘家为书画世家，文徵明是她的高祖父。她的画自出新意，在当时享有"本朝独绝"的声誉。她的婆婆就是"吴门二大家"之一的陆卿子。

（十四）画兰妙手马湘兰

马湘兰名守真，号湘兰，明末女画家，工画兰竹，也能作诗，诗画擅名一时。因擅长画兰，故湘兰之名独著。金陵（南京）人，曾为秦淮歌妓，"秦淮八艳"之一。性情开朗，轻财重义。文学家王稚登曾为马湘兰所著的《湘兰子集》作序。曹雪芹的祖父曹寅三次为马湘兰画兰长卷题诗。马湘兰还作有传奇剧本《三生传》。

（十五）明末女戏曲家阮丽珍

阮丽珍，明末降清的著名人物阮大铖的女儿，安徽怀宁人。传说她后来身入王府，因受亲王宠爱被福晋焗死。阮丽珍是冠绝江南的才女，长于作曲。驰名海内的传奇剧本《燕子笺》，是由阮丽珍原创在前，阮大铖修饰在后，也就是说，原作者是阮丽珍。有意思的是，阮丽珍还创作了叙写南宋抗金女将梁红玉故事的《梦虎缘》。

（十六）最早的弹词女作家陶贞怀

清代女作家弹词堪称中国文学史上的一大奇观。陶贞怀是最早一位弹词女作家。明末清初梁溪（今江苏无锡）人。她创作的弹词作品《天雨花》寄托了明代亡国之痛。这部弹词三十余卷，一韵到底，家传户诵，获评甚高，甚至有学者把它同《红楼梦》并提，称为"南花北梦"。

另两部流传很广的长篇弹词作品及作者也值得一书：

一是《笔生花》，表现了封建桎梏下的才女渴望平等的强烈愿望。作者邱心如，山阳（江苏淮安）人。家境贫困，"备尝世上艰辛味"。一部《笔生花》，花了作者生命中近三十年的时间。她的写作技巧高明，文辞优美，在妇女文学史上不可多得。

二是《凤双飞》，也曾引起"纸贵一时"，作者程蕙英，阳湖（江苏常州）人。她还是一位才华横溢的诗人，著有《北窗吟稿》。

（十七）"弹词中第一部书"《再生缘》作者陈端生

陈端生，钱塘（今杭州）人，家居西子湖畔"柳浪闻莺"对面的"勾山樵舍"。年仅18岁就开始创作长篇弹词《再生缘》。到她20岁那年，就已完成了前16卷60余万字的韵文。而后家中接连发生变故，她的丈夫被充军伊犁，创作受挫。最后才写成第十七卷。《再生缘》这部巨著未能完成，陈端生就撒手人寰，后三卷为钱塘另一位著名女诗人梁德绳续写。

陈寅恪写了《论〈再生缘〉》，极力推崇其文学价值，认为它是"弹词中第一部书"。郭沫若把陈端生与世界级的大文豪、世界级的文学遗产相提并论。经郭沫若校订、陈寅恪与郭沫若共同品评的

《再生缘》校订本，历经 40 年坎坷之后才终于真的"再生"。

（十八）劫后余生的《焚馀草》作者王凤娴

王凤娴，明代万历年间松江府华亭县（今上海金山）人。她的丈夫做过宜春（今属江西省）令。著有《焚馀草》。在当时的社会压力之下，当王凤娴在犹豫她的诗稿存留时，并没有竟自焚稿，而是征求兄弟的意见。她的哥哥王献吉以《诗》三百为例，驳斥了"妇道无文"的旧礼教，王凤娴也就释然地将诗稿付梓，得以流传后世。同时，王凤娴还是一位女旅行者，留下了难得的旅行日记。

（十九）吴江叶氏"午梦堂唱和"的沈宜修及诸女

沈宜修，江苏吴江人。明末清初文学家叶绍袁之妻。她是著作宏富、卓有成就的女诗人、作家。沈宜修的《伊人思》是中国历史上第一部以女性的眼光来选编女性作品的诗词集。她的三个女儿，叶纨纨、叶小纨、叶小鸾，也都是不可多得的才女。其中叶小纨写的杂剧《鸳鸯梦》，是中国文学史上保存下来的女性写的第一个完整的剧本，值得珍视。沈宜修和诸女的作品，后由叶绍袁编辑成集，合刻为《午梦堂全集》。叶氏午梦堂，一门珠联，相映生辉。

以沈宜修为中心的沈氏一门，才女也有十八人之多。叶、沈两门，事实上已形成"家居式"女性文学群体。

（二十）"女侠名姝"柳如是

明末清初女诗人柳如是，江苏吴江人，一说浙江嘉兴人。她以文采风流、人格气节闻名于世。陈寅恪先生晚年历时十多年写成《柳如是别传》，誉之为"女侠名姝"。柳如是的传世之作，主要有《戊寅草》《湖上草》和《尺牍》等。

（二十一）"美人学士"、旅行家王微

她被人称为"美人学士"，与许多名流交往，并凭借出众的才艺获得了同时代及身后众多名家的极高待遇和赞誉：黄宗羲称她的文采与柳如是、李因"鼎足而立"；陈继儒为她作《修微道人生圹记》；王国维专门写诗介绍她的名号；施蛰存一直将她作为研究对象，并编辑整理其诗作。她的前半生大都在游览山水中度过，是一位非常有名的旅行家，并编选了一部历代名山游记《名山记选》。

她就是自号"草衣道人"的明末清初扬州女诗人——王微。

（二十二）明末清初女诗人顾媚（顾横波）

顾媚，号横波，时称横波夫人。应天府上元（今南京）人。明末"秦淮八艳"之一，工于诗画，才艺名动一时。她的山水画天然秀绝，尤以画兰著名（有作品留存北京故宫博物院）。后来嫁给"江左三大家"之一的名士龚鼎孳为妾，又从妾提为"亚妻"。龚鼎孳入仕清朝后，诰封为一品夫人。龚鼎孳把降清失节的责任推到夫人身上，说"我原欲死，奈小妾不肯何"，其实不然。郁达夫有诗写道："未必临危难受命，都因无奈顾横波。"就是写的这个典故。顾媚精音律，能诗词，风格幽婉。著有《柳花阁集》。

（二十三）浪迹江湖的女诗人董白（董小宛）

董白，字小宛，明末"秦淮八艳"之一，通诗史，善书画。她的小楷写得工整清秀，锋颖秀拔，尽得古书家精髓。后为大名士、文学家冒襄（辟疆）宠妾。她曾荟萃闺阁杂事，编著《奁艳》三卷。清兵南下时，她跟随冒襄辗转于离乱之间，疲于奔命，积劳成疾，一病不起，死时才27岁。董白死后，冒襄写下了有名的《影梅庵忆语》。传说她是清顺治帝的宠妃，那是一种附会。

（二十四）随园女弟子之冠席佩兰

清代诗坛泰斗袁枚广收女弟子三十余人，编选《随园女弟子诗》，形成一个广有影响力的女诗人群。

席佩兰是随园女弟子中的佼佼者，被袁枚"推尊本朝第一""闺中三大知己"之一。席佩兰，名蕊珠，因善画兰，自号佩兰。江苏常熟人。有《长真阁诗集》传世，与诗人孙原湘为"一时佳偶"，伉俪唱和，互为师友。

随园"闺中三大知己"，另外两个是：以"博雅"著称的严蕊珠，江苏元和人，著有《露香阁诗存》；以"领解"见长的金纤纤，名逸，江苏长洲人，著有《瘦吟楼诗稿》。

随园女弟子中还有一对"姊妹花"，孙云凤和她妹妹孙云鹤，仁和（杭州）人。孙云凤精通音律，诗笔老到，著有《湘筠馆集》。孙云鹤也工词善诗，著有《听雨楼词》和两部诗集。

此外还有"随园三妹"，即袁枚的三妹袁素文、四妹袁绮文和堂妹袁秋卿，她们姊妹三人都是清代著名才女，袁枚曾编辑她们的诗稿刊行于世，题为《三妹合稿》；"袁氏五女"，指的是袁枚孙女辈中能诗善文的才女。

（二十五）名媛大家、闺塾师归懋仪

这是一位清乾隆、嘉庆、道光年间非常活跃的闺秀诗人，她的声名在当时非常响亮。"乾隆三大家"之一的赵翼为她的诗集题词，在给她的赠答诗中甚至还有"岂期白首新知己，翻在红颜绝代人"这样的激赏之句。龚自珍则盛赞她的作品："一代词清，十年心折，闺阁无前古。"

她丈夫死后家境窘迫，在江浙沪一带当闺塾师，从者甚众。

她，归懋仪，字佩珊，号虞山女史，江苏常熟人。她一生交游甚广，著述颇丰，传世作品超过千首。著有《绣馀小草》《绣馀续草》等。

（二十六）反清复明的奇侠女子刘淑

刘淑（一名刘淑英）生于明末清初的动乱之世，经历颇多曲折，充满传奇色彩。

清军攻入江西吉安，当时江南义军纷起，刘淑受此感染，倾尽家资招兵买马，亲自披甲训练，以期报效故国。在无力回天的情况下，流落在外，后返回故乡，卜居山间，造一小庵，名之为"莲舫"，皈依佛门，又迎母归养，并自教其子，含恨而终。

刘淑遗稿留存诗词作品有近千首，因手稿中多有"伤国难、雪国耻"之作，视清军为仇人，骂作"胡虏""胡鞑"，故她的诗词尽管取得了很大成就，但在整个清代，一直无人敢去刊刻。直到民国初年，才有热心人刊刻为《个山遗集》七卷，以资流传。

（二十七）以商景兰为首的"二商四女二媳"群体

明末清初江南才女中，以商景兰为首的"二商四女二媳"唱和群体非常引人注目。会稽商氏一家女诗人共有八位，除"二商四女"，还有两个儿媳。商氏家庭之间竞相唱和，开了有清一代闺阁聚会联吟的风气。

商景兰，会稽（绍兴）人。明吏部尚书商周祚长女，苏松巡抚、反清名将祁彪佳之妻。德才兼备，能书善画。著有《锦囊集》（旧名《香奁集》）。

商景兰的妹妹商景徽也是著名才女。特别是商景徽之女徐昭华，更是越郡闺秀的领军人物，负有盛名。

（二十八）清代以张允滋为中心的清溪吟社"吴中十子"

乾隆年间，苏州地区出现了以张允滋为首的女子诗社。张允滋，号清溪，江苏吴县人。著有《潮生阁集》。她与当地名媛结成"清溪吟社"，成员包括张允滋、张芬、席蕙文、沈纕、陆瑛、李嫚、沈持玉、尤澹仙、朱宗淑、江珠，世称"吴中十子"，刊刻《吴中女士诗钞》，十人各有诗集，一时艺林传诵，与杭州西溪的"蕉园七子"并称。

（二十九）杰出的女科学家、文学家王贞仪

王贞仪，清代奇女子，江宁（南京）人。她是我国历史上屈指可数的女科学家，对天文、气象、地理、数学和医学均有研究；并且习得一身武艺；在文学上也表现出卓异的才能。在短促的一生中，留下了文学著作《德风亭初集》十四卷、《二集》六卷；并写过十多种科学论著。《清史稿》留名。

（三十）清代著名才女熊琏

清代乾嘉时才女熊琏，号澹仙，江苏如皋人。祖籍江西南昌。自幼许婚，丈夫有着严重的智力残疾，家贫不能自给，苦节一生。晚年为闺塾师。有诗词文赋传世，颇多佳作。其早期作品清灵激扬，后期作品抑郁凄凉。有感悼词十首，名《长恨编》，抒发身世之感。著有《澹仙词钞》四卷。其所著的《澹仙诗话》《澹仙词话》是清代第一部女性诗词批评作品。

（三十一）"常州词派"才女群

清代"常州词派"女作家群中，庄盘珠成就比较突出。庄盘珠出身名门，据说庄氏家族在清代出过 22 位女诗人。学者评价庄盘珠

的诗词，豪放颇似东坡。著有《秋水轩词》等。

庄盘珠最引人注目的文学成就，还是她创立了两个"第一"：一是编纂《国朝闺秀正始集》，这是我国第一部由女性编纂的清代女作家诗歌总集；二是编纂《兰闺宝录》，它被称作中国第一部由妇女写的妇女史。

常州女诗人李晨兰（字佩金），声名最为卓著，她的四首《秋雁诗》广为传诵，人称"李秋雁"。

清代常州女作家中写散曲成就较大者，当属吴绡。她善小楷，擅丝竹，长丹青。其诗词散曲，受李商隐、李贺影响，著有《啸雪庵诗馀》。

（三十二）清代词坛女杰顾贞立

清初文坛名宿顾贞观，他的姐姐顾贞立也是一位词坛俊杰，属于"常州词派"。顾贞立，江苏无锡人，自号避秦人。一生坎坷，婚姻不顺，晚岁更是凄凉。《灵芬馆词话》称她为"语带风云，气含骚雅"的奇女子。今天我们从她留下的《栖香阁词》二卷中，仍然可以听到向往人格独立的呼声。

顾贞立与女词人王朗友谊深厚。王朗著有《疑云》《疑雨》二集及《古香亭词》。

（三十三）纳兰性德的红颜知己沈宛

沈宛是浙江吴兴人。在当时也是江南小有名气的才女，著有《选梦词》等。明末清初才女词选《众香词》收录了她五首词作。

纳兰性德在人生中最后的一段时间里，通过顾贞观结识了沈宛。因为才气相通，沈宛成了纳兰性德的红颜知己，后被他纳为妾室，但纳兰家并没有承认她。从沈宛的诗词中，看得出他们心灵之间有着一种相知相惜的感情。但没过多久，纳兰性德就去世了，留下怀有身孕又无依无靠的沈宛。沈宛产下遗腹子之后，离开纳兰家返回了江南，以词作抚慰她心中的伤痛。

（三十四）明末清初著名女诗人兼画家李因

李因，明末清初易代之际著名的女诗人。钱塘（今杭州）人。海昌（海宁）葛征奇妻。有诗集《竹笑轩吟草》《竹笑轩吟草续集》《竹笑轩吟草三集》存世。她又是知名女画家，现存画作藏于各地博物馆。清初著名学者黄宗羲著有《李因传》。海宁地方志也为她立传。

（三十五）杰出的独立女文学家黄媛介

黄媛介，字皆令，清顺治年间嘉兴人。做过女塾师。明末东林党领袖、文学家张溥曾慕名来见。她与著名文学家吴伟业、王士禛、毛奇龄等素有交谊，与钱谦益、柳如是关系尤其密切。曾定居于杭州西子湖畔，卖画为生。著有《南华馆古文诗集》《离隐词》《湖上草》等，流传下来的诗作超过一千首，是一位杰出的、独立的女文学家。施闰章为黄媛介作《黄氏皆令小传》。

黄媛介从姊黄德贞，也是有名的才女。

（三十六）一代才女著作家王端淑

王端淑，明末清初山阴（今绍兴）人。著名学者、作家王思任的次女。明朝覆亡，随夫颠沛流离，先移居家乡绍兴城徐渭故居青藤书屋，再迁居杭州吴山。顺治年间，清世祖闻知王端淑的才名，欲将其召入宫中教授嫔妃公主，王端淑力辞不就。夫妻俩吟诗作画，著书立说，过着隐士式的生活。王端淑著述宏富，最重要的贡献在于对女性文学作品的编选和评介。她编撰《名媛诗纬》《名媛文纬》两书。《名媛诗纬》收录了历代身份不同的闺媛才女800多人的诗作，开了文学史上女性作家选编女性作品的先河，堪称女性诗汇的巨著。为编辑该书，王端淑前后花费了25年的时间。

王端淑的姐姐王静淑，也是一位才女。

（三十七）清代三大女词家之一徐灿

徐灿，字湘蘋，籍贯江苏长洲（今苏州），大学士海宁人陈之遴的继妻，生活在明清易代之际，从夫宦游，经历坎坷。她是著名女词人，与吴藻和顾太清并称为清代三大女词家。据传为杭州"蕉园五子"之一。著有《拙政园诗馀》三卷、诗集《拙政园诗集》二卷，词的成就高于诗。嫁后随着其夫陈之遴的沉浮（先降清，后流放），经历了国破家亡，作品多抒发故国之思、兴亡之感。

（三十八）重组蕉园诗社的林以宁

清初，杭州西溪产生了一个有名的女子文学结社"蕉园吟社"，前期创建者是顾玉蕊（顾之琼），参加者有徐灿、柴静仪、林以宁、朱柔则、钱云仪等，号称"蕉园五子"；后期的重组者是林以宁，参加者有钱凤婉、钱凤纶、冯又令、张槎云、毛安芳、顾姒等，号称"蕉园七子"。

蕉园诗社核心成员林以宁，工诗文，夫唱妇随，情意深厚。著有《墨庄诗钞》《墨庄词余》《墨庄文钞》和《凤箫楼集》。"土默热红学"指认她为《红楼梦》林黛玉的原型，其实她是一位长寿的女诗人，曾以76岁高龄，为另一位钱塘才女梁瑛的著作《字字香》作序。

（三十九）合评《牡丹亭》的"吴吴山三妇"

吴人（字吴山）是清代康熙年间杭州诗人、文学评论家，他一生先后娶了三个妻子，分别叫陈同（未婚妻）、谈则、钱宜，人称"吴吴山三妇"。她们都是才女，都痴迷戏剧大师汤显祖的《牡丹亭》，都对这本轰动一时的名剧写下了评论。在第三个夫人钱宜的说服下，吴人重新发行有"三妇"点评的《牡丹亭》，甚至不惜变卖钱宜的珠宝，以资助刻版印刷，最终出版了《吴吴山三妇合评牡丹亭还魂记》，被认为"中国历史上第一部女性文学批评著作"。

（四十）蕉园诗社传人徐德音

徐德音约活动于清乾隆年间。字淑则，钱塘人。查为仁《莲坡诗话》中说："淑则精熟《文选》，浏览百家，至老年犹日阅书一寸。"沈善宝《名媛诗话》介绍说："同里淑则（德音）为总督谥清献旭龄女，进士许迎年室，同知佩璜母。著有《绿净轩诗钞》。《绿净轩》无体不工，古风、乐府尤为擅长。"袁枚推其为闺秀诗第一。

蕉园诗社之后，钱塘才女以徐德音、方芳佩为翘楚，被认为是蕉园诗社传人。徐德音同蕉园诗社的林以宁很早就有交往，却无缘参与蕉园诗社的活动。然而，林以宁等同人都把她看成是蕉园诗社的后起之秀。林以宁曾为她的诗集欣然作序，深情地说："蕉园之社，作者数人，人皆有集，今既晨星寥落，几令韵事销歇。得子之诗，政得后来居上矣！"

（四十一）苦难农妇出身的女词人贺双卿

贺双卿，江苏丹阳人。据其同里文人史震林《西青散记》记载：双卿生在绡山一农家，"负绝世才"，"秉绝代姿"，嫁金坛一村夫，姑恶夫暴，劳瘁以死。生平所为诗词，不愿留墨迹，每以粉笔书芦叶上。作品多散佚，流传下来的词只有14首，后人辑为《雪压轩词》。贺双卿是勤劳受苦的农妇，又是杰出的女词人。她的词别具风格，自成一家。

（四十二）清代著名女作家汪端

汪端，出生于浙江钱塘一个书香世家。祖父汪宪，是杭州著名藏书楼振绮堂主人。姨母梁德绳是著名女诗人，汪端从小由梁抚育，传授诗学。她又是著名诗人陈文述的儿媳。曾撰写历史小说《元明逸史》八十卷，为古代闺秀中所仅见，可惜学道后自焚其稿。如今传世作品有《自然诗学斋诗钞》十卷，收诗作1143首。她编撰的《明三十家诗选》自成一家，近代以来诗家一致肯定她的选目远胜于朱彝尊和沈德潜。梁德绳称这部诗歌选本其实是"史论"。

（四十三）碧城仙馆女弟子

陈文述碧城仙馆女弟子，是继袁枚随园女弟子之后清代文坛的又一重要女性群体。陈文述招收女弟子三四十人；选编了王兰修（仲兰）、辛丝（瑟婵）、张襄（云裳）、汪琴云（逸珠）、吴藻（蘋香）、吴规臣（飞卿）、陈滋曾（妙云）、钱守璞（莲缘）、于月卿（蕊生）、史静（琴仙）等十个女弟子的诗，合集为《碧城仙馆女弟子诗》。在编撰《西泠闺咏》和《碧城仙馆女弟子诗》的过程中，陈文述起用了一些女弟子作为助编和校对。

（四十四）清代女词家中第一人吴藻

吴藻，字蘋香，杭州人，出身于商人家庭。著有《花帘词》《香南雪北词》《香南雪北庐集》，清代三大女词家之一，是能在词坛诗苑与男性作家平起平坐的一代标杆式人物。胡云翼《中国词史略》

推重她为"清代女词家中第一人"。她的交游面之广,影响力之大,世所罕见。她还是一位罕见的女戏曲家,著有杂剧《乔影》(又名《饮酒读骚图曲》),当时名震大江南北,堪称妇女思想解放的先声。

(四十五)晚清女子诗坛领袖沈善宝

沈善宝,字湘佩,晚号西湖散人。钱塘(今杭州)人。她是清道咸年间闺秀诗人群体的代表人物,堪称当时女子诗坛的领袖。著有《鸿雪楼初集》《鸿雪楼词》。她编撰的《名媛诗话》十二卷,收入清代女诗人千余名,特别珍贵的是,它记录了作者与她同时代女诗人的交往,为中国女性文学史保留了许多珍贵的女性生活和文学活动资料。她曾招收女弟子一百余人;还在北京与著名女诗人、女词家顾太清等人结成跨地区的"秋红吟社"。

(四十六)《秋灯琐忆》主人、女词人关锳

关锳,字秋芙,浙江钱塘人。清道光年间与青梅竹马的表兄蒋坦成婚,长年居住于杭州西湖畔。工书、画、琴及诗词。多愁多病,诵经学佛。早卒,蒋坦著《秋灯琐忆》记其事。她与女词人沈湘佩(即沈善宝)、沈湘涛姊妹词筒往来,名闻江浙。著有《三十六芙蓉诗存》《梦影楼词》。林语堂称她是"中国古代最可爱的两个女性"之一(另一个是沈复之妻、《浮生六记》中的芸娘)。她是梁乙真《清代妇女文学史》最推重的两个浙派女词人之一(另一个是"清代女词家中第一人"吴藻)。

(四十七)浙派女词人的后继者赵我佩

赵我佩,字君兰,仁和(今杭州)人。其父赵庆熺是著名词家。赵我佩受家学影响,也工于词。她与关锳齐名,成为继吴藻之后浙

派女词人的传人。她的五律亦饶有中唐风味。程秉钊氏序称其"体至屃弱，工愁善病，然饮酒至豪，言论磊落，有不可一世之概，人恒怪之，殆非非凡女子"。著有《碧桃仙馆词》，全书录词凡五十六首。其词清丽婉约，值得珍视。

（四十八）气骨清刚的女词人谈印梅

谈印梅，字缃卿，清代归安（今浙江湖州）人。少时与其姊谈印莲、夫族姑孙佩芬同学诗于孙秋士，并称"归安三女史"，有《菱湖三女史集》合刻。印梅才情尤胜，时人以为一郡闺秀之冠。她著有《九疑仙馆词》。其词一如其诗，气骨清刚，出语爽朗，清新婉转，是清代女词人中罕见的格调。

（四十九）"鉴湖女侠"秋瑾

当读到《秋瑾（诗词）集》之后，方知秋瑾不只是一位女丈夫、一位反清志士，也是一位激情诗人、杰出词人。秋瑾不仅有思想、有气节、有骨格，还是一位巾帼不让须眉的大才女。她的诗词一派英雄豪情，为中国文学史留下了辉煌篇章。

（五十）"近三百年来最后一位女词人"吕碧城

她曾任中华民国大总统府的机要秘书，是当时女子任此要职的第一人；她曾任北洋女子师范学堂校长，是中国近代最早的女教育家；她曾担任《大公报》主笔，是中国近代新闻史上第一个女编辑；她曾与"鉴湖女侠"秋瑾同榻而眠，为秋瑾在上海创办的《中国女报》撰写发刊词，是妇女思想解放运动的先驱者之一。

她的诗词从小就功力深厚，独占鳌头。她著有《信芳集》《晓珠集》《香光小录》等十几本诗词集，其代表作被近代词学家龙榆生收入《近三百年名家词选》，称之为"近三百年来最后一位女词人""凤毛麟角之才女"。另一位词学家钱仲联在《近百年词坛点将录》中评论说："（吕碧城）中年去国，卜居瑞士。慢词《玲珑玉》《陌上花》《瑞鹤仙》，俱前无古人之奇作。"时人歌曰："绛帷独拥人争羡，到处咸推吕碧城。"

近年有学者在传统说法"清代三大女词家"徐灿、顾太清、吴藻之后，加上吕碧城，称为"清代四大女词家"。